KB070301

인형치료 ^{3판}

• 상징체계의 활용과 적용모델 •

| 최광현 · 선우현 공저 |

Figure Therapy

The Model Application and Use of a Symbol System

학지사

❖❖ 3판 머리말

인형치료는 인형이라는 매체 도구를 통해 이루어지는 치료 모델로서, 특히 트라우마와 관련된 증상을 가진 아동, 청소년, 성인들에게 대단히 풍부하고 깊이 있는 치료적 가능성을 제공할 수 있다. 이 책이 출간된 지 벌써 10년의 세월이 흘렀다. 그동안 인형치료 모델이 점차 심리치료 현장에서 뿌리를 내렸고 아동, 청소년, 가족상담 분야에서 중요한 치료적 도구로 활용되고 있다. 이러한 변화의 계기를 제공해 준 것이 이 책이다.

우리가 사는 세상은 급변하고 있으며, 최근에는 AI의 등장으로 이러한 변화는 더욱 가속화될 것이다. AI는 생활과 기계 분야만이 아닌, 이젠 심리치료의 영역에도 도전을 해 오는 상황이다. 인간의 내면을 다루는 치료 모델은 이러한 변화를 두려워하지 않고 언제나 능동적으로 수용할 수 있는 자세가 필요하다.

이 책에서 다루는 인형치료는 인형으로만 치료를 하는 것이 아닌, 인형이라는 매체의 활용을 통해 더욱 풍부하고 깊이 있는 임상 현장을 만들려는 목표를 갖고 있다. 동양인의 세계관이 잘 드러난 『주역』에는 우리의 세상을 한마디로 정의하는 단어가 바로 '변화'라고 하였다. 고대 그리스의 철학자 헤라클레이토스가 말했듯이 모든 것이 바뀌더라도 변화하지 않은 절대 진리는, 모든 것은 변화한다는 것이다.

아동, 청소년, 가족 분야의 전문가로 활동하는 상담사는 내담자들마저 변화한다는 사실을 알아야 한다. 끊임없이 변화하는 문제와 증상, 소통의 방식 등에 대한 능동적인 적응에 필요한 것은 언어적 상담을 도와줄 수 있는 매체의 활용일 것이다.

　아무쪼록 새로 개정된 이 책이 치료 현장에서 수많은 문제를 다루는 치료사들에게 의미 있는 작업 도구가 되길 바란다.

2023년 9월
최광현, 선우현

❖❖ 1판 머리말

필자가 인형치료 방법을 처음으로 접한 것은 아들의 장난감을 통해서였다. 놀이치료사인 아내는 아들의 장난감을 참 잘 정리해 두는데, 트라우마 가족치료의 방법을 어떻게 개인치료에 접목시킬 수 있을지를 고민하고 있던 필자에게 아들의 장난감은 자연스럽게 실험도구가 되었다. 이렇게 시도된 장난감과의 만남이 벌써 10년의 세월 동안 지속되어 왔다.

그동안 필자는 장난감을 분류하여 동물인형과 가족인형이라는 도구로 표준화하였고 이러한 도구의 사용을 통해 개인상담 현장 속에서 놀라운 성공을 경험하였다.

최근에는 지난 10년간 필자가 수행해 온 임상적 시도와 실험을 책을 통해서 세상에 알릴 필요성을 느끼게 되었다. 많은 상담사가 인형치료에 매료되었고 임상적 도구로서의 활용 가치를 알게 되었다. 그러한 상담사들은 하루속히 인형치료에 대한 자료를 얻고자 하였고, 필자는 이들을 대상으로 많은 특강과 워크숍을 개최하면서 인형치료의 이론과 실제를 알기 쉽게 정리한 책의 필요성을 느끼게 되었다. 그리고 이 책을 출간함으로써 인형치료의 확산과 발전에 조금이나마 기여하고자 결심하게 되었다.

인형은 원시시대부터 의식주와는 상관없이 친밀감을 위한 심리적 도구로 사용되어 왔다. 이러한 인형을 치료 공간에서 사용할 때 내담자는 거부감 없이 치료에 응하며 본인도 모르게 자신의 무의식적인 욕구와 감정을 치료자에게 드러내 보이는 경향이 있다.

　인형은 언어적 상담의 한계를 보완해 주고 내담자의 무의식을 드러내 주기 때문에 치료 작업에서 대단히 활용 가치가 높다. 이 책은 심층심리학, 가족체계이론, 트라우마 가족치료 이론 등을 바탕으로 집필한 것이다. 심층심리학의 무의식과 상징 개념, 가족체계이론의 체계적 사고, 트라우마 가족치료의 가족 트라우마에 대한 이해를 통해 인형치료가 무엇이며, 어떻게 인형을 사용할 수 있는지에 대한 다양한 이론과 사례를 제시하고 있다. 이 책을 통해 상담 현장의 독자들이 내담자의 고통과 아픔을 더욱 깊이 이해할 수 있기를, 그리고 이 책이 그러한 내담자들에 대한 적절한 개입을 위한 의미 있는 도구로 활용되기를 소망한다.

　이 책이 심리상담 현장에서 인형치료를 적극적으로 활용하는 계기가 되길 바라며 글을 맺는다.

2013년 8월
최광현

✜ 차례

Chapter 01 상징체계로서의 인형치료 · 11

Chapter 02 인형치료의 치료적인 특징 · 33

Chapter 01

상징체계로서의 인형치료

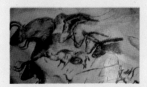

🐻 사람이나 동물의 모습을 구체적으로 시각화한 것이 인형이다. 전 세계 대부분의 나라마다 전통인형이 있으며, 인형에는 그 나라의 이야기가 있다. 인형은 한 나라와 그곳에서 살아온 사람들의 기억을 담고 있으며, 우리는 인형을 통해 그것들과 소통을 할 수 있다.

호주의 전통인형인 '스웨그맨' 인형은 예쁜 것과 거리가 멀다. 등에 짐을 지고 앞에는 큰 보따리를 들고 있으며, 해진 모자에는 파리를 쫓으려고 만든 코르크 마개들이 주렁주렁 달려 있다. 마치 노숙자의 모습을 한 스웨그맨 인형은 호주의 역사 속에서 이런 행색으로 힘들게 살아야 했던 시절을 보여 준다. 폴란드의 '라이코닉' 전통인형은 우스꽝스러운 복장을 하고 말을 탄 남성의 모습을 하고 있다. 이 인형은 유럽의 국가 중에서 가장 이방민족의 수탈이 많았던 폴란드의 아픈 역사와 연결된다. 라이코닉 인형은 몽골군을 상징하는데, 폴란드를 수차례 침공하여 국토를 유린한 몽골군을 해학적으로 표현하여 폴란드인의 놀란 가슴을 진정시키는 것이다. 필리핀의 전통인형 '바롱 타갈로그'는 현재 필리핀의 남성 정장을 입고 있는 모습이다. 속이 훤히 비치는 얇은 천으로 만든 옷을 입고 있는데, 스페인 식민지 시절 피지배인을 지배인과 구분하기 위해 만든 옷이다. 무기를 숨기지 못하게 속이 다 보이게 하고 겉옷을 바지 안으로 집어넣지 못하게 한 것이다. 열등한 신분을 상징하는 옷이 이제는 최고의 정장을 상징하는 옷으로 바뀌어 그들의 아픈 역사의 흔적을 반전시키게 되었다. 이렇듯이 전통인형은 한 나라의 삶과 문화와 역사를 담고 있으며, 그 나라 사람들의 정서가 배어 있는 상징물이다(유만찬, 김진경, 2013).

소중하게 간직하고 싶은 기억만이 아닌 수치스럽고 아픈 과거의 기억마저도 인형이라는 상징도구를 통해 해학적으로 과거의 이야기를 만날 수 있게 한다. 이처럼 지나온 과거와 현재의 소통 도구가 되는 인형은 심리적 도구로도 사용이 된다. 과테말라에서는 걱정이나 불안을 막아 주는 심리적 도구로 사용이 된다. 불안하여 잠을 자지 못하는 아이들을 위해 어른들은 '걱정 인형'을 만들어 모든 근심은 인형에게 맡기고 편히 잠을 자도록 하였다. 이렇게 인형은 간절한 기원과 바람을 상징하는 도구로도 사용이 된다. 아프리카의 '아산테' 부족은 자녀를 간절히 바라는 마음으로, 우리나라의 삼신할매와 비슷한 인형을 만들어 지니고 다니면서 건강한 출산을 기원하였다. 이처럼 우리에게 인형은 기억을 간직한 소통의 도구, 심리적 도구 그리고 기원의 도구로 사용되었다. 인형은 어린이의 단순한 놀잇감 이상의 의미를 가지며, 인간의 내면을 의식으로 표현하는 상징물이다.

러시아의 전통인형 '마트료시카'는 목재로 만든 인형 안에서 계속해서 작은 인형들이 나오는 것으로 전 세계적으로 유명해진 인형이다. 마트료시카는 러시아의 전통인형으로 알려져 있지만, 사실 러시아 고유의 인형이기보다는 일본에서 만들어진 칠복신(七福神, 시치후쿠진)의 목각인형을 본떠 만든 것이다 (유만찬, 김진경, 2013). 목각인형 안에 보다 작은 인형을 넣은 칠복신 인형은 복을 주는 일곱 명의 신을 상징하고 있다. 이러한 일본의 인형이 러시아로 건너가서 '복을 주는 할아버지 신'의 의미를 버리고 러시아의 전통의상 '사라판 (sarafan)'을 입고 있는 여성의 모습으로 만들어졌다. 행운과 복을 상징하는 할

[사진 1-1] 마트료시카

아버지 상에서 러시아의 전통의상을 입은 여자로 모습이 바뀌었으나 결과적으로는 원래의 상징적 의미가 변하지 않았다. 마트료시카를 여전히 풍요와 다산을 의미하는 행운의 상징으로 받아들이고 있는 것에서 보듯이, 인형에게 부여된 일정한 상징체계는 다른 문화권으로 건너가도 여전히 생명력을 유지한다.

인형은 시각적 이미지를 형상화시켜 놓은 것으로 여기에는 일정한 상징체계가 존재한다. 칼 융(Jung, 1996)은 상징이 만유공통적 언어라고 말하였다. 상징은 쓰인 언어들과 달리 실제 문제들에 제한받지 않기에 풍요롭고 다양한 의미를 전달해 준다. 또한 상징은 단순한 역사적·문화적 의미를 담고 있는 상징물 이상의 것이다. 그것은 우리 자신의 마음을 보다 완전하게 이해하도록 도와주는 매개체가 될 수 있다. 심층심리학의 발전을 통해 만들어진 상징체계의 이론이 인형이 가지고 있는 상징성에 심리학적 의미와 해석을 부여한 덕분에 인형을 심리치료를 위한 도구로 활용할 수 있게 되었다. 스티븐 켈러트(Kellert, 2015)는 인간을 특별한 존재로 만든 것은 상징을 이용해 현실을 표현하는 능력이라고 말한다. 인간의 모든 삶은 상징에 의해 이루어진다. 상징화 능력은 인간의 학습과 발달의 근본적인 요소며 특히 성장기에 더욱 민감하게 작동된다고 한다. 켈러트의 말에 의하면 상징을 창조하는 인간의 능력은 자연세계와 대단히 밀접히 연결되어 있다.

융의 비서였고 그의 전기를 쓴 야페(Jaffe)는 융이 편집한 『인간과 상징(Man and His Symbols)』(Jung, 1996)에서 인간은 상징을 만드는 경향을 갖고 있으며 무의식적으로 물건이나 형태를 상징으로 만들거나 미술로 표현한다고 말한다. 인간은 상징을 통해 심리적으로 중요한 의미를 부여하는 것이다. 야페는 예술이 가지는 상징성과 그러한 상징성의 특성을 나타내기 위해 모든 시대를 통해 반복적으로 나타나는 세 가지 모티프, 즉 돌, 동물, 원이 있다고 말한다. 이 세 가지 모티프는 인간이 의식을 상징으로 표현하던 먼 시대부터 극도로 세련된 현대에 이르기까지 심리적으로 중요한 의미를 지닌다는 것이다. 한편 폰타나(Fontana, 2010)는 마음을 형상화하는 도구인 상징은 인간이 가진 독특한 능력이라고 말한다. 이것은 인간이 한 가지를 다른 것으로 인식하는 능력을 의미하며, 상징을 만들어 내는 신비로운 행위로 인간은 마음속의 풍부한 내면 풍경을 표현할 수 있게 되었다고 말한다. 상징은 인간의 의식과 무의식의 복잡한 상호작용을 거치며 인간 내면에 있는 의미를 표현하게 해 준다.

상징이 가진 이와 같은 능력은 인형치료를 가능하게 만들어 준다. 인형은 인간이 원시시대부터 의식주와는 상관없이 친밀감을 위한 심리적 도구로써 사용되어 왔다. 인형은 인간의 마음을 편하게 해 주며 모든 사람에게 부담감을 주지 않는 효과적인 치료적 도구가 된다.

하나의 치료 모델로서의 인형치료(figure therapy)는 심층심리학, 가족체계이론, 트라우마 가족치료의 이론을 바탕으로 심층심리학의 무의식과 상징의 개념, 가족체계이론의 체계적 사고, 트라우마 가족치료의 가족 트라우마에 대한 이해를 통해 내담자와의 면담에서 어떻게 인형을 사용할 수 있는지에 대한 다양한 임상적 경험을 제공한다. 인형치료는 개인상담을 위한 진단과 소통의 도구가 되는데, 주로 면담 과정에서 사용할 수 있으며 치료 과정에서 언어적 상담의 한계를 보완해 줄 수 있다. 인형치료는 무의식을 표현해 주는 동물인형과 의식의 내용을 전달할 수 있는 가족인형을 통해 내담자가 자신의 치료적 은유를 표현하도록 돕는다(최광현, 2014a).

또한 의식과 무의식을 연결해 주는 도구로 동물인형이 다른 무엇보다 자주 사용되는데, 우리는 동물에 대한 각자의 개인적 이미지와 생각을 갖고 있다. 자연세계 중 동물은 이름, 신화, 디자인, 이미지와 같은 여러 형태로 상징화되어 있다. 동물은 우리의 행동과 감정을 은유적으로 표현하고 설명할 수 있는 가장 중요한 재료다(Kellert, 2015). 동물상징체계는 주로 인간의 관심과 요구에 따라서 이루어지며 동물의 신체적 특징이나 행동 습성과 밀접한 관계를 갖는다. 모든 사람은 다양한 동식물과 자연현상을 상징화한다. 예를 들어, 약삭빠른 사람을 표현할 때, "그 사람은 여우야."라고 말한다. 우직하게 일을 하는 사람을 향해 '소처럼 일하는 사람'이라고 말한다. 또한 검은 재규어의 모습은 CF

에 활용되어 재규어가 갖고 있는 날렵함과 힘을 광고하려는 제품과 결합된다. 이처럼 우리의 언어와 의사소통, 문화 전체에서 동물은 상징적으로 활용되고 있다. 실제 동물이 갖고 있는 본질적 특성과 이미지 그리고 우리의 개인적·사회적·문화적 맥락에 따라서 해석을 할 수 있다. 엘리자베스 로런스(Elizabeth Lawrence)는 우리 인간은 육체적·심리적·정신적으로 동물들과 묶여 있으며 조상에게 물려받은 오래된 상징체계가 인간의 환경에 뒤섞인 채 마음속에 흔적으로 존재한다고 하였다. 우리의 마음속에 존재하는 동물상징체계를 개인의 삶과 연결하여 해석함으로써 개인의 갈등과 문제체계에 대한 의미 있는 정보를 얻게 된다. 로런스(1993)는 동물을 통한 상징화는 '인간 의식의 깊은 수준'에서 일어나는 것이라고 하였다. 동물상징을 해석하는 작업은 무의식을 의식 밖으로 끄집어내는 것으로 내담자의 '말 못한 고통'을 '말할 수 있는 것'으로 변형시키는 치료적 작업을 가능하게 해 준다.

1. 인간과 상징

인간은 상징을 통해 심리적으로 중요한 의미를 부여한다. 인간과 동물의 근본적인 차이는 상징을 사용할 줄 아는 능력이다. 우리는 교통안전 표지판을 보면 그것의 의미를 파악할 수 있으며, 이와 같은 수많은 상징체계를 통해 복잡한 현대 사회가 발전하고 있다. 상징은 모든 시대와 문명에 존재했으며 인간 문명은 이러한 수많은 정교한 상징체계로 이루어져 있다. 우리는 상징을 통해 자기가 전달하고자 하는 뜻을 나타내는데, 그것은 의식적인 차원만이 아닌 우리의 무의식적인 내용을 포함한다. 융(1996)은 『인간과 상징』에서 말이나 형상이 명백하고 직접적인 의미 이상의 무엇인가를 내포하고 있을 때, 그것을 상징적인 것이라고 말했다. 이러한 상징성은 정확하게 정의되거나 완전하게 설명될 수 없는 무의식적인 측면을 지닌다고 하였다. 상징은 우리가 의식하고 있

는, 그러나 언어로 완전히 담아낼 수 없는, 어떤 깊은 내적 힘을 나타내는 자연
발생적인 표현으로서 무의식으로부터 생겨난다. 따라서 상징은 의식적인 차
원만이 아닌 무의식적인 내용을 포함하고 있는 인간의 이해를 위한 보물창고
가 된다.

엘리아데(Eliade, 2013)는 상징에 대해 다음과 같이 말한다.

> "가장 보잘것없는 존재에도 상징이 가득하고, 가장 현실주의적인 사람일지
> 라도 이미지로 살아간다. 다시 말해서, 상징은 심리적 현실에서 결코 사라지지
> 않는다."

심리학에서 상징이 가진 놀라운 힘을 맨 처음 발견한 사람은 정신분석의 선
구자 프로이트(Freud)다. 프로이트는 고대 그리스의 신화가, 잊힌 고대의 신들
에 대한 이야기가 아닌 인간 내면의 상징체계라고 인식하였다. 그리고 그중에
서 '나는 내가 누구인지 알아야 해!'라고 자기정체성의 질문을 제기하는 오이
디푸스 신화를 정신분석의 중심 개념으로 가져왔다.

가족 안에 존재하는 삼각관계의 비극과 갈등을 보여 주는 오이디푸스 신화
는 치유를 선물한다. 정신분석은 어머니, 아버지, 자녀의 삼각관계가 근본적
인 인간관계의 원형이라는 것을 알고 있다. 어머니, 아버지, 자녀의 삼각관계
는 아이가 반드시 성장해서 올라가야 할 사다리다. 정신분석은 인간의 가장
근본적인 인간관계 방식을 탐색함으로써 우리 개인의 신화를 탐색하고 찾으
려고 하였다. 이러한 신화는 치유력을 갖는다. 신화는 억압되고 무의식적이며
원시적인 충동과 불안 그리고 그 밖의 심리적 내용을 의식하게 한다. 이것을
통해 신화는 새로운 목표, 새로운 윤리적 통찰과 가능성을 보여 준다. 롤로 메
이(May, 2015)는 프로이트가 발견한 상징체계인 신화는 전에 없던 더 위대한
인간 이해를 위한 의미 있는 발견이라고 하였다. 신화는 자연과 관계, 우리 자
신의 실존과 관계의 구조를 서서히 밝힌다. 우리는 신화라는 상징을 통해 한

사람의 구체적인 경험에서 벗어나 보편적인 경험으로 다가간다. 개인이 평생 동안 원한을 품지 않고 초기 유아기에 경험한 박탈을 진정으로 수용하고 극복할 수 있다고 믿을 때 신화는 존재한다. 이런 의미에서 신화는 과거를 수용하고 우리 앞에 미래가 있다는 것을 깨닫도록 도와준다. 내담자는 신화를 통해 신경증적 죄책감과 수치심을 정상적이고 기능적인 죄책감으로 바꾸는 경험을 할 수 있다.

　프로이트가 신화에서 인간의 상징체계를 처음으로 발견했다면, 그의 제자 융은 상징체계를 보다 깊고 넓게 확장시킨 사람이다. 융(1996)은 신화를 인간의 의식과 무의식 속에 담겨 있는 '원형적 패턴(archetypal pattern)'이라고 보았다. 융은 오직 신화와 같은 상징체계를 통해 가장 깊은 무의식을 발견할 수 있다고 말한다. 융은 신화가 집단 무의식의 표현인 원형이라고 보았다. 우리는 각자 이 신화 양식 덕분에 원형에 참여하게 된다. 이 원형은 우리의 내면을 분석하고 자기정체성을 알게 해 주는 도구인 것이다. 프로이트가 신화를 통해 상징체계를 연구했다면 융은 그림, 모래, 돌 등 보다 다양한 상징체계를 활용하여 인간의 내면을 탐구하였다.

2. 무의식을 표현하는 상징체계로서의 동물인형

　상징체계를 적극적으로 사용하는 모델이 바로 심층심리학이다. 초기 심리학은 인간의 내면을 탐색하기 위한 방법을 찾으려고 시도하였고, 무의식의 심리학인 정신분석을 만든 프로이트에 의해 무의식에 접근할 수 있는 '자유연상기법'이 발견되었다. 프로이트의 제자였던 융은 프로이트의 자유연상기법을 응용한 '단어연상기법'을 만들어 무의식에 접근하게 하였다. 융은 나열된 단어가 무의식의 통로라고 보고 환자의 머릿속에 떠오르는 단어를 나열하도록 하였다. '자유연상기법'과 '단어연상기법'을 통해 인간의 무의식을 파헤치는 심층심리학은 인간 내면에 작동하고 있는 상징체계를 전제로 한다.

　마찬가지로 심리상담 현장에서 상징체계를 전제로 임상이 이루어지는 모델이 인형치료다. 인형치료는 융이 자기치료에 활용한 자연에서 생성된 피규어인 스톤(stone)과 더불어 인간이 만든 인형을 인간의 내면을 탐색할 수 있는 상징체계로 활용한다. 인형치료에서 동물인형은 중요한 상징도구다. 융은 동물이 시각적으로 보이게 되는 무의식의 자아라고 말했다. 인류가 남긴 최초의 예술인 프랑스 남동부의 쇼베 동굴 벽화에서는 약 3만 4,000년 전에 인간이 그린 동물들을 볼 수 있다. 벽화에 그려진 맹수, 곰, 말, 들소, 매머드, 코뿔소 등은 단순한 재미로 그려진 것이 아닌 상징물임을 나타낸다. 구석기 시대부터 현대에 이르기까지 동물의 힘, 민첩성, 용맹, 고집, 교활, 수호, 배반 또는 신체적 형태, 색, 습성, 거주지와 같은 다양한 이미지는 상징주의적으로 표현된다.

　따라서 폰타나(2010)는 인간의 육체적ㆍ정신적 특성이 각각 동물의 상징을 통해서 표현될 수 있다고 말한다. 동물로 표현되는 상징은 인간 내면의 심원에서 나오는 의식이자 길들지 않은 잠재의식과 무의식의 본능으로 '야수의 본

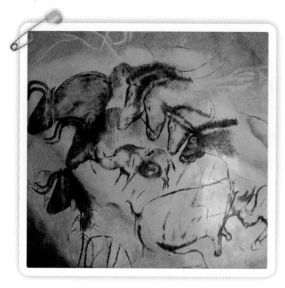

[사진 1-2] 쇼베 동굴 벽화

성' 또는 융(2007)이 말한 '동물의 정령'과 같은 인류의 거울로 작용을 한다. 융 (2007)은 상징체계의 주된 기능이 '보여 주는 것'이라고 말하였는데, 동물인형 역시 상담 현장에서 내담자가 갖고 있는 내면의 내용물들을 분석하고 해석할 수 있게 하는 도구가 될 수 있다. 인형의 치료적 의미는 내담자가 선택한 동물 피규어의 종류, 피규어들의 대비와 공통점, 공간적 배치, 전체적 구성을 통해 해석된다(최광현, 2013a).

1) 신화 속에서의 동물상징

태초의 신화는 대부분이 동물과 관련이 되어 있다. 김부타스(Gimbutas, 2016)는 선사시대의 토기 회화와 의례 용품을 통해 여신을 연구하면서 상징이 결코 추상적이지 않다고 말한다. 상징은 언제나 자연과 연결되어 있으며 특히 동물상징과 깊이 연결되어 있다고 한다. 고대 이스라엘에서 바알 신은 암소로 표현되며, 고대 이집트와 바빌로니아 신들을 황소, 게, 사자, 자칼, 고양이, 악어, 전갈, 물고기로 표현되었다. 그리스 신화에서 제우스는 백조, 황소, 백로, 독수리로 변장하였다. 힌두교는 행운의 신 기네샤는 인간의 몸에 코끼리의 머리를 가진 신으로, 비슈누는 멧돼지, 하누만은 원숭이 신이다. 그리스도교에서 예수는 어린양, 물고기로 표현된다.

인간은 최초로 신을 여성으로 표현했다. 구석기시대에 등장한 작은 조각상들에는 이미 생명의 탄생과 관련하여 고대인이 원초적으로 사유하였던 우주와 자연의 법칙들에 관한 상징체계들이 분명하게 드러나고 있다. 인간이 자연에서 발견한 최초의 이미지는 바로 여성적이다. 왜냐하면 자연과 여성의 순환적 주기는 상호 유사한 생산성의 원리를 반영하고 있기 때문이다. 이 세계는 마치 어머니가 아이를 낳고 양육하는 방식으로 생성되고 유지되는 것으로 설명되었다. 위대한 어머니 여신은 우주를 생산하는 자이며 우주를 보존하는 자다.

위대한 어머니 여신은 모든 것을 생성시키는 원천으로 인식되었다. 이것은 삶과 죽음 그리고 재탄생을 무한히 반복하는 자연의 순환 법칙과 관련이 있다. 원시인들은 인간이 죽으면 어머니의 자궁으로 되돌아가서 달처럼 다시 태어날 것으로 생각했다. 모든 것은 태어나서 죽는다. 그러나 죽음은 모든 것의 끝이 아니다. 죽음은 또 다른 탄생의 전 단계일 뿐이다. 원시인들은 삶과 죽음이 끊임없이 서로 연속되는 것으로 생각하였다. 구석기와 신석기 시대의 여신은 다산성과 풍요로움에 초점을 맞추고 있다. 위대한 어머니 여신의 몸은 우주 그 자체였다.

신석기시대인 크레타 문명의 여신상(B.C. 17000~14000)은 풍만한 가슴, 두 손에 뱀을 들고 있으며 머리에는 새가 있다. 특히 신석기시대의 대표적인 상징물인 새와 뱀은 무한한 생명의 원천으로서의 물을 형상화한 이미지로 자주 등장한다. 위대한 어머니 여신은 새와 뱀의 이미지로 형상화되었는데, 그것은 새가 하늘 위에서 내려오는 물의 이미지와 연관되었다. 또한 뱀은 땅 위와 아래에 있는 물의 이미지와 연결되었다. 따라서 하늘에서 생명을 가져오는 새 여신은 목 위로는 새의 머리로 되어 있고, 목 아래로는 여인의 몸으로 형상화되었으며, 뱀 여신은 여신의 몸에 뱀 무늬를 그려 넣거나 단순히 소용돌이 무늬로 상징화되었다. 특히 뱀은 달과 같이 순환하는 영원한 생명을 구현하며 여신의 대표적 상징물이 되었다. 뱀은 모든 농경문화에서 극히 중요한 상징이다. 뱀은 죽음을 떨쳐 버리고 생명의 힘과 연결된다. 이는 뱀이 껍질을 벗고 다시 태어날 수 있기 때문이다.

태양은 한 달에 한 번 달을 죽인다. 죽음에서부터 생명이 나온다는 주제는 농경문화의 핵심이다. 여성은 처음부터 끝까지 완전한 탄생과 재탄생을 하는 기적의 근원이다. 신화에서 신은 자연 생명력을 의인화시킨 것이다. 자연으로서의 여신, 가장 초기의 여신 상징이 대지의 여신이다.

영원한 생명의 원리로서의 여신은 새, 뱀, 황소, 벼, 보리, 꽃, 나무 등과 같은 다양한 동식물로 표현되었다. 시간이 지나면서 위대한 어머니 여신의 숭배는 사라지지만 여신이 상징했던 자연의 상징체계는 다양한 동물로 이어지면서

[사진 1-3] 열두 동물 띠

동물상징체계의 원형적 이미지를 구성하였다.

우리나라는 고대시대부터 동물상징체계를 인간의 특성을 구분 짓는 데 사용하였다. 즉, 오래전부터 출생한 해의 특성에 따라 그 사람의 특성을 '열두 동물 띠'를 통해 표현하였다. 여기에는 쥐띠 · 소띠 · 범띠 · 토끼띠 · 용띠 · 뱀띠 · 말띠 · 양띠 · 원숭이띠 · 닭띠 · 개띠 · 돼지띠가 있다. 띠란 '각 사람들의 심장에 숨어 있는 동물'이라고도 일컫는데, 이는 토템사회에 인간이 동물을 숭배하던 풍습에서 유래하였다(이종환, 1990). 우리 조상의 오랜 동물상징체계는 여전히 오늘날에도 유효한 상징으로 활용되고 있다.

동물은 우리 인간이 가진 상징체계에서 가장 손에 넣기 쉬운 중요한 자원이었다. 인간이 지닌 성질 중 동물의 형태로 나타내지 못하는 것이 거의 없기 때문에 동물만큼 다양한 범위의 도상학을 제공하는 것은 없었다. 한 사람의 성질을 표현할 때, "그 사람 힘이 세."라고 말하기보다 "그 사람 황소같이 힘이 세."라는 말이 더 의미 있게 다가온다. 고대 바빌로니아, 이집트, 힌두교 등에서 신에 대해 동물의 머리를 한 사람으로 묘사한 것은 동물적 속성을 통해 신의 이미지를 표현하였던 것이다.

2) 원시적이고 본능적인 성질을 나타내는 동물상징

동물상징은 인간의 원시적이고 본능적인 성질을 상징한다. 무의식 속에 있는 인간의 원시적이고 본능적인 성질은 동물상징을 통해 안전하게 표현될 수 있다. 로마 가톨릭의 성인 성 예로니모는 사자의 발에서 가시를 제거해 주었는데, 그때부터 사자가 맹수의 성질을 버리고 성인의 제자로 평화롭게 살았다고 한다. 이 전설에는 성 예로니모가 사자를 도와줌으로써 동물적 본성을 이겨 내고 성인으로의 삶을 살았음을 암시한다. 건강한 삶, 자기실현을 이루는 삶을 위해 우리는 끊임없이 우리의 무의식에 귀를 기울이고 이것을 의식화시키는 작업을 해야 한다. 여기에서 동물상징은 인간 내면의 본성을 의미하는 도구가 된다. 의식될 수 없는 곳에 있는 무의식은 엄청난 힘을 갖고 있으며, 우리의 삶의 대부분은 이 무의식과 깊은 관련이 있다. 무의식을 의식으로 표현하는 도구가 되는 것이 바로 상징이다.

동물상징은 인간의 원시적이고 본능적인 성질을 나타낸다. 또한 사회성 있고 교양 있게 행동하는 인간 내면에 잠재된 자율적 정서가 뿜어내는 원시적인 본능의 욕구를 보여 준다. 무의식 속에 있는 인간의 원시적인 성질은 동물상징을 통해 안전하게 표현될 수 있다.

예를 들어, 아기가 시끄럽게 운다고 입을 틀어막고 숨막혀 죽게 하거나 집어 던져서 부상당하게 만드는 엄마가 있다. 엄마는 순간 당황하고 놀라서 눈물을 흘리며 비탄과 슬픔에 잠기게 된다. 그것은 갑자기 분출하는 엄마 내면에 있던 원시적인 욕구에 사로잡힌 것이다. 자아의 경계가 약화되고, 의식세계가 취약해져서 무의식의 욕구에 쉽게 사로잡힌 결과다. 따라서 칼 융은 틈만 나면 인간이 자연을 지배하고 있는 것처럼 보이지만 사실은 아직 자기의 본성도 지배하지 못했다는 점을 지적하고는 했다.

동물에 쫓기는 꿈은 내면에 있는 원시적 본능을 통합해서 균형을 이루라는 내면의 메시지다. 의식에 단절되어 있는 본능을 삶에 통합하려는 것으로, 꿈에 나타난 동물이 위험할수록 내면에 원시적인 본능이 그만큼 강하게 의식화되지 못하고 존재하는 것이다.

융(1996)은 『인간과 상징』에서 심층심리학은 자신의 '동물의 영혼'을 받아들이도록 하는 작업이라고 말한다. 건강한 삶, 자기실현을 이루는 삶을 위해 우리는 끊임없이 우리의 무의식에 귀를 기울이고 이것을 의식화하는 작업을 해야 한다. 여기서 동물인형은 우리의 동물적 영혼으로 표현되는 무의식의 원시적 본능을 안전하게 끄집어낼 수 있게 하는 상징체계로 유용하다.

인형치료에서 내담자들 중에 자신 또는 타인을 곤충으로 표현하는 경우가 있다. 다양한 동물인형이 있음에도 불구하고 곤충으로 표현하는 것은 거부감을 무의식적으로 드러내는 것이다. 인간은 대체로 벌레라고 불리는 곤충에 대해 거부감을 갖고 있다. 그것은 우리 인간과 곤충이 너무 다르기 때문이다. 자기 자신을 바퀴벌레로 표현한 한 내담자는 바퀴벌레를 세상에서 가장 혐오한다고 말하였다. 바퀴벌레에 대해 이 내담자만이 아닌 우리 대부분도 불쾌감을 가지며 죽이는 데 조금도 망설임이나 죄책감을 가지지 않는다.

우리는 각자 동물에 대해 갖고 있는 생각이 다를 수 있지만, 그러한 다름은 동물상징에 대한 큰 틀에서 벗어나지 않는다.

3) 동물상징과 프랙털

켈러트(2015)는 인간이 동물상징에서 느끼는 일정한 공통점을 프랙털(fractal) 이론으로 설명할 수 있다고 말한다. 프랙털 이론에 따르면 모든 물체는 기본 테마를 기초로 다양한 크기와 변화가 일어난다고 본다.

프랙털은 수학자 브누아 망델브로(Benoit Mandelbrot)가 고안한 용어로서 대상을 '잘게 쪼갠다'는 의미를 갖고 있으며, 쪼갠 대상들이 다시 원래 체계의 원형을 유지하면서 더 작은 규모로 쪼개지게 된다는 역동성을 가리킨다. 규모는 다르지만 쪼개진 하부단위체에서 다시 유사한 모습들이 반복되어 나타나는 것은 우리가 알지 못하는 어떤 '질서'가 담겨 있다는 것을 나타낸다. 이러한 질서는 '자기유사성(self-similarity)'으로 불리는데, 기본 패턴은 서로 닮아 있지만 정확히 같은 형태는 아니며 크기와 모양이 다양하다. 이 질서는 같은 방식으로 계속 유지되는 원리를 갖고 있다. 예를 들어, 나뭇잎 하나는 나무와 다른 개별적인 것이기보다 나무와 같은 질서와 조직을 갖고 있다. 같은 나무의 줄기에서 보이는 수많은 결 무늬, 나뭇잎들은 나무와는 다르게 보이지만 같은 질서를 가지고 있다고 설명할 수 있다(최광현, 2008a). 프랙털 법칙에 따라서 동물상징체계도 일정하게 공유될 수 있는 '자기유사성'이 존재한다. 인형치료는 동물인형상징을 통해 내담자와 그의 가족 구성원들 안에 잠재해 있던 생각과 감정들이 의식 밖으로 나올 수 있게 하며 그와 동시에 상징체계의 의미를 해석할 수 있다.

4) 동물상징과 인형치료

인형들 속에서 표현된 이미지들은 의식적인 작업이 아닌 무의식적인 내용이 담겨 있기에 해석이 필요하다. 인형에 나타난 것들이 자신의 무의식적 욕구라는 것을 내담자가 인정하고 받아들이게 되면, 그 상징체계가 갖는 의미가 의식으로 전환될 수 있다. 이것은 자기 인식을 돕고 내적인 갈등과 삶의 불균형을 통합할 수 있게 하는 데 도움을 주게 된다. 상담사는 인형을 통해 내담자 내면의 '자기'를 만나게 되며, 내담자 삶의 어떤 부분에서 균형이 깨어져 있고 지나치게 편향되어 있는지를 탐색할 수 있다. 인형의 해석을 통해 내담자는 문제의 실체를 알게 되며, 이를 파악하는 순간 통제할 수 있게 된다. 프롬(Fromm, 2002)이 지적했듯이, 문제의 해결은 먼저 아는 것에서 시작한다. 문제와 갈등은 겉으로 드러난 것과 드러나지 않는 것이 있다. 드러나지 않은 것은 그동안 파악하기 어려웠고 자신의 고통을 알 수 없었던 것이다. 이제 인형의 해석으로 가족관계 안에 숨겨져 있던 가족 신화가 베일을 벗을 수 있다.

무의식을 전달해 주는 대표적 상징은 꿈이다. 내면 분석을 위해 꿈을 기억해 꿈일기에 적거나 그림을 그린 것으로 꿈이 내포하고 있는 상징적인 의미와 치유적 메시지를 찾을 수 있다. 상징체계인 인형은 꿈처럼 우리의 무의식을 의식으로 전달해 주는 소통 도구다. 무의식의 상징체계인 인형은 무의식의 내용을 탐색하기 위해 기억을 힘겹게 찾지 않아도 된다. 인형치료의 도구인 동물인형의 종류, 배치, 서 있는 모습, 시선 등 전체적인 분위기를 통해 상징체계의 의미를 해석할 수 있다. '기억이 아닌 보는 것', 즉 시각을 통해 상징체계에 대한 해석이 가능하다.

인형치료는 의식과 무의식을 연결해 주는 소통 도구로서 무엇보다 동물인형을 사용한다. 우리는 동물에 대한 각자의 이미지와 생각을 갖고 있다. 사람들에 따라 약간씩 동물에 대한 이미지가 다를 수도 있다. 늑대가 누군가에게 외로운 이미지로 떠오른다면, 또 다른 사람에게는 무섭고 음흉한 이미지로 떠오르기도 한다. 이처럼 동물에 대한 이미지와 생각은 모두 같을 수 없다. 그러나 약간의 정도 차이는 있지만, 인간은 동물에 대해 원시시대부터 이어 오는 원형적 이미지를 갖고 있다. 심리적 원형의 개념은 인류의 집단 심리에 이미 존재하고 있는 특징적인 패턴을 의미한다. 이 패턴은 영구적으로 각자의 정신에 거듭 되풀이되어 나타난다. 따라서 우리에게는 심리학적 존재로서 원시시대부터 수천 년을 통해 내려오는 동물에 대한 기본적인 이미지의 패턴이 존재한다. 내담자가 동물인형을 통해 보여 주는 자기 가족의 모습은 동물에 대한 개인적 이미지와 원형적 이미지를 통해 자기 가족에 대한 무의식을 의식 밖으로 끄집어내는 것이다.

3. 인형치료에서의 상징체계 단계

우리는 수많은 자극과 정보에 노출되어 있다. 이러한 환경에서 잘 살아가기 위해서는 자극의 선택과 인식 그리고 그것의 처리가 중요하다. 인간의 행동은 여러 가지 구성 요소에 바탕을 두고 있다. 그러한 구성 요소에는 감각, 기억, 감정, 인지, 상징이 있다. 한 사람의 행동을 설명하기 위해서는 이런 요소를 모두 고려해야 한다.

아동은 오감을 이용해서 움직이며 감각을 경험한다. 딱딱한 것을 만지면 딱딱하고 부드러운 것을 만지면 부드럽다는 감각을 경험한다. 감각은 인간의 발달단계에서 가장 기초가 된다. 그렇기 때문에 어떤 감각을 경험했는지가 매우 중요하다. 부적절한 감각을 경험했으면 이것이 부적절한 기억을 만들어 내고, 이는 부정적인 감정으로 이어지며, 부적절한 인지와 지각을 만들어 내어 인지 왜곡과 같은 현상을 일으킨다. 그리고 이것은 상징체계를 통해 드러난다.

예를 들어, 어린 소녀가 부모의 성관계 장면을 보았다. 이것은 오감 중 '보는 것'의 감각에 커다란 영향을 준다. 이 장면은 각인이 되어 매우 수치스럽고 고

그림 1-1 상징체계 과정

통스러운 기억으로 남아서 부정적인 감정을 일으킨다. 이러한 경험은 인지에 영향을 주어 성은 더럽고 혐오스러운 것으로 인지하게 되며, 이러한 왜곡된 시각은 상징을 통해 나타난다. 아버지를 뱀으로 표현하거나 악어 또는 도마뱀 등으로 표현하여 자신의 경험을 상징화시킨다([그림 1-1] 참조).

　인형치료는 이러한 인간의 심리적 발달단계를 상징체계를 통해 재구조화하는 작업을 한다. 상담사는 인형을 통해 인간 내면에서 만들어지는 상징체계를 다루게 된다. 내담자가 갖고 있는 증상과 갈등은 상징체계를 통해서 표현되며, 이를 통해 내담자 내면에 있는 무의식의 상징체계를 재구조화할 수 있는 치료적 작업이 가능해진다([그림 1-2] 참조).

[그림 1-2] 상징의 재구조화 과정

• 상징: '이것이 무엇을 의미하는가?' '이것이 무엇을 연상시키는가?'

　인간의 발달단계의 마지막 단계에서 이루어지는 능력으로 자기가 느끼고 경험하고 사고한 모든 것들을 상징화하는 능력이다. 상징을 통해 없는 것을 있는 것으로 인식하게 되는 연상 작업이 가능해진다. 상징적으로 자기의 느낌, 감정, 정서 등을 조직화할 수 있다.

• 인지와 지각: '무엇을 지각하며 인지하는가?'

인지란 보기, 듣기, 냄새 맡기, 맛보기, 만지기 등의 자극을 인식하는 능력이다. 우리가 환경 속에서 생존을 위해 반드시 필요한 것이다. 우리는 매 순간 여러 가지 자극에 노출되어 있으며 특정한 자극에 집중하게 된다. 수많은 자극 중 어떤 자극이 의식 속에서 도달하게 되는지는 욕구, 흥미, 기분 등에 의해 좌우된다.

허기에 지친 여행객에게는 그 도시의 볼거리보다도 음식점들이 더 눈에 들어올 것이다. 자극을 인식하는 것은 매우 중요하다. 인간이 자신의 환경에서 무엇을 먼저 인식하는지는 감각기관의 구성 방식과 능력에 의해 좌우된다. 인지의 능력은 우리 감각의 문지기로 무엇을 인식하고 무엇을 그냥 흘려보낼지를 결정한다. 이러한 인지는 개인적 과정을 갖는다. 감각의 경험에 대한 해석은 자신이 이미 겪은 경험에 의해 좌우된다. 그러므로 인지 오류가 발생하게 된다.

상징체계는 인지를 통해 인식되며 받아들여지게 된다. 역시 상징체계를 어떻게 받아들일지는 개인적 과정을 갖게 된다. 내담자가 상징체계를 받아들이는 데 있어서 개인적인 독특함을 갖고 있는 것을 찾게 되면 내담자의 인지 과정에 대한 빠른 이해와 정보를 얻게 된다.

뮐러-라이어(Müller-Lyer)의 착시 현상

[그림 1-3]의 두 선을 비교했을 때 위에 있는 선이 아래의 선보다 더 길게 느껴진다. 그러나 실제로 두 선의 길이는 동일하다. 두 개의 선이 보여 주는 착시

그림 1-3 착시 현상

현상은 우리가 인지적 오류에 얼마나 취약한지를 보여 준다.

• 감정: '어떻게 느끼는가?'

특정 자극을 수용한 인지를 통해 감정이 만들어진다. 감정은 인간의 생존에서 필수적인 능력이다. 위험한 상황을 감정으로 느껴 위험에 대비하고 기쁨과 행복을 감정으로 느껴 행복과 기쁨을 온몸으로 느끼고 표현할 수 있게 된다. 소중한 사람을 잃어버리고 슬픔에 잠겨 애도할 수 있게 되고, 이것은 상실의 고통을 중화하고 결국 치유하게 해 준다. 감정은 인간에게 가장 소중한 삶의 원동력이다. 감정이란 개념은 생리적인 흥분의 변화, 기분의 변화, 인식의 변화, 행동의 변화 등의 복잡한 패턴을 의미한다. 감정들은 보통 '편하다' 또는 '불편하다'란 단어로 분류할 수 있다. 아이들은 태어나서 1~2개월 즈음에는 웃기 시작하고 8개월 즈음에는 낯선 사람에 대해 공포감을 표현한다. 그 후 발달단계를 통해 수많은 감정이 발달하게 된다. 개인적 경험을 통해 특정 상황, 특정 사람, 특정 물건 등에 대해 특정 감정을 형성하게 된다. 감정은 지금 일어나고 있는 사건뿐 아니라 기억을 통해서도 일어난다.

• 기억: '무엇이 떠오르는가?'

사람에게 기억력이 없다면 일상생활에 엄청난 불편을 가져다준다. 정보는 저장되지 못하고 시간적인 방향성, 즉 과거, 현재, 미래 등의 순서가 더 이상 존재하지 않는다. 사람들은 이 세계에서 제대로 살아갈 수 없고 문명은 존재할 수 없다.

기억은 초단기 기억과 장기 기억이 있다. 초단기 기억을 통해 주변 세계로부터 감각적인 인상들을 받아들이고 아주 짧은 순간 머물게 된다. 어떤 정보가 장기 기억으로 받아들여질지 아닐지는 그 자극의 강도에 달려 있다. 자극이 강렬할수록 장기 기억이 받아들일 가능성이 높다. 자극을 받아들이는 경로의 종류도 중요하다. 시각적인 정보는 청각적인 정보보다 더 잘 받아들인다. 기억은 반복적인 종류와 양, 기분, 신체 상태에 따라 달라진다. 새로운 지식은 기존에 가지고 있던 지식과 잘 결합될 때 오랫동안 저장된다.

롤로 메이(2015)는 상징이 달라지면 기억도 달라진다고 말한다. 과거의 트라우마에 대한 기억은 실제 과거와는 거의 관련이 없으며, 오히려 현재와 더 많은 관계가 있다. 우리는 과거의 트라우마의 기억을 불러낼 때마다 덧칠 작업을 한다. 다시 말해, 우리의 트라우마에 대한 모든 기억은 완전히 객관적일 수 없다. 우리에게 영향을 미치는 것은 과거 그 자체가 아니라, 그 과거와 관계를 맺는 방법이다. 따라서 문제 해결을 위해 중요한 전제는 트라우마 자체의 기억을 도려내는 것이 아니라 언제든 편집될 수 있는 트라우마의 기억을 현재 속에서 재편집하고 가공하는 데 있다. 트라우마의 기억을 편집하기 위해 트라우마를 바라보는 관점의 변화, 시각의 변화가 필요하다. 기억은 과거를 위해 존재하는 것이 아니라 미래를 위해 존재하는 것이다. 우리는 트라우마에 대한 기억을 현재 속에서 미래를 위해 다시 재편집함으로써 트라우마의 고통과 아픔을 해결할 수 있다.

• 감각: '무엇을 느끼는가?'

감각은 오감의 기능을 말한다. 일정한 자극에 대해 '무엇을 느끼는가?'의 단계다. 상징을 통해서 이루어진 치료적 작업은 감각의 변화를 이끌어 낸다. 상징체계의 변화는 인지의 변화로 이어지고, 감정의 변화를 자극하고, 기억을 수정시켜 감각의 변화를 일으킨다.

Chapter 02

인형치료의 치료적인 특징

최근 인형은 심리치료 분야에서 폭넓게 사용되고 있다. 놀이치료, 가족치료와 사이코드라마 등에서도 인형이 사용되고 있지만, 대부분 여러 기법 중 하나로 사용될 뿐이지 인형치료에 대한 체계적 접근은 부족한 상태다.

인형치료는 가족치료 기법 중 하나인 트라우마 가족치료의 이론적 토대를 통해서 발전되었다. 인형치료에 영향을 준 또 다른 이론에는 심층심리학과 가족체계이론이 있다. 독일의 가족치료사 버트 헬링거(Hellinger, 1994, 1995, 1997, 2002)가 만든 트라우마 가족치료의 접근에서 심층심리학과 가족체계이론이 깊은 영향을 미쳤다.

인형치료는 가족치료나 놀이치료뿐만 아니라 심리상담의 광범위한 현장 속에서 개인상담을 위한 좋은 도구가 된다. 개인상담을 할 때 면담 과정에서 사용될 수 있고, 또한 치료 과정에서 개입 모델로 활용될 수 있으며 언어적 상담의 한계를 보완해 줄 수 있다. 그리고 언어를 통한 기존의 상담 방법이 갖는 한계(방어기제, 증상을 표현하는 데 좋지만 문제가 위장될 수 있음)를 보완해 준다. 대부분의 경우에 내담자의 많은 문제는 결국 내담자가 속한 가족의 문제와 연결되는데, 인형치료는 내담자가 가족과 어떤 관계를 맺고 있고 어떤 상호작용을 하고 있는지 파악할 수 있게 한다.

면접 상담에서 인형치료는 가족의 현재 모습과 내담자의 상태에 대한 중요한 정보를 제공해 준다. 부모 면담에서는 부모로 하여금 가족의 모습을 객관적으로 볼 수 있게 만든다. 이를 통해 상담 동기를 제공해 줄 수 있으며, 치료 작업 중에 문제를 해결하는 데도 큰 도움을 제공한다. 상징체계인 인형을 통해 내담자의 무의식적인 욕구와 관계 패턴이 분명하게 드러나게 된다. 이것은 치료 회기의 시간을 크게 단축할 수 있게 하며, 문제를 보다 효과적으로 관찰할 수 있게 한다.

1. 트라우마에 대한 인형의 치료적 가능성

인형은 인간의 마음을 편안하게 해 주며, 많은 사람에게 부담감을 주지 않는 효과적인 치료 도구다. 인형이 치료 과정에 활용되기 시작한 것은 제1차 세계대전 이후 '참전병 쇼크'로 고통받는 병사들을 위해서였다. 이들은 인형을 통한 치료에 별다른 부담감을 표시하지 않고 치료에 응하였으며, 이후 인형은 치료 과정에서 다양하게 활용되었다. 인형치료는 특히 놀이치료와 가족치료에서 많이 활용되었는데, 가족조각 기법 역시 인형을 통한 치료적 활용에서 발전하여 가족에게 직접 사용되기에 이르렀다.

고대의 인형에는 종교적 · 주술적 의미뿐 아니라 놀잇감의 요소가 있었던 것으로 여겨진다. 그것은 이집트나 그리스, 로마의 어린아이 묘에 인형이 묻혀 있는 것으로 보아 알 수 있다. 고대 마야문명의 유적지 중에 특히 어린아이 묘에서 인형이 다량으로 발견되고 있다. 그리스 로마 시대에는 혼기를 맞은 처녀가 더 이상 필요 없게 된 인형을 신전에 바쳤다고 한다. 이처럼 인형은 원시시대부터 있었던 인간의 발명품 중의 하나로 의식주와는 상관없는 심리적 도구였다고 할 수 있다. 인간은 인형을 친밀감과 위안을 얻고 자기 감정을 투사하는 도구로 사용해 왔다. 즉, 인형 자체에는 원래부터 인간의 심리적 기제에 활용되기 위한 목적이 있었던 것이다. 이러한 맥락에서 인형을 심리치료에 이용하게 된 것은 자연적인 현상이라고 할 수 있다. 인형은 인간의 필요에 의해서 만들어진 가장 오래된 물건 중 하나일 뿐 아니라 인간과 가장 오랫동안 함께해 온 존재로서, 인간의 속마음을 효과적으로 표현할 수 있는 심리적 기제로 활용될 수 있다. 심리적 기제로서 인형이 사용될 수 있는 중요한 영역이 트라우마다.

트라우마는 한 인간의 삶에서 대단히 고통스러운 경험이다. 개인의 삶은 트라우마가 발생하기 전과 후가 다르다. 따라서 어떤 식으로든 자기의 삶에 닥친

위기를 해결해야 한다. 『정신질환의 진단 및 통계 편람(Diagnostic and Statistical Manual of Mental Disorders, Fifth Edition: DSM-5)』(A.P.A., 2015)의 외상 후 스트레스 장애(post-traumatic stress disorder)의 진단적 기준은 광범위한 감각기관에 기반을 두고 있다. 그것은 트라우마가 단지 심리적·정서적 문제만이 아니라 감각기관과 밀접한 연관이 있기 때문이다. 트라우마는 뇌뿐만 아니라 신체에도 그 흔적을 남긴다.

독일의 심리학자인 바우어(Bauer, 2006)는 트라우마의 기억은 우리의 무의식 속에 잔재되어 있으며, 신경생물학에서 엔그램(engram)이라고 불리는 일정한 각인을 우리의 몸에 남긴다고 말한다. 트라우마 체험의 흔적인 엔그램은 아무 고통을 유발하지 않고 오랜 시간 동안 '겨울잠'을 잘 수 있다. 그러다가 몇 년 혹은 몇십 년이 흐른 뒤라도 심한 정신적 스트레스에 의해 트라우마의 기억이 갑자기 다시 깨어나게 되며 저장되었던 고통 증상이 재발한다.

예를 들어, 트라우마 피해자가 오래전에 성추행당한 사건의 상처를 몸으로 계속 느끼는 것은, 프로이트에 따르면 트라우마를 '기억하는 방식'이다. 우리 몸이 과거의 충격적인 경험에서 비롯된 고통을 계속 느낌으로써 과거의 고통을 기억하는 것이다. 프로이트적 관점에서 보면, 우리의 몸은 과거의 고통을 재현함으로써 그 고통을 통제하려고 한다. 즉, 트라우마를 다스리기 위해 그 트라우마를 반복하는 것이다. 트라우마는 이처럼 마음뿐만 아니라 우리의 몸에도 심각한 영향을 끼친다.

따라서 심리치료를 위해서는 내담자의 마음과 몸을 함께 다룰 수 있는 치료 과정이 필요하다. 인형치료는 인간의 몸을 대신하여 인형을 움직이고 배치하는 작업을 통해 인형에 자기 감정과 느낌을 투사할 수 있게 만들어 준다. 그렇기 때문에 다른 심리치료 기법과 달리 트라우마에 대한 접근에 있어 감각기관에 기반을 두고 있다.

트라우마로 고통스러워하는 내담자는 특정한 기법만으로는 치유되지 않는다. 자기를 마음으로 수용해 주고 지지해 주는 누군가를 만나거나 또는 트라우마의 얽힘을 알게 될 때 감정의 치유를 경험한다. 인형치료는 인형이라는 매개체를 통해 상담사의 공감과 따뜻한 지지를 촉진시켜 내담자에게 수용적인 관계를 제공한다. 내담자는 상담사와의 관계를 통해 자기의 트라우마를 직면할 수 있는 용기를 얻게 된다. 또한 인형치료는 트라우마의 실체를 직면하게 함으로써 트라우마를 현재와 분리시키게 된다. 분리 작업을 통해 과거와 현재의 삶에 대한 통찰을 얻게 되고, 새로운 자아상과 자존감을 형성할 수 있는 토대를 제공하게 된다. 이렇게 인형은 트라우마에 대해 상징체계를 통해 다루어 안전하게 현재와 과거를 분리하는 치료적 가능성을 제공함과 동시에, 문제의 실타래를 풀 수 있는 통찰의 기회를 제공한다.

독일 출신의 게슈탈트 심리학자인 쾰러(Köhler, 1921)는 통찰 능력에 대한 연구를 위해 원숭이를 대상으로 실험을 하였다. 바나나를 손이 닿지 않는 위치에 놓고 원숭이가 이 바나나를 어떻게 먹는가를 관찰하였다. 원숭이는 몇 번에 걸쳐 높은 곳에 놓여 있는 바나나를 손으로 잡으려 시도하다가 포기하였다. 그러고 나서 주위를 둘러보다가 양동이와 막대기를 가져와서 양동이 위에 올라간 다음, 막대기로 바나나를 따 먹었다. 쾰러의 통찰 능력 실험은 수많은 시행착오를 통해 해결책을 찾는다는 고정관념을 수정하도록 만들었다. 그는 갑자기 올라오는 순간적 통찰, 즉 '아하-체험(Aha-Erlebnis)'을 주장하였다.

우리 인간도 위기와 갈등 속에서 수없이 해결책을 찾으려고 시도하면서 해결로 가는 것만이 아닌, 순간적인 통찰을 통해서도 해결이 가능하다. 인형은 갈등의 이미지를 창조하고 또 발생한 이미지를 상징으로 이용하는 특별한 도구가 된다. 내담자는 인형을 통해 수많은 무의식적인 재료들을 경험하게 되고, 이를 통해 무의식 안에 있는 에너지 체계와 상호작용을 할 수 있게 된다. 인형으로 표현되는 갈등의 모습은 무의식이 내면의 드라마를 투사하는 화면이 될 수 있으며, 무의식에서 흘러나오는 에너지와 이미지의 흐름을 통해 '아하-체험'이 더욱 촉진될 수 있다.

2. 매체 도구로서의 인형치료의 이점

1) 언어적 치료의 한계를 보완할 수 있는 가능성

내담자는 자신의 고통을 표현하고 풀어 가기 위한 공간을 갈망한다. 독일의 심리학자 마츠(Maaz, 2008)는 이때 언어를 사용하지 않고 내담자의 고통을 치료하는 도구의 개발이 필요하다고 말한다. 기존의 심리치료에서 이런 내담자에게 제공할 수 있는 것은 언어를 통한 표출방법이다. 상당수의 내담자는 자신이 가지고 있는 갈등을 언어화하기를 거부하고 두려워한다. 협조적이며 준비된 내담자라고 하더라도 자신이 가진 갈등을 언어라는 현실을 통해 직면하는 것을 힘들어하는 경우가 많다. 인형치료는 이렇게 거부감을 느끼는 상황에서 안전한 치료 공간을 제공해 준다.

인형치료는 피규어를 사용한다는 점에서 모래놀이치료와 유사하지만, 모래놀이치료와 다르게 언어를 보다 적극적으로 활용한다. 인형치료에 있어 인형은 언어적 치료를 보완해 줄 수 있는 보조도구로 활용하고 있다. 내담자는 인형을 통해 고통을 표현할 수 있으며, 가장 효과적으로 의사를 전달할 수 있는 도구인 언어를 활발히 사용하면서도 언어가 갖는 한계를 보완해 주는 치료 과정을 경험한다.

2) 의사소통의 효율성

내담자에게 인형은 자신을 표현할 수 있는 언어다. 특히 아동이나 여성, 그 밖에 인형에 친숙함을 느끼는 사람들에게 인형은 적극적으로 자신을 표현할 수 있는 안전한 매개물이 된다. 가족의 관계 유형과 의사소통 유형에 대해 언어를 통해 자세하게 이야기하라고 하면, 대부분의 사람들은 설명하는 것을 힘들어한다. 또한 무엇보다 그런 요구를 부담스럽게 받아들이기도 한다. 특히 가족 안에서 소외감이나 무력감을 느끼는 사람에게는 이러한 요구가 더욱 위협적인 것이 될 수 있다. 가족이나 집단 안에서 고립당한 사람들의 경우, 언어적 표현에 대한 요구가 더욱 부담스럽게 느껴질 수 있다. 반면에 상징체계인 인형을 가지고 표현할 때 거부감이 줄어들게 된다.

인형치료 과정은 내담자로 하여금 안전하게 자기의 생각과 감정, 의식과 무의식에 있던 내용까지 표현하도록 해 준다. 인형치료 과정을 통해 내담자는 개인의 특성과 가족체계에 대한 정보를 제공해 준다. 또한 인형치료는 내담자가 언어로 표현하지 못하는 고민과 갈등을 상담사가 엿볼 수 있도록 해 주며 의미 있는 자아의 표현을 촉진한다.

3) 비자발적인 내담자에 대한 접근성

상담실에는 청소년을 비롯한 비자발적인 내담자들이 찾아온다. 상담에 대한 동기가 부족한 내담자와의 치료 작업에서 중요한 것은 치료가 아닌 상담의 동기를 유발하는 것이다. 비자발적인 내담자들의 대부분은 자신이 원해서 온 것이 아니며, 게다가 모든 가족 구성원들이 치료에 열의를 갖고 참여하는 것도 아니기에 상담은 힘든 과정이 될 수 있다. 따라서 이런 치료적 한계 상황을 바꾸기 위한 소통의 도구가 필요하다.

인형은 심리적인 부담감을 주지 않고 친근감과 호기심을 유발하기 때문에 자발적이지 못하고 말이 없는 내담자를 치료 과정에 몰입할 수 있게 한다. 자발적이지 못한 내담자와의 대화를 이어 가는 것은 대단히 고통스러운 작업이다. 치료 과정에서 대화는 단답형으로 이어지고, 대답은 '예'나 '아니요'로 끝난다. 이러한 치료 과정에서 필자가 인형을 테이블 위에 올려놓는 순간 경직된 내담자의 얼굴이 변하는 것을 자주 경험한다. 상담사의 어떤 노력보다 인형 자체가 비자발적인 내담자를 치료에 호기심과 적극성을 가진 내담자로 변화시킬 수 있다.

4) 방어기제를 다룰 수 있는 가능성

치료 과정에서 자주 목격하는 내담자의 유형 중에는, 언어로는 도움을 호소하고 변화를 원하는 것 같지만 정작 변화를 시도하였을 때 회피하고 달아나는 내담자들이 있다. 이런 상황을 '마피아 청부살인업자의 청탁'이라고 부른다. 문제의 해결을 간절히 원하지만 자기는 전혀 손에 피를 흘리지 않고 다른 사람에게 전적으로 의지하는 청탁을 통해 문제를 해결하려는 사람들을 의미한다.

변화를 거부하는 방어수단으로 지성과 합리성 그리고 언어를 능숙하게 구사하는 성인의 경우에도 인형은 유용하게 사용될 수 있다. 내담자는 무의식과 의식의 상징도구인 인형과의 작업을 통해 자기 문제를 객관화할 수 있는 가능성을 얻게 되고, 이를 통해 직면의 기회를 얻게 된다. 인형은 치료에 대한 저항감을 갖고 있는 내담자뿐만 아니라 가족 구성원에게 대단히 친화적인 상담의 도구가 되며, 갈등을 언어로 표현하지 못하거나 표현하는 데 두려움과 죄책감을 갖고 있는 내담자에게 의사소통의 효과적인 도구가 된다. 따라서 인형치료는 저항을 극복하는 수단이 되고 무엇보다 내담자의 삶의 정황과 가족체계에 대한 정보를 잘 드러나게 해 줄 수 있는 도구가 된다.

5) 치료적 은유를 위한 도구로서의 인형치료

프로이트에 따르면, 인간의 정신은 종이나 서판과는 다른 특성을 가진다. 우리의 정신은 새로운 지각을 무제한적으로 받아들일 뿐만 아니라 받아들인 것을, 비록 고정불변은 아니더라도 영속적인 기억 흔적으로 저장한다. 기억을 담고 있는 우리의 마음은 메타포(metaphor), 즉 은유를 통해 저장되고 재생될 수 있다. 드라이스마(Draaisma, 2006)는 우리의 기억은 은유를 통해서 저장되고 표현될 수 있다고 말한다. 또한 우리의 마음은 은유가 아니고서는 설명하기 힘든 대상이라고 말한다.

프로이트는 은유적 표현의 대가였으며, 그의 저작에는 수많은 메타포와 비유가 등장한다. 사실 그는 1930년 괴테 문학상을 수상한 바 있으며, 오이디푸스 및 엘렉트라 콤플렉스를 설명하는 데 신화라는 은유를 사용하기도 했다. 그는 자아(ego)와 무의식을 설명하는 데에도 은유를 사용했는데, 예컨대 무의식이 꿈을 통해 자아의 영역으로 들어와 독자적인 활동을 하는 것은 점령군이 점령지의 법에 따르기를 거부하고 자기들의 새로운 법을 공포하는 것과 같다고 표현했다. 고고학에 대단히 관심을 보였던 프로이트는 그의 저작에서 고고학적 은유를 자주 사용하였다. 히스테리 환자의 경우, 히스테리 증상 아래 묻힌 트라우마가 드러날 때까지 한 층 한 층 파 내려가야 한다고 표현했다. 트라우마의 기억이 완전히 발굴되어 부식이 시작되어야 비로소 히스테리 증상은 사라질 수 있다고 말하였다. 프로이트는 은유를 수사적인 도구로 활용했을 뿐 아니라 은유를 통해 이론을 새롭게 창조하였다. 그는 은유가 가진 두 개의 요소, 즉 언어와 이미지라는 도구를 통해 자신의 이론을 가장 정확하게 표현하였다. 프로이트가 은유를 통해 그의 이론을 설명하였던 것은 은유가 가진 놀라운 장점 때문이었다.

은유는 언어와 이미지를 통해 상반되는 것들을 결합시킨다. 은유는 구체적인 것과 추상적인 것, 시작적인 것과 언어적인 것, 사실적인 것과 개념적인 것을 결합시킨다. 은유의 특징은 일정한 이미지를 통해 추상적이고 비언어적인 부분들을 언어적이며 의미론적인 부분으로 확장시켜 준다는 것이다. 즉, 은유는 언어와 이미지를 중재시켜 통합하는 기능을 담당한다. 따라서 이미지와 언어, 구상과 추상의 조합이라는 특성 때문에 은유는 설명하거나 가르치는 데 더할 나위 없이 적합하다. 우리는 은유를 통한 설명을 들을 때 훨씬 빨리 이해하고 더 오랫동안 기억을 저장할 수 있다.

인형은 은유를 만들 수 있는 장치로서 내담자가 자기의 문제를 가장 효과적으로 전달하게 해 주고, 상담사 역시 내담자에게 효과적으로 해석을 전달할 수 있게 해 준다. 인형이 만들어 내는 은유는 내담자로 하여금 그들의 문제와 관련된 추상적인 것과 구체적인 것을 통합하여 표현하게 해 주며, 의식과 무의식의 내용을 중재하여 내면 밖으로 표출하도록 이끈다. 인형치료는 이러한 은유가 일어날 수 있는 완벽한 장을 제공한다. 무의식을 표현해 주는 동물인형과 의식의 내용을 전달할 수 있는 가족인형은 내담자가 자신의 치료적인 은유를 표현하도록 도와주는 이상적인 도구가 된다.

　인형을 통한 대표적인 치료적 은유 모델이 '양 떼를 지켜라' 문제 해결 인형치료(최광현, 2021)다. 본 모델은 인형치료에서 은유를 결합한 문제 해결 치료다. 양 떼를 늑대로부터 지키는 이야기는 원형적 스토리를 담고 있으며, 여기어 등장하는 목동, 양치기 개, 양 떼, 늑대를 중심으로 한 전략 게임을 치료 공간에서 할 수 있게 한다. 이 모델을 통해 내담자의 위기 대응 능력, 문제 해결 능력을 촉진할 수 있다. 언어적 상담이 힘든 아동·청소년과 지나치게 인지적이고 언어적인 상담을 힘들어하는 성인 내담자에게 놀라운 활용 가치를 가진다.

3. 인형치료의 진단과 평가의 기능

　인형을 통해 표현되는 내담자의 자아는 치료를 위한 방향을 설정하도록 이끌어 주며, 무엇보다 내담자의 심리적 고통을 읽을 수 있게 하는 진단의 도구가 될 수 있다. 인형치료에서는 동물인형 세우기를 통해 자아탐색, 가족관계 구조, 또래 간 위계질서를 나타내고, 개인적 이미지와 원형적 이미지를 통해 무의식을 의식의 차원으로 끄집어낼 수 있다. 내담자가 선택한 동물인형과 동물 세우기를 통해 해석학적 의미를 찾아 구체적 질문과 구조적 질문 단계를 거쳐 해결하지 못한 무의식적 내용을 자기 페르소나, 가족 간 관계구조, 또래 간 갈등구조 안에서 해석할 수 있게 된다.

　인형치료의 진단과 평가에서는 3단계를 거친다. 첫 번째 단계는 내담자가 선택한 동물 피규어의 종류, 피규어들의 대비와 공통점, 공간적 배치, 전체적 구성을 보고 해석학적 의미를 찾고 내담자의 문제체계를 파악하기 위한 구체적 질문 단계다. 이때 탐색해야 할 주제는 질서, 애착, 얽힘의 영역이며, 탐색을 통해 아동의 경험에 접근하는 것이 가능하다. 두 번째 단계는 구조적 분석 단계로서 비언어적 상징체계 안에서 내담자가 무의식적으로 자신이 경험한 정서를 언어적 체계를 통해 표출하게 되며, 이를 의식적 차원으로 끄집어낼 수 있게 된다. 마지막 단계에서는 진단적 접근의 구체적 질문을 통해 내담자가 호소하는 현재 문제와 인형치료 진단 과정에서 나타난 무의식적 내용을 토대로 한 해석이 가능해진다. 해석 단계에서는 내담자의 면담 자료, 행동관찰 및 인형치료 진단평가의 결과를 토대로 내담자 자기 페르소나, 가족을 포함한 관계 구조를 해석한다.

1) 상징체계를 활용한 진단모델들

상징체계를 활용해 내담자를 진단하기 위해 직접 사용된 평가도구로는 신체해부학적 인형, 모래상자 그리고 그림검사가 있다.

첫째, 최근까지 가장 많이 사용하고 있는 신체해부학적 인형이다(채규만, 2003; Morgan, 2000). 에드워드, 모건 그리고 휘트니(Edwards, Morgan, & Whitney)가 제작한 신체해부학적 인형은 위안자(comforter), 긴장완화가(icebreaker), 해부학적 모델(anatomical model), 시범 보조도구(demonstration aid), 기억자극제(memory stimulus) 등의 다섯 가지 역할로 활용되고 있다(노충래, 2003). 이 중에서도 해부학적 모델과 시범 보조도구의 역할이 가장 우세한데, 이것은 피해 아동의 심리적·정서적 차원을 위한 역할보다는 범죄 사건 자체에 대한 조사 중심의 접근이기 때문이다. 즉, 피해 아동 중심이기보다는 상담사 중심의 접근으로 피해 아동이 트라우마적 경험을 표현할 때 다시금 직면하게 되는 공포와 두려움, 혼란스러움, 무력감, 절망감 등과 같은 아동의 심리적 역동에 대한 배려가 부족할 수 있다.

둘째, 상징체계를 활용한 대표적인 진단도구로서 모래상자가 있다. 모래라는 안전장치를 통해 아동은 충격적 경험으로부터 중간 매개자의 역할을 제공받게 된다. 심상으로부터 고통스러운 경험과 함께 올라오는 혼란스러운 감정들은 모래라는 완충지대를 통해 정화되어 내담자 스스로 이야기를 조율할 수 있게 한다. 모래상자 위에 놓이는 피규어의 종류, 배치, 특질 등은 주어진 치료 과정 속에서 동반된 언어와 더불어 내담자를 진단하고 평가할 수 있게 하는 자료가 된다. 그러나 모래상자 위에 있는 피규어들은 신체해부학적 인형보다는 월등히 안전하게 내담자의 심리적·정서적 차원에서 진단할 수 있는 장점이 있지만, 모래상자가 갖는 다양한 무의식적 정신역동의 내용 속에서 내담자의 문제 자체만을 진단하는 것이 어렵다는 현실적 어려움을 갖고 있다. 모래상자 위에서 피규어들을 통해 내담자는 내부의 적개심, 공포, 분노, 미움, 죄책감, 수치심을 표출하지만, 내담자 자신의 현실과 환상의 경계를 넘나드는 심층적 차원의 요소들 속에서 문제체계를 찾아내는 것은 대단히 어려운 작업이다. 예를 들어, 성적인 요소들을 갖고 있는 피규어들 속에서 내담자의 심층적인 욕구와 환상과 현실의 경험을 명확히 분류하기에는 어려움이 존재한다. 모래상자의 피규어들이 분명히 진단적 기능을 할 수 있지만, 복잡하고 심원적인 차원의 내용물 속에서 내담자의 문제 자체의 경험만을 진단하기에는 한계가 있다.

　마지막으로 그림검사가 있다. 내담자는 그림을 그릴 때 자신이 보고 인식한 세계를 그리기보다는 자신이 경험하고 알고 있는 세계를 투사해서 그리기 때문에 내담자의 부정적 감정과 경험들이 그림검사를 통해 진단할 수 있다고 보고, 동작성 가족화 검사로 내담자의 문제를 진단할 수 있다. 그러나 그림검사 역시 내담자의 무의식적 세계를 광범위하게 탐색하거나, 가족역동을 파악하기 위한 투사적 검사로서 동작성 가족화 검사를 통해 내담자의 경험만을 진단하기에는 주관성이 지나치게 개입될 소지가 높다는 제한점이 있다.

　위기 속에 있는 내담자는 인지발달과 정서조절 능력이 부족하고 과도한 불안 등을 갖고 있기에 내담자의 진술을 도와줄 수 있는 편안하고 안전한 진단

도구가 무엇보다도 중요하다. 그러나 면담에 의한 서면 보고가 주를 이루고 있으며 내담자에게 직접적으로 실시되는 검사나 진단도구가 매우 부족한 현실이다.

 이와 같은 상징체계를 활용한 여러 모델이 가진 제한점을 극복할 수 있도록 돕는 모델이 인형치료다. 불안이 높고 지나치게 억압된 내담자에게 인형을 통한 작업은 자연스러운 소통의 도구라는 느낌을 주고, 내담자로 하여금 자신에게 힘겹고 고통스러운 경험을 자발적으로 표현하도록 이끈다. 인형은 내담자가 트라우마 경험을 표현할 때 직면하게 되는 고통을 완화시키며 내담자의 무의식과 의식의 내용을 전달할 수 있게 한다. 인형이라는 상징물의 특징은 일정한 이미지를 통해 추상적이고 비언어적인 부분들을 언어적이며 의미론적인 부분으로 확장시켜 준다. 즉, 상징은 언어와 이미지를 중재시켜 통합하는 기능을 담당한다(최광현, 2013). 특히 무의식을 표현해 주는 동물인형은 왕따, 성학대, 폭력 등 트라우마를 경험한 내담자 자신의 부정적 경험을 은유적으로 표현하도록 도와주는 진단도구가 된다.

2) 인형치료 진단평가

 내담자는 면담 자료, 행동관찰, 인형 세우기의 전체 과정 속에서 자기 자신의 내면과 외면 세계에 대한 정보를 드러낸다. 상담사는 내담자가 의식 또는 무의식적으로 드러낸 자료에서 내담자의 정보를 파악할 수 있어야 한다.

 인형치료 진단의 해석은 다른 모든 검사 방법의 경우와 비슷하게 진단평가 결과, 행동관찰, 과거력, 면담 자료를 토대로 내담자에게 가장 유용한 해석결과를 이끌어 내는 작업이다. 인형치료 진단평가는 아동과 청소년, 성인 모두에게 유사하게 적용될 수 있다. 인형의 해석에는 주어진 정보를 어떻게 해석할 것인지에 대해 두 가지의 접근 방법이 있다. 먼저, 검사 결과에서 무엇을 읽어 낼 수 있는가? 즉, 해석의 이론이다. 두 번째, 어떻게 읽어 낼 수 있는가? 즉, 해

표 2-1 | 문제체계 파악을 위한 질문

	도입 질문	구체적 질문
자아탐색	자신을 상징하는 네 가지 동물을 세우세요.	• 동물인형 중 과거에 자신을 상징하는 동물은 무엇인가? • 동물인형 중 내가 희망하는 자신의 모습은 무엇인가? • 동물인형 중 미래의 나의 모습은 어떤 동물인가? • 각각의 동물인형이 갖고 있는 역할은 무엇인가? • 내가 싫어하는 모습을 갖고 있는 동물은 무엇인가?
가족관계	자신의 가족을 상징하는 동물을 세우세요.	• 누가 누구하고 가까운가? • 누가 누구하고 먼가? 그 이유는? • 어떤 동물이 문제행동을 가지고 있는가? • 어떤 동물이 문제가 되는가? • 어떤 동물이 어떻게 문제가 되는가? • 동물들 사이에 트라우마(상처)가 있는가?
또래 위계질서	자신의 또래를 상징하는 동물을 세우세요.	• 누가 누구하고 가까운가? • 누가 누구하고 먼가? 그 이유는? • 어떤 동물이 문제행동을 가지고 있는가? • 어떤 동물이 어떻게 문제가 되는가? • 또래들이 너를 어떤 동물로 보는가? • 또래들이 너를 어떤 동물로 보기를 원하는가?

석의 방법이다.

이러한 두 가지 접근 방법은 상담사가 가진 개인적 능력에 따라 달라질 수 있다는 특성을 갖는다. 아무리 표본화된 검사도구라고 하더라도 상담사가 가진 검사 해석 및 관찰 능력에 따라 결과는 달라질 수 있다.

인형치료 진단평가를 통해 상담사는 내담자의 자기 자신에 대한 표상, 가족에 대한 표상, 가족에게 갖고 있는 감정, 애착관계, 위계질서, 문제체계 등 내담자의 심리적인 측면과 외형적인 측면을 파악할 수 있다. 그러나 인형치료는 상징물들의 이미지를 심층적으로만 분석하고 해석하지만은 않는다. 세워진 동물인형이 갖는 상징을 분석하고 해석하면서, 내담자가 세운 상징의 이미지

흐름 속에 자신을 맡기면서 주어진 맥락 속에서 이해한다.

상담사는 내담자가 세운 인형을 보며 해석학적 의미를 찾고 내담자의 문제 체계를 파악하기 위해 자아탐색, 가족관계, 또래 위계질서로 나누어 구체적인 질문을 한다.

해석의 방법에는 크게 인상주의적 해석과 구조적 해석이 존재한다.

(1) 인상주의적 해석 방법

인상주의적 해석은 인형이 상담사에게 주는 주관적인 인상에 근거하여 내담자의 내면과 외부 세계의 특성을 해석하는 방법이다. 이것은 상담사의 직관과 통찰, 경험이 좌우하는 해석 방법이다. 예를 들어, 세워진 인형을 보고 무언가 '외로워 보인다' '왠지 불안한 느낌이 난다' '슬퍼 보인다' '움츠려 있다' 등과 같은 인상을 얻을 수 있다. 직관적인 수준에서 '이 인형은 약해 보인다' '인형이 긴장되어 있다' 등으로 해석하게 된다. 인상주의적 해석을 좀 더 깊이 있게 하기 위해 상담사는 내담자에 대한 공감이 우선적으로 필요하다. 내담자의 정서적 · 심리적 상태와 문제에 대한 직관력, 예민함이 요구된다. 또한 상담사는 역전이, 즉 인형에서 느껴지는 감정이 자기 내부에서 온 것인지를 구별할 수 있는 중립성이 필요하다. 인상주의적 해석은 구조적 해석을 위한 전 단계이며, 모든 해석을 인상주의적 해석에만 의존할 수는 없다.

(2) 구조적 해석 방법

구조적 해석은 인형의 여러 가지 구조적 요소들, 예컨대 인형의 종류, 배치, 배열 순서 등과 같은 요소들이 무엇을 의미하는가를 고려하여 해석하는 방법이다. 각 요소의 특징이 의미하는 것이 무엇인지에 대한 가설을 세우고, 그것이 다른 구조적 요소와 어떤 상호작용을 하는지, 인형이 인상주의적 해석과 어떤 연관성이 있는지, 내담자의 행동관찰, 면담 자료와 어떤 연관을 갖는지를 종합하여 확정된 가설을 세운다.

구조적 해석 시 유의사항

- 인형 하나가 가진 의미만으로 해석하는 것이 아닌, 다른 임상적 자료들을 고려해서 가설을 세워야 한다. 예를 들어, 아버지를 뱀으로 세웠다면, 이것을 성적인 상징으로 성기를 나타내는 것으로 보기보다 전체 맥락을 보고 해석해야 한다.

- 구조적 해석으로 만들어진 가설은 단지 여러 가설 중에 하나일 뿐이다. 'A는 B다.'와 같이 단정적으로 가설을 세워서는 안 된다. 상담사는 내담자가 드러낸 자료를 근거로 상담사가 추정한 가설을 확인하는 과정을 거쳐 최종적인 가설을 세우게 된다.

3) 인형의 구조적 요소

(1) 인형을 무엇으로 선택했는가

인형의 종류에 대한 상징적 의미를 탐색한다. 내담자가 선택한 인형에는 인형치료에서 정의한 기본적 의미체계가 존재한다. 예를 들어, 내담자가 자신을 상징하는 인형으로 강아지를 선택했다면, 여기에 대한 해석을 위해 인형치료에서의 강아지의 의미를 살펴보게 된다. 강아지는 충성, 친밀감, 귀여움, 헌신 등의 의미를 갖고 있다. 내담자가 선택한 강아지의 실제적 의미는 강아지와 함께 세워진 전체 맥락 속에서 파악되어야 한다. 강아지 인형에 대한 해석을 기계적으로 적용할 수는 없다.

(2) 인형은 다른 인형들에 비해 크기, 종류가 적절한가

인형의 크기는 내담자의 자존감, 자아상, 자아팽창 여부, 자기에 대한 과대평가, 공격성, 충동적 성향, 행동화에 대한 가능성을 나타낼 수 있다.

- 보통 크기: 내담자가 자신감이나 자기 자신에 대해 적절한 자아상을 갖고

있다는 것을 의미한다.

- 큰 크기: 다른 인형에 비해 큰 크기는 자기 표현을 적절하게 하지 못하거나 지나친 자기 과시, 공격성, 충동 조절의 문제와 관련된 행동화(acting out)의 가능성을 나타낸다.

- 작은 크기: 작은 인형은 내면에 열등감, 부적절감이 있거나 자신이 없고 자기효능감이 부족함을 나타낸다. 매우 수줍어하거나 사회적 상황 속에서 불안감을 느끼고 지나치게 억제되어 있으며 스스로를 통제해야 한다는 억압을 느끼고 있다는 것을 나타낸다. 스스로 자신이 없다는 위축감, 우울감, 낮은 자존감, 고립감을 나타낸다. 예를 들어, 생쥐, 작은 새, 닭, 고슴도치, 토끼, 작은 강아지, 개구리 등이 있다.

(3) 인형을 어느 위치에 놓았는가

내담자가 선택한 인형이 어디에 위치하는지는 매우 중요한 작업이다. 인형이 위치한 자리는 내담자의 정서적 · 심리적 거리감과 친밀감, 명확한 경계선과 불분명한 경계선, 소속감과 외로움, 갈등과 동맹, 연합과 애증관계 등 다양한 의미를 포함한다.

표현되는 위치는 크게 원형의 형태, 희생양의 형태, 대립적 형태, 수직적 형태, 소외된 형태 등으로 구분될 수 있다.

원형의 형태

[사진 2-1]은 대학생인 여성 내담자가 학교에 있는 친구들의 모습을 세운 것으로, 자신을 외로운 늑대로 세운 내담자는 친구들을 원형으로 배치하였다. 이러한 원형의 형태는 만다라를 의미하며 소속감, 연대감, 친밀감에 관한 열망을 보여 주고 현재 내담자가 갖고 있는 소속감의 결핍, 친밀감의 결핍이 만들어 낸 내적 긴장을 해소하고 있다.

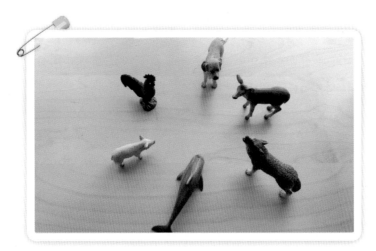

[사진 2-1] 원형의 형태

희생양의 형태

[사진 2-2]는 어린 시절 가족 안에서 중재자와 희생양의 역할을 했던 여성의 사례다. [사진 2-2]에서 내담자는 토끼로, 소로 표현된 부모와 자녀들을 중재하는 모습으로 드러낸다. 가족체계는 항상성의 법칙을 통해 어떻게 해서든

[사진 2-2] 희생양의 형태

지 가족체계를 유지하고자 한다. 비록 갈등과 모순이 존재하더라도 유지하려고 하고, 여기에 희생양의 역할이 요구된다. 내담자는 희생적인 삶을 살았던 부모와 다른 형제들을 연결해 주는 소통의 역할을 하였다.

대립적 형태

세워진 인형에서 대립적 형태는 갈등구조를 드러낸다. [사진 2-3]은 중학교 2학년 남학생이 교실에서의 관계구조를 표현한 것이다. 내담자 자신을 개로 표현했고, 교실에는 여우 집단과 자신이 속한 집단 등 두 집단이 서로 대립적 모습으로 드러난다. 여기에는 분명한 긴장과 갈등의 분위기가 드러나고 있다.

[사진 2-3] 대립적 형태 1

그러나 대립의 형태가 드러나는 것은 단순히 대결의 관계만을 나타내는 것이 아니다. 두 사람 또는 두 집단 사이에 힘이 비슷하여 힘의 균형이 존재한다는 것을 의미한다. [사진 2-4]는 여자 고등학생이 만든 가족의 모습이다. 염소는 할머니, 내담자는 양, 어머니는 벌, 오빠는 뱀, 아버지는 곰, 여동생은 여우

[사진 2-4] 대립적 형태 2

로 표현되었다. 가족 안에는 두 개의 집단이 존재하며, 서로 대립되는 듯하지만 힘의 균형이 존재한다는 것을 의미한다.

수직적 형태

수직적 형태는 두 사람 또는 두 집단 사이에 힘의 균형이 깨어져서 한쪽이 일방적으로 밀리는 모습이 표현된 것이다. [사진 2-5]는 초등학교 5학년 아동

[사진 2-5] 수직적 형태

이 친구와 자신의 모습을 표현한 것이다. 여기서 친구는 이빨을 드러내고 있는 사나운 늑대이고, 자신은 미어캣이다. 두 아동 사이의 관계는 대등하지 못하고 일방적으로 내담아동이 밀리는 모습이다.

소외된 형태

소외된 형태는 '다른 인형에 비해 얼마나 멀리 떨어져 있는가?'의 질문을 통해서 파악할 수 있다. 소외된 형태는 가족 또는 또래집단에서 왕따를 당하거나 외롭게 혼자인 모습을 표현한 것이다. 소외된 형태에 놓여 있는 내담자는 외로움을 갖게 되고 자신감의 결여, 무기력, 우울 상태에 빠질 수 있다. [사진 2-6]에 등장하는 가족은 아버지는 버팔로, 언니는 공작, 어머니는 호랑이, 남동생은 양, 내담자는 어린 사슴으로 세워져 있다. 여기서 내담자는 다른 가족들과 멀리 떨어져 있다. 이것은 외롭게 혼자임을 드러내는 것으로 가족과 대립적 상태는 아니지만 소속감을 느끼지 못하고 있는 상태임을 드러낸다.

[사진 2-6] 소외된 형태 1

[사진 2-7]은 고등학교 1학년 여학생의 사례인데, 교실에서 친구들에게 왕따를 당하였으며 결국 충격으로 학교를 그만두게 되었다. 센 친구들을 상징하

[사진 2-7] 소외된 형태 2

는 인형들과 그 앞에 약하고 초라하게 혼자서 친구들을 상대해야 하는 자신의
모습을 표현하였다.

(4) 인형을 선택할 때 무엇을 먼저 선택하고 무엇을 나중에 선택했는가

인형을 선택할 때 누구를 먼저 세우는지를 관찰해야 한다. 가족이나 또래집
단을 세울 때 내담자는 제일 먼저 떠오른 이미지로 인형을 선택했기 때문에 중
요한 인물임을 나타낸다. 자기 자신을 먼저 세우는 경우는 강한 자의식을 갖고
있는 것을 나타내고, 다른 인형들을 세우고 막상 자기 자신의 인형을 선택하지
못하고 있는 경우 자기에 대한 불안감, 초조감, 위축감을 나타낸다.

(5) 인형을 선택하고 다시 수정해서 선택했는가

인형을 선택하고 수정해서 다른 것을 선택할 경우, 내담자 안에 다양한 이
미지를 갖고 있다는 것을 암시한다. 사실 한 사람을 하나의 인형으로만 표현
할 수 없다. 한 사람 안에는 다중 자아가 드러나기 때문이다. 수정하려는 것은

내면의 이미지가 통일되지 않고 있으며, 처음 선택한 것이나 나중에 선택한 것 모두 특정 대상이 갖고 있는 이미지다. 이런 경우 한 개가 아닌 복수의 인형을 선택하게 하면 된다.

또는 내담자가 내면의 불확실감, 내적 갈등으로 우유부단함, 내면의 불안 감, 초조감으로 인해 인형을 결정하지 못하고, 인형을 선택하는 과정에서 불안 감을 보이기도 한다.

(6) 인형들에게 일정하게 반복되는 패턴이 무엇인가

인형들 사이에 일정한 패턴을 찾는 것은 해석에서 매우 중요한 과정이다. 자기 자아상, 세대 간, 가족관계 안, 또래집단 안에서 특정한 이미지가 반복되 는 경우는 해석에서 의미 있는 자료가 된다. 사람들 사이의 관계와 소통은 일 시적으로 발생하기보다 일정한 패턴의 형태로 발생한다. 패턴을 찾는다는 것 은 내담자의 문제체계를 객관화할 수 있는 가능성을 제공하며, 해결을 위한 유 용한 정보를 제공하게 된다.

(7) 한 개의 인형으로 한 인물을 표현하는가, 중복의 인형으로 표현하는가

두 개 이상의 인형으로 한 인물을 나타낼 경우 이것은 내담자 내면에 긴장, 갈등을 나타낸다. 특히 선택한 인형이 대립적인 경우는 더욱 강한 갈등을 보여 준다. 우리는 한 사람에게 통일된 상을 갖게 될 때 편안함을 갖는다. 그러나 통 일되지 못한 경우 상대편의 반응을 예측할 수 없다는 불안감을 갖게 되며 혼란 을 갖게 된다. 내담자가 두 개 이상으로 표현하려고 할 때 적극적으로 지지해 주어 자유롭게 선택하게 한다.

(8) 인형을 선택하라는 지시 없이도 스스로 자발적으로 인형을 세웠는가

내담자가 상담 중에 앞에 놓인 동물인형을 무의식적으로 만지작거리면서 인형을 세우는 경우가 있다. 단순히 인형 한두 개만 세우는 것에서 벗어나 내면의 만다라를 표현하기도 한다. 내담자가 자발적으로 세운 인형은 내담자의 내면세계를 보여 주는 상징물이 된다.

(9) 상담사의 지시에 따라서만 인형을 세웠는가

상담사의 지시에 소극적으로 인형을 선택하는 내담자가 있다. 인형을 선택하는 것을 힘들어하고 고민하면서 선택하는 내담자는 방어적이며 소극적인 자세를 나타내는 것이다. 내담자가 자신의 내면이 드러나는 것을 원하지 않는 경우도 여기에 속한다.

4) 인형의 구조적 해석을 위한 기본 개념

- 애착: 안정, 불안정, 회피
- 질서: 경계선, 위계질서
- 얽힘: 트라우마 유무, 트라우마의 대응 방식, 가족 비밀

가족은 소속감, 친밀감, 정서적 안정을 주는 사람들이며, 개인은 가족과 함께 집이라는 공간을 공유한다. 내담자가 표현하는 가족 또는 또래집단 세우기는 내담자의 내면에 있는 가족상, 가족관계, 가족 구성원들에 대한 표상 · 감정 · 생각 · 소망들이 투영되어 나타난다. 인형에는 내담자의 자아가 드러난다. 내담자의 내면에 있는 자아상과 내담자가 관계를 맺고 있는 환경, 관계의 모습이 담겨 있다. 내담자는 객관적으로 가족을 볼 수 없으며, 자신의 자아상을 통해 주관적으로 가족을 보게 된다. 상담사에게 필요한 정보는 가족의 객관적 사실이 아니다. 내담자가 어떻게 주관적으로 인식하고 경험하고 있는지가 더 중요하다. 즉, 내담자의 주관적 시각을 찾아내어 해석하는 것이 해석의 핵심이다.

애착, 질서, 얽힘의 개념은 구조적 해석에서 해석의 잣대가 되는 개념이다. 상담사는 세운 인형을 이러한 세 가지 개념을 중심으로 해석한다.

(1) 애착

가족 구성원이 서로 형성하고 있는 친밀감, 거리 두기, 애착관계를 탐색하게 된다. 인간이 행복하게 살아가는 데 가장 기본이 되는 것은 애착 능력이다. 친밀감, 거리 두기, 애착은 사랑의 능력이며, 우리의 삶 전체를 통해 가장 중요한 능력이다. 부모와 가족과 맺은 정서적 유대, 즉 애착이 잘 이루어지지 않으면 마음에 커다란 상처를 안고 살아가게 된다. 애착의 상처는 단지 어린 시절의 아픔으로 한정되지 않는다. 이것은 그 후 수많은 대인관계의 원형이 되며 친밀관계를 형성하는 데 결정적인 영향을 미치게 된다. 무엇보다 애착은 대인관계 안에서 정서적 거리감, 친밀감, 소속감의 원천이 된다. 애착은 성인이 되어서도 알 수 없는 외로움과 공허감, 아웃사이더가 되는 원인이 된다.

건강한 애착 유형

• 가족 구성원을 상징하는 동물인형들 사이에 적당한 균형이 있다.
• 가족의 인형들이 서로 유사한 형태와 유형으로 이루어져 있다.
• 가족의 인형들 사이의 경계선, 위계질서가 지나치게 경직되어 있거나 약하지 않다.
• 가족의 인형들이 서로를 바라볼 수 있는 거리를 유지한다.
• 자기 자신의 인형이 다른 인형들과 적절한 관계 맺기와 소통이 가능하다.
• 자기 자신의 인형이 다른 가족들과 균형 잡힌 거리, 경계, 위계질서를 갖고 있다.

역기능적 애착 유형

• 동물인형의 경우 가족 구성원의 인형이 너무 대립적이거나 전혀 다른 종류의 유형이 나타난다.
• 가족의 인형들 사이의 경계선, 위계질서가 지나치게 경직되어 있거나 약하다.

- 가족의 인형들이 서로를 바라볼 수 있는 거리를 유지하지 않는다.
- 자기 자신의 인형이 다른 인형들과 적절한 관계 맺기와 소통이 불가능하다.
- 자기 자신의 인형이 다른 가족들과 균형 잡힌 거리, 경계, 위계질서를 갖고 있지 않다.

애착을 파악할 수 있는 자료는 거리감, 바라보는 시선, 자세 및 분위기다.

- 거리감: 인형치료에서 거리는 단순한 공간적 거리를 의미하는 것이 아니며, 가족 누군가와 마음이 잘 통한다고 느끼는 정도를 나타내는 심리적 거리다. 배우자가 '멀게' 느껴진다거나 자녀가 '가깝게' 느껴진다는 것은 애착관계를 보여 준다. 거리감으로 나타난 애착관계는 먼저 먼 관계, 가까운 관계로 구분할 수 있다. 가족이 멀리 떨어져 있고 심지어 사망을 했다고 하더라도 심리적·정서적 거리감은 멀리 떨어져 있는 것이 아니라 아주 가깝게 느낀다. 반면에 늘 함께 살아가는 가족이라도 심리적·정서적 거리감은 아주 멀게 느껴지기도 하다.
  이러한 심리적·정서적 거리감은 가족관계의 친밀감과 애착관계를 보여 준다. 여기서 안정·불안정 애착의 유형을 추정하게 된다.
- 바라보는 시선: 가족 구성원이 가족 안에서 서로를 바라보는 시선은 친밀감, 애착을 보여 준다. 상담사는 가족 간의 거리감과 더불어 누가 누구를 보고 있으며, 이들의 시선은 누구를 향하는지, 어디를 향하는지를 자세히 물어야 한다.
  [사진 2-8]에서 어머니는 아들을 향하고, 아들 역시 어머니를 향해 있다. 아버지는 가족 밖을 응시하고 있다. 딸은 가족 전체를 보면서 약간 어머니 쪽을 바라보고 있다. 인형들은 시선에 따라서 정서적 관계가 드러난다. 어머니와 아들은 친밀감, 관심 및 애착을 형성하고 있으며, 아들은 아버지와는 친밀감을 형성하지 못하고 있다. 가족 중 누구도 딸을 보고 있

[사진 2-8] 바라보는 시선

지 않다. 딸이 가족 전체를 보면서 어머니를 응시한 것은 어머니에게 가까이 다가가고 싶은 욕구를 드러낸 것이다. 딸과 아버지는 가족 중 누구와도 친밀감을 형성하지 못하고 있으며, 그만큼 외로움과 소외감을 느끼고 있다는 것이 나타난다.

• 자세: 서 있는 자세에서도 관계 유형을 탐색할 수 있다. 가족이 정면으로 향해 있는 것은 긍정적인 관계의 모습이다. 반면에 몸을 움츠리고, 서 있지 못하고 앉아 있거나, 누워 있는 모습은 위축되고 불안하고 소외되어 있으며 애착을 형성하지 못한 것을 보여 준다. 가족들 사이에서 앉아 있는 모습은 거리감을 보여 준다. 바로 상호작용이 불가능하고 무기력과 외로움, 친밀감의 결여, 불안정 애착의 모습을 보여 주는 것이다.

• 분위기: 세워져 있는 동물의 종류와 서 있는 자세와 바라보는 시선, 방향 등으로 전체적인 분위기를 읽을 수 있다. 갈등, 대립, 소외, 조화, 화해 등의 모습을 인상적인 해석으로 파악이 가능하다.

(2) 질서

• 경계선: 가족의 경계는 가족과 외부 세계를 연결하는 통로다. 가족 구성원을 세울 때 세워진 가족이 외부 세계와 어떤 경계를 갖고 있는가를 파악하게 된다. 가족이면서 가족보다는 다른 관계(예: 외도, 일, 원가족)에 지나치게 밀착해 있을 수 있다. 가족과 외부 세계와의 경계가 경직되거나, 약하거나, 균형 있거나 할 수 있다.

가족들 간의 경계는 거리감, 배치, 유사성 등으로 파악될 수 있다. 예를 들어, 어머니는 큰 개, 아들은 작은 개, 아버지는 큰 말, 딸은 작은 말이라면 어머니–아들, 아버지–딸 등 두 사람 간에 친밀감과 접근성이 존재해 경계가 약하다는 것을 의미한다. 반면에 어머니–딸, 아버지–아들의 경우는 경직된 경계가 존재한다.

• 위계질서: 가족 구성원 간에는 위계질서가 존재한다. 위계질서는 먼저 가족 지위의 등급 순으로 정해진다. 부모, 첫째, 둘째 순으로 이어진다. 가족의 질서는 핵가족이 우선이다. 원가족은 핵가족에 우선하지 못한다. 질서가 뒤틀리고 깨지게 되면 문제 증상이 나타난다. 자녀가 부모의 역할을, 막내가 장남의 역할을, 아들이 남편의 역할을, 딸이 아내의 역할을 또는 조부모가 어머니의 역할을 하려고 할 때 언제나 위계질서가 깨지게 되고 이에 따른 증상이 나타난다. 상담사는 가족들 사이에 위계질서를 파악하기 위해 인형이 위계에 맞는 인형인지를 먼저 탐색해야 한다. 아버지가 생쥐인형이지만 아들이 커다란 코뿔소라면 아들이 아버지보다 위계가 더 높은 존재임을 드러낸다. 인형들로 표현된 가족들이 누구와 가깝고, 누구를 향해 서 있는지, 누가 가족 안에서 핵심된 역할을 하며, 핵심된 역할을 하는 사람이 주로 누구를 보고 있으며, 누가 소외되어 있는지를 살펴보아야 한다.

(3) 얽힘

트라우마가 있는가

인형치료에서 내담자와의 치료적 작업 과정 중 중요시하는 핵심 질문은 '트라우마가 있는가?'다. 프랑스의 심리학자 시뤼니크(Cyrulnik, 2006)가 말하였듯이, 한 사람에게서 트라우마는 마치 유령처럼 그의 인생을 항상 따라다니게 된다. 어린 시절의 트라우마 또는 가족관계에서 발생한 트라우마는 개인의 인생에서 결정적인 영향을 미치기 때문에 내담자가 가진 증상의 뿌리가 된다. 인형치료는 내담자의 문제체계를 탐색하기 위해 내담자의 인생에 녹아서 굳어져 버린 촛농처럼 붙어 있는 트라우마의 존재 유무를 파악하여 치료적 작업을 위한 자료로 사용한다.

심리학에서는 '양초 증후군'이라는 말이 있다. 트라우마를 경험할 때 생긴 불안, 공포, 분노, 슬픔 등 수많은 감정은, 발생할 당시에는 불에 녹은 양초처럼 움직이다가 격한 감정 상태가 지나고 나면 그 기억에 붙어 버린다. 마치 열을 가하면 녹았다가 곧 굳어 버리는 양초와 비슷하다. 격한 부정적 감정들은 양초처럼 기억에 그대로 붙어 있다. 굳어 버린 감정은 기억에 붙어 함께 움직이며 그 기억에 강력한 힘을 준다. 즉, 상황을 생각하면 함께 따라와 그때 당시처럼 감정이 올라온다. 기억에 붙은 감정들을 떼어 내려면 다시 녹여야 한다. 열을 가해 기억으로부터 감정을 떼어 내어야 한다. 그 열이란 격한 감정 상태를 재연하는 것이다. 당시에 느꼈던 감정에 해당하는 만큼 열을 가해 격한 상태를 만들어 분리시키는 것이다. 내담자의 인생에서 양초를 분리시키는 작업은 내담자의 문제 해결에 핵심이다.

트라우마의 후유증: 트라우마에 대처하던 전략이 갖는 딜레마

인형치료는 치료 과정에서 내담자의 문제체계를 해석하기 위해 트라우마의 존재 유무와 더불어 트라우마의 후유증을 탐색한다. 상처와 아픔을 경험하였을 때 우리는 살기 위해, 그리고 위기를 극복하기 위해 나름대로의 방식을 선택하게 된다. 그렇게 선택된 방식이 당시 위기를 극복하게 하는 원동력이 되지만 바로 그 과거의 성공 방식이 현재에는 자신도 모르게 장애를 가져오게 된다. 성인이 된 현재에도, 또는 과거와 너무나 달라진 환경에서도 이와 같은 과거의 방식은 불필요하며 오히려 현재 갈등의 원인이 된다. 하지만 정작 본인은 이 사실을 모른다. 이것은 너무나 익숙하기 때문이며 과거의 성공 방식이 이젠 더 이상 필요 없다는 사실을 받아들일 준비가 되어 있지 못하기 때문이다. 여기에 상담사의 역할이 필요하다. 과거를 탐색하고 과거의 대응 전략을 찾아내고, 이것이 현재에서 필요할 때와 불필요할 때를 탐색하여 내담자가 알게 만들어야 한다.

교실에서 또래에게 상처받았던 많은 사춘기 학생들과 젊은이들이 상담실을 찾아온다. 그들에게서 중학교나 고등학교 시절은 고통 그 자체였다. 왕따의 고통에 시달려야 했고, 왕따가 될까 봐 늘 두려워하고 바보 연기를 하던 여성도 있었다. 교실에서 경험했던 그들의 고통은 단지 과거에만 그치지 않았다. 현재의 대인관계에 어려움을 주며, 자존감에 너무나 큰 상처를 주고 있다는 것을 알 수 있었다. 교실을 빠져나와 이제는 사회인이 된 사람들 중에는 교실에서의 왕따를 피하기 위한 생존 전략을 여전히 유지하는 경우가 있다. 언제나 눈치 보고 자세를 낮추고 왕따를 당할까 봐(사람들이 싫어할까 봐) 두려워하며 살아간다. 이제는 사회 전체의 수많은 인간관계를 교실로 대체한다. 스스로 자기도 모르게 모든 인간관계를 교실로 만들고, 하위 집단의 생존 전략으로 살아간다. 아무도 과거의 신분을 따지지 않는데도 여전히 이어 간다.

또 어떤 사람은 하위 집단에서 겪었던 분노와 억울함을 가진 채 피해의식 속에서 살아간다. 그리고 조금이라도 자기를 무시하거나, 하위 집단에서 당했던 억울함을 조금이라도 느끼게 만들면 공격하고 싸우고 투쟁의 대상으로 만든다. 힘을 가져 타인보다 더 우위에 있으려 하고, 통제받기보다 통제하려고 하며, 다른 사람이 힘을 사용해서 자기를 옭아매고 통제하려는 것을 견딜 수 없는 사람들(이들은 한 직장에 오래 다닐 수 없다. 여러 이유에서 직장을 그만두고 다른 직장을 전전하게 된다)은 어린 시절 위계질서의 혼란을 경험한 사람들이 대부분이다. 가족 안에서 위계질서가 분명하지 않았고 자기의 자리가 분명하지 않아서 소속감의 문제를 가졌던 사람들은 타인의 통제에 더욱 힘들어하고, 피해의식을 가지며, 자기가 타인에 비해 우월한 힘을 갖고자 한다. 그러면서 과거와 마찬가지로 스스로 고립된다.

어린 시절 갈등 속에서 나름대로 갈등을 해결하던 전략과 방법이 성인이 된 지금 오히려 자기의 삶을 제한하고 파괴한다. 인형치료는 트라우마로 인해 발생한 영향을 탐색하게 함으로써 내담자의 문제가 가진 메커니즘과 해결을 위한 치료적 가능성을 탐색하게 한다.

가족 비밀

헝가리 출신의 가족치료사 보소르메니-나지(Ivan Boszormenyi-Nagy)는 새로 탄생한 가족은 백지 상태에서 시작하는 것이 아니라고 말한다. 부부는 자신이 근본적으로 뿌리를 내리고 있는 가족의 전통과 문화로부터 자유로울 수 없다. 각 배우자는 이전 세대의 가족의 문화와 전통을 새로 시작하는 결혼 생활로 가져온다. 그것이 좋은 것이든 아니면 불행하게 될 것이든 상관하지 않고 가져오려고 한다. 천문학은 시공간을 초월하게 해 준다. 밤하늘에 조그마하고 희미하게 반짝이는 별빛은 지구와 우주 사이의 거리로 인해 수천 년 전에 반사되었던 것이다. 역시 한 가족의 모습은 겉보기에는 현재적으로 보이지만 이러한 모습은 이미 수 세대에 걸쳐 되풀이되는 패턴(recurring pattern)을 갖는다. 가족 비밀이라는 메커니즘을 통해 가족 문제와 갈등은 한 세대에서 다음 세대까지 반복될 수 있다.

가족의 비밀은 가족 구성원들에게 자신들이 느끼고 지각하는 것을 부인하도록 암묵적으로 요구한다. 여기서 가족은 감정의 마비를 강요받는다. 프랑스의 정신분석가로서 가족의 비밀에 관해 세계적인 권위자로 인정받는 티스롱

(Tisseron, 2006)은 가족 비밀이 여러 세대를 걸쳐 이어지며, 이렇게 세대에 전수된 비밀은 원래 만들어졌던 세대에서보다 더 큰 문제를 낳는다고 말한다. 그는 고통스러운 사건이나 문제의 비밀을 부모가 숨기려 할수록 자녀에게 더욱 전수된다고 밝힌다. 이전 세대에 있었던 가족 비밀이 다음 세대에 그대로 전해지는 것은 아니지만 어떤 식으로든 반드시 영향을 미치게 된다. 자녀는 이전 세대에서 내려오는 가족 비밀에 적응하는 과정 중에 정신적으로 장애를 가지며, 다음에는 자신의 자녀까지 그 영향을 미치게 되어 세대에 걸쳐 가족 비밀의 파괴력이 이어지게 된다.

인형치료는 가족체계의 무의식을 반영해 주는데, 즉 무의식적으로 작용하는 가족체계의 관계와 의사소통 패턴을 명료하게 설명한다. 가족의 문제는 다세대 전수 과정에서 무언으로 전수된 감정, 견해 그리고 삶의 원칙에 관한 얽힘과 연결되어 있다. 인형치료는 자신의 내면과 가족의 비밀 속에 숨겨져 있던 블라인드 스폿(blind spot)을 보게 한다. 내담자는 과거의 고통스러운 경험 속에 놓인 진실을 알기도 하고 모르기도 한다. 그곳에 뭔가 있다는 것을 알기에 불편한 감정을 느끼지만, 일부러 그 지점을 들여다보기 전에는 절대 그 진실을 볼 수 없다. 인형치료는 상징체계를 통해 의식 속에서 제어하던 요소들을 해체함으로써 무의식의 요소를 표출하게 하여 가족의 비밀을 언어로 표현할 수 있도록 한다.

4. 소통의 도구로서 인형치료의 기능

심층심리학에서의 전통적인 치료 형태는 꿈 분석이다. 꿈 분석 작업은 꿈은 물론이고 환영, 상상 등과 같은 무의식을 다루는데, 분석 과정에서 인간의 의식 간의 대화를 통한 해석을 시도한다. 프로이트는 자신의 해석 기법이 내담자의 자유연상에 기초를 둔다고 말한다. 그는 내담자의 트라우마에 대한 억압된 기억을 의식적으로 표현하도록 하고, 억압을 해체시킴으로써 내담자가 자신의 신경증적 증상으로부터 벗어나도록 도왔다. 그는 내담자로 하여금 융통성 있는 방어와 통합 능력을 갖도록 함으로써 내담자가 내적 갈등을 다룰 수 있도록 하였다. 이드(id, 본능)와 유년기에 저장된 의식구조인 초자아(superego)를 중재할 수 있는 자아(ego)를 강화시키는 것이 치료의 목적이었다.

이러한 과정에서 의식적인 사고와 말은 필수적인 요소다. 프로이트의 치료에서 말은 대단히 중요한 치료적 도구였다. 그러나 말이라는 것은 트라우마의 기억을 의식적 자각으로 가져오는 필수 요소가 될 수 있지만 증상을 표현하는 것과 위장하는 것으로 분산될 수 있다. 말은 치료 과정에서 가장 효과적인 의사소통 도구가 되지만 해결보다는 문제 상태에만 계속해서 머물도록 하는 한계를 갖는다.

이러한 말의 한계를 보완하기 위해 상징물들을 사용함으로써 말을 통한 치료 과정을 효과적으로 보완할 수 있다. 인형치료에서는 정신과 물질을 잇는 중간 영역의 상징체계로서 인형을 사용한다.

1) 소통의 도구로서의 인형

프로이트가 시작한, 말을 이용한 심리치료는 현대 심리치료의 주요한 방법이 되었다. 상담사와 내담자가 서로를 마주 보고 주고받는 대화를 통해 대부분의 심리상담이 이루어진다. 상담실에서 1시간 정도 서로의 얼굴을 마주 보고 말로 상담을 하는 것은 무척 힘겨운 작업이다. 낯선 사람이면서도, 가장 깊이 있는 대화를 해야 하는 심리적 부담감도 존재한다. 특히 내담자가 준비된 자발적 내담자가 아닌 청소년과 같은 비자발적 내담자일 경우 말로써 하는 심리상담은 힘겨운 과정이 된다. 상담 시간이 빨리 지나가길 바라는 마음은 청소년 내담자만이 아닌 상담사 역시 마찬가지다. 따라서 상담 과정에서 언어적 소통을 도와줄 수 있는 소통의 도구가 절실히 필요하다. 언어적 소통을 돕는 것은 또 다른 종류의 언어적 소통의 방법이 아닌 비언어적 소통의 방법이다. 바츨라빅(Watzlawick, 2002)은 인간은 의사소통을 하지 않을 수 없으며 인간의 모든 행위 자체가 나름대로의 의미를 갖는다고 말한다. 종종 상담 과정 속에서 의미 있는 치료적 작업이 언어적 소통보다는 오히려 비언어적 소통의 작업 속에서 발생하는 경우가 많다. 상징체계인 인형은 언어로 담을 수 없는 폭넓은 의미체계를 갖고 있기 때문에 언어적 상담을 도울 수 있는 좋은 대안이 될 수 있다.

　모래놀이치료는 모든 상담 과정에서 모래를 사용하여 진행한다. 그러나 인형치료는 모래놀이치료와는 달리 모든 상담 과정 속에서 반드시 인형을 사용하지는 않는다. 언어적 소통을 적극적으로 사용하면서 동시에 인형의 사용을 장려한다. 따라서 인형은 언어를 기반으로 한 다른 심리치료 모델에도 효율적으로 활용이 가능하다. 말을 통한 상담 과정 속에 개입 모델이나 진단도구만이 아닌 단지 소통의 도구로서 인형을 사용할 수 있다. 인형은 상담 과정 속에서 시각적 효과를 제공하고, 내담자와 깊이 있는 소통을 가능하게 하며, 문제를 사정하고 진단하는 효율적인 도구가 됨과 동시에 상담에 적극적이지 않는 내담자와의 치료 작업에 좋은 도구가 된다.

2) 소통의 도구로 활용된 인형치료 사례

　이전에 부부문제로 상담을 받았던 부부에게 큰아들에 대한 상담 의뢰 요청이 들어왔다. 20대 후반의 큰아들이 어머니에게 이끌려 상담실로 찾아왔다. 내담자는 현재 심각한 우울증과 무기력에 빠져 있었으며, 매사에 의욕을 잃어버리고 집에만 틀어박혀 지내고 있었다. 아들의 이런 모습을 보다 못한 부모에 의해 상담이 시작되었다. 내담자는 부모의 오랜 부부갈등 속에서 희생양이었으며 언제나 부모의 갈등에서 중재자의 역할을 해 왔다. 반면에 작은아들은 부모의 갈등 속에 관여하지 않으려고 하였고, 현재 인기가 많은 공기업에 취업해 있다.

부모는 큰아들에 대해 대단히 미안해하고 있었다. 아들의 문제가 단지 의지가 약해서가 아닌, 오랜 부부갈등의 희생양이라는 인식을 하고 있었다. 또한 내담자는 심한 아토피를 갖고 있어서 이를 평생 결점으로 여기고 살아왔다. 여기서 오는 열등감과 부모의 오랜 갈등 상황이 그의 오랜 무기력과 우울의 원인이 되었다. 현재 그를 괴롭히는 최대의 고통은 취업 문제였다. 번번이 취업에 실패하면서 '모든 것이 자기만 빼고 잘 돌아가는 것 같다.'는 박탈감을 갖고 있었으며, 취업을 통해 자신의 오랜 문제인 외로움, 소속감의 부재라는 문제를 해결하려고 하였다. 취업만 하게 되면 모든 것이 해결될 것이라는 믿음을 가졌고, 이에 더욱 집착하였다.

그와 상담을 통해 어릴 때 생긴 상처와 희생양 역할 그리고 잘못된 사고 패턴을 탐색하였다. 상담을 12회 진행한 후 '자아탐색하기 기법'을 사용하였다. 내담자는 자신을 상징하는 동물로 다음의 바퀴벌레, 카멜레온, 청개구리, 나비를 선택하였다.

바퀴벌레는 자신의 현 상태, 즉 취업을 못하고 나이만 먹는 상황을 표현했다. 그의 지독하게 낮은 자존감이 표현되었다. 카멜레온은 일반적으로 환경에 잘 적응하는 여러 얼굴의 사람으로 표현되나, 내담자는 카멜레온이 환경에 따라 자기의 색깔을 바꾸는 모습 속에 자신의 기준 없이 환경에 자신을 맞추는 우유부단함과 나약함으로 표현했다고 하였다. 환경에 쉽게 휩쓸리는 나약한 자신을 드러낸 것이다. 청개구리는 인형치료의 상징물에서 가장 낮은 자존감을 의미하는 인형 중 하나이며, 부정적 자아상의 대표적인 상징이다. 그러나 내담자는 약하지만 개구리가 긴 다리로 뛰는 것으로 현재의 상태에서 도약하리라는 희망이 있는 자신을 표현하였다. 청개구리로 표현된 자아상 속에서 내담자는 약하지만 조금이라도 앞으로 뛸 수 있고 문제를 헤쳐 나갈 수 있다는 희망을 표현하였다. 마지막으로 나비는 새로 태어나고 싶은, 즉 새롭게 시작하고 싶은 자신의 욕구를 표현했다. 이를 통해 현재 자신의 상태를 나타내는

[사진 2-9] 자아탐색

바퀴벌레와 카멜레온, 현재 자신에게 작은 소망을 허락하는 것을 표현한 청개
구리 그리고 희망을 표현하는 나비로 정리되었다.

이러한 네 가지 자아 상징을 탐색한 다음, 일상에서 언제 자신을 바퀴벌레와
카멜레온으로 느끼는지를 물었다. 내담자는 자신이 해 놓은 것이 아무것도 없
다는 자책과 후회가 밀려오면 더욱 자신을 바퀴벌레로 느끼게 된다고 하였다.

내담자의 부정적 자아상과 연결된 인지도식의 오류, 비합리적 사고 패턴은
[그림 2-1]과 같았다. 이것은 내담자의 악순환의 사고 패턴이 되었다. 내담자
는 역설적으로 현재 상황을 변화시키려고 할 때마다 자책하게 되었으며, 그때
마다 우울과 무기력에 시달렸다. 이때 인형은 소통의 도구와 시청각 자료로 활

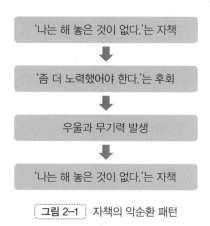

그림 2-1   자책의 악순환 패턴

[사진 2-10] 자책의 상징체계 1

용된다. 내담자의 우울과 무기력을 일으키는 자책감을 의미하는 뱀을 내담자 주변에 세웠다. [사진 2-10]에서 내담자를 둘러싸고 있는 네 마리의 뱀은 이러한 악순환의 인지도식을 의미하는 것으로 표현되었다.

상담사의 개입으로 표현된 인형들은 내담자의 자각 활동을 촉진하였다. 상담은 말로 하며, 언어로 내담자의 문제와 해결 방법들이 이미지화된다. 이러한 작업은 대단한 집중력을 필요로 하며, 특히 언어로 악순환의 패턴을 탐색해서 자각하게 하기는 매우 어렵다. 그러나 인형을 통한 소통의 작업 속에서 내담자는 자기의 악순환 패턴을 실제적인 시각으로 보게 되고 촉감으로 만지면서 내담자의 변화가 시작되었다.

[사진 2-11]은 자책감을 상징하는 네 마리의 뱀과 더불어 우울과 무기력을 상징하는 좀 더 큰 뱀을 근처에 두었다. 자책감을 상징하는 뱀이 내담자 자신을 공격하여 쓰러지게 되면, 더 무섭고 고통스러운 우울과 무기력의 뱀이 다음 공격 순서를 기다리고 있다는 것을 상징적으로 보여 주어서 내담자에게 자기 현실에 대한 객관적 시각을 갖도록 하였다. 내담자는 자신이 고통받고 있는 것

[사진 2-11] 자책의 상징체계 2

은 비참한 현실 때문만이 아닌 악순환의 사고체계로 인한 것임을 인형을 통한 소통의 작업으로 쉽게 인식하게 되었다. 내담자는 그날 상담이 끝날 무렵 자청해서 인형들을 사진으로 담아 가져가서 자책과 우울이 밀려올 때마다 보겠다고 하였다.

여기서 비합리적 사고 패턴을 찾는 작업은 내담자 치료의 핵심 주제였다. 소통의 도구인 인형을 통해 내담자는 자기의 현실과 문제체계를 객관적으로 보게 되고 이것을 정리할 수 있는 기회를 얻게 되었다. 그리고 이러한 경험은 내담자가 일상에서 스스로를 설득하고 문제와 싸울 때 힘을 실어 주게 되었다.

5. 인형치료의 활동 영역

1) 동물상징성격유형검사(Animal Symbol Personality Type: ASPT)

(1) ASPT의 개요

인형치료 이론에 토대를 둔 인형 진단평가를 기초로 구성된 온라인 검사로, 10개의 성격유형에서 개인이 어떠한 위치에 해당하는지를 결정하기 위해 10가지 양식들 중 상대적으로 그 사람에게 우세한 양식을 나타내 주는 개인 내 상대 측정치다.

ASPT에서는 여덟 개의 문항에서 30가지의 동물들 중 하나를 선택하게 하는 강제-선택형 문항의 검사 방식을 따른다. 피검자는 여덟 개의 각 문항별로 가장 선호하는 동물을 한 가지 선택하며 어떤 동물을 선택했는지에 따라 서로 다른 동물의 개수가 부여된다. 그런 뒤 부여된 동물의 개수에 따라 그 동물과 관련된 성격유형이 결정된다. 검사 유형은 설문지형이 아닌 온라인/모바일 검사로 대면과 비대면이 가능한 방식으로 진행한다.

(2) 칼 융의 성격유형과 ASPT

MBTI는 칼 융의 성격이론을 기반으로 하는데, 칼 융은 인간의 성격유형을 크게 외향성과 내향성으로 나누었다. 외향성의 사람은 외부적인 객관세계의 가치를 알고 잘 다루는 대신 내면세계의 중요성을 소홀하게 여긴다. 반면에 내향성의 사람은 객관세계의 가치보다 주체의 내면적 가치를 더 중요하게 여겨 대신 객관세계를 소홀하게 하는 경향이 있다. 이러한 외향성과 내향성은 이성으로 판단하고 살아가는 사고형, 정으로 판단하고 살아가는 감정형, 주로 직관으로 살아가는 직관형, 감각적으로 살아가는 감각형으로 다시 분화된다.

이에 비하여 ASPT는 야생동물이 갖는 자유, 독립, 주도권을 추구하는 사람, 가축동물이 갖는 길들임, 사회성, 관계, 의존을 추구하는 사람으로 크게 나눈다. 여기에 초식동물이 갖는 순응, 온순, 약함, 수동성을 추구하는 사람, 육식동물이 갖는 공격, 힘, 지배, 능동성을 추구하는 사람이 더해진다. 동물의 생활방식에는 두 가지가 있다. 무리생활이 갖는 소속감, 법과 질서, 집단의식, 안정, 외향성을 추구하는 사람, 단독생활이 갖는 주체성, 경계, 외로움, 스스로 책임지는 삶, 내향성을 추구하는 사람으로 분화된다.

칼 융의 마지막 저작인 『융합의 신비(Mysterium Coniunctionis)』에서는 정신의 영역에서의 상반된 요소들이 서로 분리되어 있으면, 인격의 분열을 일으키며 이것은 신경증으로 이어질 수 있다고 말한다. 연금술이 상반된 요소들을 하나의 단일 물체로 변화시키는 과정이듯이 정신의 상반된 요소들을 하나로 통합시키는 것을 돕는 것이 심층심리학의 핵심이다. 마찬가지로 ASPT는 우리 인간의 성격에 있는 대극적인 부분들을 밝혀 이들을 서로 통합되도록 돕기 위한 것이다. ASPT는 인류가 자연과 오랜 교류 속에서 만든 동물상징체계를 통해 인간의 본성과 사회적 특성을 파악하게 한다.

(3) ASPT를 위한 동물

기본적 유형 분류

- 야생동물: 자유, 독립, 주도권
- 가축동물: 길들임, 사회성, 관계, 의존
- 초식동물: 순응적, 온순, 약함, 수동적
- 육식동물: 공격, 힘, 지배, 능동적
- 무리생활: 소속감, 법과 질서, 집단의식, 안정, 외향성
- 단독생활: 주체성, 경계, 외로움, 스스로 책임지는 삶, 내향성
- 잡식: 생존, 적응력

(4) ASPT에서의 성격유형

- 목표/성취: 숫사슴, 코끼리, 기린, 버팔로, 캥거루(야생−초식−무리생활)

  목표와 성취를 향해 추진력을 가지고 자신의 재능과 능력을 끊임없이 개

발하는 사람

- 이상/비현실: 돌고래, 물개(야생-육식-무리생활)

  현실에 만족하지 않고 자신을 성찰하면서 이상을 쫓아 자기에게 몰두하는 사람

- 주도/통제: 북극곰, 독사, 흑표범, 악어, 호랑이(야생-육식-단독생활)

  주도권을 추구하면서 힘과 통제력을 가지고 관계보다는 성취를 중요하게 여기는 목표 중심의 사람

- 적응/수동: 토끼, 젖소, 양, 말, 낙타(가축-초식-무리생활)

  책임과 의무에 충실하고 타인의 요구와 주어진 틀에 적응하는 수동적 자세를 갖는 사람

- 지킴/수호: 개, 수탉(가축-잡식-무리생활)

  소속감과 강한 의무감으로 책임감을 느끼고 헌신적으로 가치와 문화를 지키고자 하는 사람

- 자유/산만: 돼지, 고양이, 새끼 원숭이(야생, 가축-초식, 육식, 잡식-단독, 무리생활)

  개인의 자유를 중요하게 여기며 틀에 박힌 일보다는 다양한 것들에 관심과 흥미가 있는 창조적인 사람

- 관찰/분석: 부엉이, 독수리(야생-육식-단독생활)

  매사에 신중하며 자기 자신을 드러내지 않으면서 모든 것을 파악하려고 늘 관찰하고 분석하는 사람

- 충성/협동: 늑대, 암사자(야생-육식-무리생활)

  소속감이 중요하여 개인적인 부분보다 집단을 중요시하며 집단의 가치와 의무를 충실하게 따르고 협력하는 사람

- 경계/방어: 고슴도치, 미어캣, 달팽이, 여우[야생-육식(초식)-단독, 무리생활]

  다른 사람의 통제를 받지 않기 위해 자기만의 삶의 방식과 인간관계 방식

을 고수하고 방어적 자세로 주도권을 지키려는 사람
- 수용/화목: 모든 유형이 다양하게 나왔을 경우
  환경에 적응하기 위한 다양한 성격을 발전시켜 긴장과 갈등을 피하고 화
  목하기 위해 수용적인 중재자 역할을 하는 사람

(5) 검사의 활용

- 1:1 대면 투사검사의 제한점을 보완하여 5세 이상 연령의 참여자는 누구
  나 쉽게 짧은 시간(5분 이내) 안에 온라인으로 비대면 직접평가가 실시 가
  능하다.
- 평가자 간의 임상적 경험의 차이로 인한 한계점을 극복하고 객관적 평가
  가 가능하다.
- 공간의 제한을 극복하고 동시다발적으로 실시 가능하다. 학교 현장에서
  뿐만 아니라 원격수업 시에도 온라인을 통해 쉽게 접근할 수 있다.
- 비대면 상황에서 교사 및 상담사가 내담자의 심리적 특성을 이해하는 것
  이 유용하고, 학령기 학생의 진로 상담 시 유용하게 활용할 수 있다.
- 언어적 의사소통이 제한된 내담자와의 상담 시 부가적 검사로 유용하게
  활용될 수 있다.

(6) 검사의 실시

① 온라인/모바일로 ASPT 홈페이지(https://www.aspt20.com/bbs/enter.php)
   접속
② 검사하기 → 인적사항과 기관에서 전달받은 사용번호 입력 후 '검사하기'
   클릭 → 안내에 따라 검사 실시 후 결과지 다운로드

(7) 검사 결과 예시

동물상징 성격유형검사 결과지
(ASPT : Animal Symbol Personality Type)

이름:	생년월일:	성별:	기관명:	검사일:

ASPT는 성격특성을 10가지로 유형화하여 개인의 성격유형을 설명하고 있으며 개인의 성격특성에 따라 5가지 진로성격유형을 구성하였습니다.

🏠 성격특성 프로파일

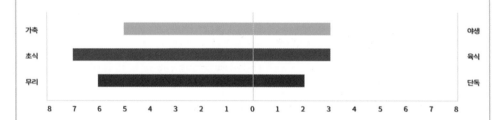

동물상징의 성격특성 의미

- 가축 　개방성, 사회적 민감성, 정서적 감수성, 길들임, 관계, 의존
- 야생 　자율성, 독립, 주도권, 목적의식, 유능감
- 초식 　순응, 온순, 약함, 수동성, 위험회피, 불확실성에 대한 두려움
- 육식 　공격, 힘, 지배, 능동성
- 무리 　소속감, 협력, 안정, 타인수용, 공감, 외향성
- 단독 　주체성, 경계, 고립, 외로움, 스스로 책임지는 삶, 내향성

당신의 주요성격은 **적응/수동**이며
보조성격은 **지킴/수호, 경계/방어**입니다.

주요성격　**적응/수동**

: 책임과 의무에 충실하고 타인의 요구와 주어진 틀에 적응하는 수동적 자세를 갖는 사람

성격특성

적응과 융통성이 뛰어나고 온순하고 순응적이며 수동적이다. 타인의 요구와 주어진 틀을 잘 따른다. 관계 중심적이며 책임과 의무에 충실하다. 주변 사람들을 기꺼이 돌보고 다른 사람을 위해 희생한다. 기본적으로 법과 질서, 위계질서, 조화, 화목, 안정, 소속감을 추구한다. 다정하고 사람들을 잘 보살피지만, 동시에 의존적 성향이 있다. 사람들의 감정을 민감하게 알아차리며, 통찰력을 갖고 있다. 반면에 자기 주도성이 부족하고 자기주장을 하지 못할 수 있다. 간접적 의사소통을 사용하여 뒤에서 조정하려고 하며 격하게 감정을 표현하거나 신경질적인 경우가 있다.
장점은 관계를 잘 형성하며 주변 환경이나 학습 과정에 잘 적응하여 주어진 틀에 융통성 있게 대처한다. 관대하고 다른 사람들을 잘 보살피며 마음이 따뜻하다. 사람들의 필요를 잘 알아차리고 그들을 기꺼이 돕는 친사회성을 가지고 있다.
단점은 의존적인 성향으로 다른 사람과의 관계에서 독립과 분리가 어렵다. 눈치 보고 거절을 쉽게 못 하고 자신을 자책한다. 이기적으로 보일까 두려워서 정작 자신이 하고 싶은 일을 못 한다. 주변 환경에 적응하기 위해 모든 에너지를 쓰기 때문에 진짜 자기의 감정은 억압한다. 다른 사람을 위해 애를 쓰다가 지치기 쉽다.

 제언

타인에 대한 뛰어난 공감 능력 뒤에는 자신의 감정을 억압하고 희생했다는 사실을 알아야 한다. 다른 사람들에게 관대하고, 잘 보살피는 자세는 자기를 희생해서 얻을 수 있는 것이 아니라는 사실을 알아야 한다. 자신의 감정과 욕구를 억압하지 않고 자신의 욕구를 존중하는 심리적 균형이 필요하다. 다른 사람들과 적절한 경계선을 설정하여, 지나치게 다른 사람의 관계와 일에 휘말리지 않도록 해야 한다. 자신의 욕구와 타인의 욕구를 잘 구분해야 한다.

보조성격   지킴/수호

: 소속감과 강한 의무감으로 책임감을 느끼고 헌신적으로 가치와 문화를 지키고자 하는 사람

 성격특성

외향성과 내향성 모두를 가지고 있다. 자신이 중요하다고 여겨지는 원칙, 가치와 문화를 지키려고 한다. 공격, 지배, 및 통제와 같은 능동적 자세와 더불어 온순하고 순응적인 수동적 자세를 모두 갖고 있다. 무리 안에서 소속감을 중요하게 여기며 강한 의무감을 느낀다. 원칙을 고수하며 자기 훈련이 잘되어 있고 현명하고 공정하고 정직하여 남들에게 의지가 되는 성격이다. 반면에 판단하려고 하고 독단적이며 융통성이 없다. 지나치게 심각한 자세를 가지며 원칙에 어긋나면 상대를 통제하거나 비판한다. 불안감이 높고 강박관념과 우울감이 있다. 장점은 높은 기준의 윤리의식을 가지고 있으며 합리적이고 책임감이 강하고 헌신적이다. 올바른 것과 문제가 되는 것을 잘 간파하며 충직하고 헌신적이며 양심적으로 사람들을 잘 돕는다. 적절한 자기 훈련과 열심히 하려는 자세로 인해 열심히 일하고, 일을 잘 성취한다. 통합적인 사고를 하고 이해력이 좋으며 지혜로운 해결책을 제시한다.
단점은 지나친 책임감으로 인해 부담감을 느끼고 강박관념에 시달린다. 완벽주의 성향을 가지고 있으며 기대치에 못 미칠 때 자신과 사람들에게 실망한다. 신경이 날카롭고 걱정이 많으며 매사에 지나치게 심각하다. 비판적이고 논쟁하려 들며 완고하고 사사건건 트집을 잡는다. 자신과 다른 사람들에게 높은 기준을 요구한다.

보조성격   경계/방어

: 다른 사람의 통제를 받지 않기 위해 자신만의 삶의 방식과 인간관계 방식을 고수하며 방어적 자세로 자신을 보호하고 지키려는 사람

 성격특성

내향적이며 경계가 가장 중요하다. 자신을 보호하기 위해 힘과 주도권을 지키려 하고 방어적이다. 생존과 안전의 욕구가 내면의 동기로 작용한다. 기본적으로 불안이 높고, 타인을 신뢰하지 못하고 남들과 잘 어울리지 못한다. 불안정 애착을 경험한 사람들이 갖게 되는 성격 유형이다. 타인이 자신을 지배하고, 통제하지 못하도록 자기만의 경계선을 만들어 놓는다. 다른 사람을 경계하는데 온통 신경이 쏠려 있으며 고립되거나 혼자 있게 된다. 대인관계의 폭이 넓지 않고 소수의 친한 사람과만 교류를 맺고 사람을 사귀는데 몹시 조심스러워한다. 사귀더라도 신뢰할 수 있는 인물인지 검증된 사람만을 가까운 사람으로 받아들인다. 거부와 배신에 대해서 늘 두려워하고 방어적 자세를 유지하며 자기만의 삶의 방식과 인간관계 방식을 고수한다.
장점은 독립적이며 자립적이며 조심스럽고 신중하다. 자기만의 분명한 행동 패턴을 가지고 있다.
단점은 눈치를 보면서 긴장과 갈등을 회피한다. 타인에 대해 지나치게 의심하는 경향이 있어 타인에게 무시당하고 자기의 영역이 침범당하면 몹시 공격적으로 변한다. 자신의 규칙과 틀을 지키지 않으면 몹시 힘들어한다. 손해를 입거나 무시 받는 것을 잊지 못한다.

 진로 성격유형

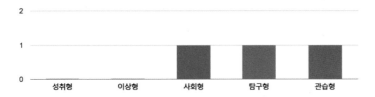

성격특성에 따른 진로성격유형은
사회형과 관습형과 탐구형입니다.

 사회형

다양한 환경과 사람들에게 적응하는 능력을 가지고 주어진 틀에 적응하며 자기의 책임과 의무에 충실하고 다른 사람을 돌보고 치료하는 관계 중심적 유형

📑 **추천직업목록**

사회복지사, 공무원, 의사, 간호사, 교사, 보육교사, 특수교사, 심리상담사, 요양관리사, 임상치료사, 종교인, 비서, 컨설턴트, 경찰, 보건관련 종사자, 보험관련 종사자, 증권 중개인, 공인중개사, 승무원, 갈등 중재자

 관습형

소속감을 중요하게 여기며 원칙을 고수하고 헌신적으로 가치와 문화를 충실히 따르며 자기 훈련이 잘되어 있어 체계적이고 조직적인 일을 현명하고 공정하고 정직하게 처리하는 유형

📑 **추천직업목록**

외교관, 검사, 판사, 행정가, 공무원, 변리사, 회계사, 은행원, 세무사, 감사원, 경리사원, 안전 관리사, 법무사, 영양사, 사이버보안 관리, 관리인, 회사원, 의료기술자, 측량사, 군인, 관제사, 정비사, 의사, 우주항공사, 항공기 조종사, 약사

 탐구형

자신만의 방식을 따라 통제받지 않고 지적, 논리적 호기심을 가지고 정보를 수집하고 객관화하여 이성적이고 합리적으로 문제를 해결하는 유형

📑 **추천직업목록**

과학자, 위기 대응 관련 직종, 소방관, 평론가, 분석가, 해설가, 변호사, 심리학자, 프로파일러, 영화감독, 공무원, 교사, 교수, 수학자, 법률가, 웹 디자이너, 연구원, 환경운동가, 인류학자, 엔지니어, 비서

 동물상징 성격유형검사 결과표

*선택한 동물 : 토끼(3), 개(2), 달팽이(2), 늑대

유형	내용	동물 (30종)	갯수
1	야생-초식-무리생활(목표/성취)	숫사슴, 코끼리, 기린, 버팔로, 캥거루	0
2	야생-육식(해양)-무리생활(이상/비현실)	돌고래, 물개	0
3	야생-육식-단독생활(주도/통제)	북극곰, 뱀, 흑표범, 악어, 호랑이	0
4	가축-초식-무리생활(적응/수동)	토끼, 젖소, 양, 말, 낙타	3
5	가축-초식/육식(잡식)-무리생활(지킴/수호)	개, 수탉	2
6	야생/가축-초식/육식(잡식)-무리생활(자유/산만)	돼지, 고양이, 원숭이	0
7	야생-육식(조류)-단독생활(관찰/분석)	부엉이, 독수리	0
8	야생-육식-무리생활(충성/협동)	늑대, 암사자	1
9	야생-육식-단독/무리생활(경계/방어)	고슴도치, 미어캣, 달팽이, 여우	2
10	수용/화목	모든 동물유형이 다양하게 나왔을 경우	0

2) 학교 인형치료

(1) 배경

최근 학교 현장에서 쉽게 들을 수 있는 말이 있다. '도대체 이 많은 문제를 가진 아이는 어디서 왔는가?' 기성세대가 된 우리 세대가 학교생활을 할 때에는 지금보다 경제적으로나 사회 안전망 등 모든 면에서 부족했지만 지금처럼 문제를 가진 아이들이 많지 않았다. ADHD로 의심되는 아동의 숫자는 놀라울 정도로 늘고 있고, 우울증, 품행장애를 가졌거나 등교거부를 하는 아동·청소년 역시 증가 추세다.

청소년기는 아동의 몸이 성인의 몸으로 변화하는 시기이기에 특히 청소년은 극심한 혼란과 갈등을 경험하게 된다. 더구나 이들은 인생에서 중요한 발달과제를 수행해야 한다. 분리와 개별화는 가장 중요한 심리적인 과제다. 독립적인 한 성인으로서의 삶은 의존의 대상이었던 부모와의 건강한 분리를 통해 이루어질 수 있다. 청소년은 독립과 분리를 원하면서도 강력한 의존을 원한다. 부모에게 잡히기 위해 가출을 하는 소녀, 관심을 끌기 위해 문제 행동을 일으키는 소년, 부유한 가정에서 자랐지만 상점에서 습관적으로 물건을 훔치는 소년 등 이해하기 힘든 수많은 방식으로 분리의 과제를 표출한다. 청소년은 분리와 개별화의 과제를 수행하면서 정체성을 형성해야 한다. 청소년은 자기 정체성의 갈등 속에서 마치 옷을 고르듯이 이것저것 자기정체성을 선택한다. 이러한 선택의 과정에서 정체성의 혼란은 매우 강렬하게 발생할 수 있다. 카렐(Carrell, 2005)에 따르면, 교사에게 호전적으로 행동하고 거친 말과 행동을 보이는 반항아, 깊은 열등감에 사로잡혀 다른 아이들에게 끌려 다니기만 하는 아이, 특수학급에 가 있는 비만아 등은 모두 정체성의 혼란을 보이는 아이들이다.

청소년은 유년기부터 유지해 온 부모와의 강한 애착관계를 또래집단으로 대신하는 시기이기도 하다. 청소년기에서 또래집단은 가족만큼 중요해지며,

'나는 누구인가?'의 고민만큼 '나는 어디에 속하는가?'가 중요해진다. 청소년은 또래집단 안에 소속되기를 바라고, 자기가 속한 집단이 따뜻하고 강한 연대감을 가지며 무엇보다 우월한 집단이기를 바란다. 여기서 소속감의 욕구는 그어떤 욕구보다 강한 것으로서 청소년기에 발생하는 대부분의 심리적·사회적 문제의 뿌리가 된다. 청소년은 집단에 대한 단단한 소속감으로 자기정체성을 형성하고 심리발달의 과정을 수행한다.

더 나아가 청소년이 대부분의 시간을 보내는 학교라는 시스템은 언제나 아이들의 성적에 따라 우열로 등급을 분류하고 더욱 치열해지는 무한경쟁의 분위기를 조성하고 있다. 방과 후에는 학원에서 다시 동일한 분위기를 이어 간다. 아이들은 치열한 교육 환경에서 학습장애를 갖게 되거나, 사회적 부적응이나 심리적 장애가 증상으로 나타나게 되었을 때 비로소 심리상담의 도움을 요청하게 된다.

정신분석가 나지오(Nasio, 2015)는 부모와 교사가 알아 두어야 할 것은 아동기·청소년기는 시작과 끝이 있는 삶의 한 시기에 불과하다고 말한다. 그는 아이들이 문제 행동을 하고 힘들게 하는 것도 한때이고 끝없는 고난이 지속되는 것은 아니라고 말한다. 이 시기를 부모와 교사가 잘 견뎌 주고 지지와 보호를 해 줄 수 있다면 학교 현장에서 다루어야 할 많은 내담자들이 겪는 심리적·사회적 문제가 사라질 것이라고 말한다. 그럼에도 불구하고 학교 현장이 갖고 있는 가장 큰 문제는 상담이 절실하게 필요한 아동·청소년일수록 비자발적 내담자라는 사실이다.

롤로 메이(2015)는 문제아인 아동·청소년이 가족 안에서 따뜻하게 이야기를 들어 주고 지지해 줄 수 있는 한 사람만 있어도 다른 인생을 살았을 것이라고 말한다. 아동·청소년 내담자는 상담실 안에서 따뜻한 경청, 지지와 보호를 받게 되면 회복의 가능성을 얻을 수 있다. 그러나 문제는 이들이 상담실 안에서 저항하거나 비협조적이며 상담을 거부하려고 한다는 사실이다. 언어를 통한 심리상담 모델로 이러한 내담자들과 소통하는 것은 매우 곤혹스러운 경험이 된다. 이럴 때 내방한 아동·청소년이 상담 시간이 빨리 흘러가기를 바라는 만큼 상담사 역시 상담 시간이 지루하게 흘러간다. 그러면 상담은 당연히 진척될 수 없고 만족스럽지 못한 종결을 맞게 된다. 학교 현장에서 인형치료가 도움을 줄 수 있는 부분이 바로 여기에 있다.

(2) 핵심 주제

칼프(Kalff, 1986)의 견해를 따르면, 심리적 증상을 가진 아동·청소년은 안전하고 보호받는 공간과 관계를 갖지 못했기 때문에 발생한 것이다. 학교 현장에서의 인형치료는 인형이라는 소통의 도구를 통해 내담자의 입장에서 그들을 이해해 주고 치료적 관계에 보다 쉽게 들어갈 수 있게 한다. 아동·청소년은 인형을 보는 순간 대부분 호기심을 갖고 인형이 갖는 상징체계를 무의식적으로 표현하게 된다. 이것은 상담사에게 진단과 평가를 위한 정보를 제공함과 동시에 내담자에게 긴장감을 완화시키고 라포를 형성하게 하는 기회를 제공한다. 인형은 단순히 가지고 노는 장난감이 아니다. 인형은 내담자의 상징체계를 표현할 수 있는 도구이면서 상담사와 내담자가 활용할 수 있는 소통의 도구다. 인형치료는 다양한 연령대와 생활주기에 놓인 사람에게 치료적 가능성을 제공하지만, 무엇보다 학교상담에 대단히 의미 있는 치료의 도구가 될 수 있다. 따라서 학교 현장에서의 인형치료 모델은 학교상담 관련 종사자들에게 대단히 좋은 활용 도구가 될 수 있다. 인형치료는 진단과 평가의 도구, 개입 모델로 사용할 수 있지만 기존의 말을 통한 일반 상담과 함께 사용할 수 있는 장점이 있다.

학교 현장에서의 인형치료는 발달과제를 수행해야 하는 과정에서 발생하는 갈등과 문제를 갖는 청소년을 대상으로 한다. 특히 문제를 가진 채 고통당하는 청소년의 대부분은 상담사에게 자기의 고통을 적절하게 말로 표현하기 어려워한다. "어떻게 도와줄까?"라는 상담사의 질문에 "몰라요."라는 대답은 흔한 반응이다. 그러나 이러한 청소년 내담자의 반응은 저항이나 비자발적 상담의 자세가 아니다. 실제로 청소년은 자신의 불편을 말로 표현하지 못한다. 이들은 고통스러운 감정을 언어로 표현하지 못하고 자기들의 위기의 문제를 적절한 언어로 표현하지 못하는 것이다. 비행, 자살시도, 등교거부, 도벽, 폭력, 섭식장애, 약물중독, 알코올 중독 등과 같은 문제 행동은 자기표현의 한 수단일수 있다. 이러한 청소년의 대부분의 반응은 무표정과 침묵 또는 단답형의 대답이다. 이들이 입을 다물고 있는 것은 상담을 거부해서가 아니라 자신의 문제와 자기 내부에서 일어나고 있는 것이 무엇인지 모르기 때문이다. 청소년이 상담사와 강하게 소통을 원하더라도 언어로 표현하는 데 어려움이 있기 때문이다. 이들이 표현하는 방식은 말이 아니라 행동이며, 고통을 언어로 말하기보다 고통에 대한 반응행동으로 나타난다. 학교 현장에서의 인형치료는 이러한 청소년의 발달적·심리적·사회적 측면을 고려하여 인형이라는 소통의 도구를 사용함으로써 청소년의 문제를 해결하고 발달과제를 잘 수행하도록 돕는다.

　학교 현장에서의 인형치료의 이점은 바로 청소년들이 자신이 가지고 있는 갈등을 언어로 표현하지 못할 때 인형이라는 안전한 매개체를 통하여 신뢰할수 있는 치료 공간을 제공해 줄 수 있으며, 인형을 통해 자신의 생각과 감정, 의식과 무의식을 표출하기 쉽게 도우며, 저항을 극복하는 수단이 되어 청소년 내담자가 자신의 문제를 더 잘 바라볼 수 있게 한다. 즉, 인형치료에서는 인형을 통해 표현된 자신이 그동안 어떠한 역할을 해 왔으며 무엇이 문제였는지, 그리고 어떻게 하고 싶은지 등의 상담 동기를 만들어 줄 수 있다.

3) 아동 인형놀이치료

(1) 배경
　아동은 아직 언어를 사용해서 소통하는 방법을 충분히 익히지 못하였기 때문에 대신 놀이를 통해서 비언어적 의사소통을 한다. 심리적인 불편함을 언어로 표현하는 방법을 잘 찾지 못하는 아동일수록 과잉행동이나 문제 행동을 일으켜 부모의 관심을 끌어내고, 이는 부적절한 소통으로 이어지게 된다. 정작 아동의 문제가 무엇인지, 아동이 무엇을 말하고자 하는지 주의를 기울이지 않는다면 부모나 교사들은 도통 알 수가 없으며 그냥 잘못된 행동을 하고 있다고 생각하게 된다.

그러므로 부모와 교사들은 아동의 의사소통 방식을 먼저 이해할 필요가 있다. 대부분 아동은 놀이라는 언어를 사용하여 의사소통을 한다. 즉, 장난감이 단어이고 장난감을 가지고 노는 놀이가 아동의 언어인 것이다. 예를 들어, 소꿉놀이를 하는 한 아이가 언니에게 맛없는 아이스크림을 먹으라고 한다면 언니에게 화가 났다는 것을 표현하는 것이다. 이럴 때 언니에게 그렇게 하면 안 된다고 가르치기보다 언니에 대해 화가 난 마음을 알아준다면 아동과 부모는 비언어적 의사소통을 잘하고 있는 것이다. 결국 아동과 소통을 잘하기 위해서는 아동의 놀이에 관심을 가져 주며 때론 참여하면서 마음을 읽어 주거나 수용하는 것이 필요하다.

잘 훈련받은 놀이치료사는 아동이 원하는 놀이를 수용해 주고 따라가면서 아동과 비언어적 의사소통을 하는 방법을 찾는다. 놀이는 이미지와 정서로 채워져 있기 때문에 언어보다 본능적이거나 억압되어 있던 욕구가 지배하는 의사소통 형태라고 할 수 있다(Schaefer & Reid, 2010). 그동안 억압되고 해소되지 못하여 불안했던 심리적 어려움을 언어적 의사소통이 아닌 자신들만의 언어인 놀이를 통해 표현하게 된 내담아동과 그 놀이 속에서 비언어적 의사소통을 하는 놀이치료사는 치료적 관계를 맺고 아동의 삶에 의미 있는 영향을 미치게 된다. 놀이라는 매개가 무의식적으로 심리치료에 동의하고 적극적으로 자신의 문제에 직면하여 적극적으로 참여하게 만드는 계기를 제공하게 되어 치료적 관계가 형성된다(Bow, 1993). 이처럼 내담아동은 치료사(상담사)와 신뢰할 수 있는 관계를 통해 자신의 문제를 스스로 다룰 수 있게 되거나 문제를 해결할 수 있는 내면의 조절력을 얻게 된다.

놀이는 아동에게 스스로 인식하지만 말로 표현할 수 없는 생각과 감정을 표현하게 만든다(Schaefer & Reid, 2010). 예를 들어, 불안정 애착 아동의 경우 인형의 집에서 놀이를 할 때 부모의 양육이 나타나지 않고 아이인 자신이 집안일을 도맡아 한다. 어머니가 어디 있는지 물으면 없거나 자고 있다고 말한다. 정서적 돌봄을 받지 못한 경험을 인형놀이를 통하여 표현하는 것이다. 성적으로 학대받았던 아동은 인형을 통해 그들이 말로 표현하는 것보다 자신의 경험을 더 잘 표현할 수 있다. 프로이트 또한 아동의 무의식적 갈등을 노출시키게 하기 위해 놀이를 사용해야 한다고 말하였다.

더 나아가 놀이가 갖고 있는 독특한 속성은 카타르시스를 가능하게 하는 것이다. 그동안 억압되거나 금지되었던 감정을 놀이를 통해서 아주 쉽게 표현하고 완화할 수 있게 된다(김광웅 외, 2004). 놀이를 하면서 아동은 자신이 수동적으로 경험한 외상적 사건이나 강한 스트레스적 사건들을 무의식적으로 표현하고 이를 정서적으로 극복하기 위한 시도를 하게 된다. 에릭슨(Erikson, 1940) 역시 아동이 자신의 가슴 아픈 경험들을 놀이로 표현하는 것은 가장 자연스러운 자기치유법이라고 말한다(김광웅 외, 2004 재인용).

또한 아동은 무의식적 소망과 갈등을 나타내기 위해 놀이를 사용한다. 아동이 놀이를 하면서 자기의 과거 경험을 은유적으로 표현하는 경우가 많은데, 놀이에서 만들어진 이야기들 속에서 아동은 자신의 부정적 모습이나 현실과는 전혀 다른, 자신이 소망하는 모습으로 동일시한 인물을 은유적으로 표현한다. 아동의 은유적 놀이는 아동의 무의식 세계를 직접적으로 재구조화하고 자연스럽게 표출하게 만들고, 이 과정에서 자신이 현실에서 겪은 갈등과 공포, 적대감을 소화하고 보다 적응할 수 있는 해결책을 발견하게 된다(Frey, 1993). 결국 놀이는 내담아동의 비현실적 사고가 문제 해결을 가져올 수 있는 계기를 만드는 재구조화 과정의 역할을 하게 된다.

(2) 핵심 주제

놀이에서 아동이 자신의 부정적 정서 경험을 은유적 이야기로 인형을 통해 의미 있게 표현한다는 점은 인형이라는 상징을 통해 감정, 욕구, 자각, 생각, 신념 등을 표현할 수 있도록 돕고, 특히 동물인형을 통해 자신의 무의식을 탐색하는 상징도구로 활용하며, 의식 속에서는 표현하고 통합하는 도구로 사용하는 인형치료와 맥을 같이한다(최광현, 2013). 따라서 인형치료의 치료적 효과를 살펴보고 이를 아동과의 놀이치료에서 활용한다면 아동이 인형을 통해 표현한 정서를 의미 있게 다룰 수 있게 된다.

첫째, 인형치료는 내담자의 생각과 감정, 의식과 무의식을 표현하도록 해 주고 의미 있는 자아의 표현을 가능하게 해 주어 상담에 대한 동기가 부족한 내담자의 상담 동기를 유발시키기 때문에 자발적이지 못한 내담자를 치료 과정에 몰입하게 할 수 있는 좋은 도구가 되며, 치료 과정에서 자신의 문제를 보다 손쉽게 직면할 수 있게 돕는다(최광현, 2013). 그러므로 상담의 동기가 부족한 아동의 경우 놀이 안에서 드러난 인형의 은유적 표현은 자신의 문제에 직면시키도록 돕고 자아의 표현을 가능하게 해 주어 치료 과정에 몰입할 수 있도록 도울 뿐 아니라 자신의 문제를 보다 쉽게 다룰 수 있게 한다.

둘째, 인형치료는 사람인형 및 동물인형을 사용하여 자아탐색, 가족관계구조, 또래 간 위계질서를 개인적 이미지와 원형적 이미지를 통해 무의식을 밖으로 끄집어내는 것이다. 이를 통해 자기 페르소나, 가족 갈등, 또래 안에서 해결하지 못한 무의식적 내용을 해석할 수 있다(최광현, 2013). 내담자가 경험한 해결하지 못했던 수많은 무의식을 동물인형을 통해 표현하며, 사람인형을 통해 역동적인 가족의 모습을 표현할 수 있도록 돕는다. 결국 인형치료는 자기의 무의식 속에 억압된 상처를 의식으로 끄집어내어 표출할 수 있는 기회가 되며, 치료사는 이를 수용과 지지의 공감적 관계 안에서 비언어적 의사소통을 한다. 따라서 내담아동에게도 인형을 통해 자기의 모습을 바라보게 하고 가족관계 구조 속에서 어떤 역할을 해 왔는지, 또는 또래관계에서 어떠한 위계질서를 갖게 했는지를 탐색할 수 있는 기회를 준다. 이를 통해 내담아동이 갖고 있는 문제 행동의 원인을 파악하고 공감을 통해 해결점을 찾을 수 있도록 돕는다.

셋째, 인형은 비언어적인 부분을 의미 있는 내면의 자신으로 확장시키는 상징물이므로(이부영, 2000), 인형치료는 언어가 갖는 한계를 보완하여 안전한 치료 공간 안에서 인형을 통해 내담자의 고통을 표현할 수 있게 하며, 치료사와의 공감과 소통을 통해 내담자 자신의 문제를 바라보는 관점의 변화가 시작된다(최광현, 2013). 특히 사람인형은 내담자의 마음을 편안하게 해 주어 친밀감과 위안을 얻고 부담감을 주지 않으면서 은유적으로 자신의 감정을 투사하는 유용한 치료적 도구가 된다. 인형치료는 현재를 통해 과거를 객관적으로 볼 수 있게 하는 도구가 된다. 놀이치료사와 맺은 안전한 치료적 관계 속에서 내담아동 역시 그동안 부정적인 시각에서 바라보고 인식했던 자신의 문제를 인형이라는 상징물을 통해 과거와 현재를 새로운 시각으로 바라볼 수 있게 되며, 이를 통해 문제를 바라보는 관점의 변화가 생기게 된다.

4) 부부·가족 인형치료

(1) 배경

결혼은 우리에게 기쁨과 행복의 원천인 동시에 가장 큰 고통의 원인이다. 결혼 생활은 행복할 수 있지만 반면에 불행할 수도 있다. 결혼을 통해 자신이 불행할 것이라고 믿는 사람은 없을 것이다. 현대 사회에서 많은 가족이 해체되고 있고, 점점 더 많은 가족이 갈등 상황에 빠져 들어가지만 정작 자신도 그러하리라는 사실을 예상한 커플은 아무도 없을 것이다. 사회적으로나 직업적으로 대단한 성공을 거두었다 해도 결혼 생활까지 성공하는 건 아니다. 그러한 예를, 우리는 직업적으로 성공한 사람들의 불행한 결혼 생활에 대해 보도하는 수많은 언론 기사로 확인할 수 있다. 결혼을 통해 우리는 행복과 기쁨을 얻지만, 때때로 결혼은 가장 후회스럽고 고통스러운 결정이 되기도 한다. 결혼을 통해 시작된 부부와 가족에서 발생하는 고통은 후기정보화 시대를 살아가는 우리에게 여전히 가장 큰 어려움이 된다.

부부의 위기나 가족의 갈등은 단지 개인적 차원의 문제가 아니다. 부부와 가족의 어려움은 부부 각자의 습관, 성격, 친구, 직장, 종교 그리고 사회적인 다양한 커뮤니티에 영향을 미친다. 즉, 부부 두 사람의 관계 문제로 한정되는 것이 아니라 대단히 복잡한 영향을 가져다준다. 가족치료 현장에서 일하고 있는 상담사들은 다른 어떤 심리상담의 영역에서 다루어야 할 문제보다 부부와 가족의 문제가 해결 가능성이 매우 낮다는 사실에 직면하게 된다. 사실 다양한 심리치료 모델 중에서 가족치료 모델이 성공률이 가장 낮은 편에 속한다. 이는 가족치료 모델이 다른 심리치료 모델에 비해 부족하기 때문이 아니라 개인이 아닌 여러 사람을 상대해야 하는 부부·가족 치료의 한계 상황을 반영하는 결과다. 상담실에서 상담사가 한 사람의 내담자만 바라보고 그의 외부적 환경의 문제와 내적인 갈등을 찾아내고 해결책을 찾는 것은 마치 한 단계 한 단계 계단을 오르듯이 일정한 틀(frame)이 존재할 수 있다.

　　부부·가족 상담은 한 사람이 아닌 여러 다수의 참여 속에서 이루어지기 때문에 돌발적이고 예측되지 않는 과정에 직면해야 한다. 부부상담을 할 때 두 부부가 집에서 하듯이 상담실에서 격렬하게 싸움을 하게 되면 차분히 상담 과정을 진행하기는 어렵다. 우선 싸움을 말려야 하고, 두 부부의 비난을 무시하지 않고 들어 주어야 한다. 여기서 누구 하나가 자기의 말을 상담사가 무시하거나 자기 편을 들어 주지 않는다고 여기면 상담 자체는 쉽게 조기 종결되고 만다. 필자의 개인적 느낌으로는 개인상담이 내과수술이라면 부부·가족 상담은 외과수술과 같이 여겨진다. 부부·가족 상담은 상담사에게 그만큼 힘들고 더 많은 에너지를 필요로 한다.

　　부부·가족 치료 모델은 베이트슨(Bateson)이 '이중구속'을 발견한 이후 지속적인 성장을 통해 사이버네틱스 제1규칙의 모델과 사이버네틱스 제2규칙의 모델로 발전하였다. 이 모델들의 공통점은 가족을 하나의 체계로 보고 가족체계의 소통과 관계의 구조를 변화시켜 가족 전체를 변화시키려고 하는 것이다. 이를 위해 상담사는 언어를 사용하고 부부와 가족들을 변화시키려고 한다. 부부·가족체계의 변화는 단순한 의사소통 훈련으로 이루어지지 않는다. 가족의 삼각관계를 지적하고 삼각관계를 해체시켜 건강한 관계구조로 바꾸려 하더라도 가족은 변화하지 않는다.

가족이 변화하려면 쉽게 말해서 가족의 마음을 움직여야 한다. 가족은 살아 있는 유기체이며 인생의 희로애락을 공유하고 인생의 수많은 경험을 갖고 있는 대상들이다. 가족을 설득하고 마음을 돌리고 서로 다른 눈으로 보게끔 만들기 위해서는 단지 언어만으로 한계가 존재한다. 언어로 가족의 문제와 갈등을 찾아내고 언어적 이미지로 그 갈등을 구조화하기는 어렵다. 가족조각 같이 언어가 아닌 가족의 몸과 인형을 쓸 수 있는 기법이 있으나 가족치료의 많은 기법 중 하나일 뿐이다.

시각과 촉각을 사용해서 가족체계를 객관화하여 가족체계의 변화를 이끌어 낼 수 있는 부부·가족 인형치료 모델이 기존의 부부·가족 치료에 도움을 줄 수 있다. 가족이 서로의 닫힌 마음을 열고 서로 조금씩 이해하려는 모든 노력은 가족의 마음이 움직여야 비로소 가능한 것이다. 이를 위해 언어만이 아닌 소통의 도구인 인형의 사용이 필요하다.

(2) 핵심 주제

부부와 가족관계는 모든 인간관계의 뿌리가 되는 것으로 우리가 인생 전체를 통해 형성하게 되는 많은 관계의 틀이 된다. 부부와 가족관계를 건강하게 유지하는 것은 생각보다 훨씬 복잡하고 힘든 일이다.

부부·가족관계에서 의사소통은 가장 중요한 요소로서, 부부와 가족 간의 친밀감을 유지하고 발전시키는 핵심적인 부분이다. 부부와 가족관계의 친밀감의 수준은 의사소통의 질에 의해 결정된다. 부부와 가족의 의사소통 유형과 의사소통의 기술은 재정, 자녀양육, 종교, 직업 등 부부와 가족과 관련된 모든 의사결정에 영향을 미치며, 서로의 감정표현에도 영향을 미친다. 의사소통은 부부와 가족을 친밀하게 만드는 힘이며, 부부가 서로의 차이를 인정하게 하는 능력이다. 부부가 의사소통을 하려는 의지와 노력 그리고 의사소통의 능력은 건강하고 행복한 부부관계와 가족관계를 만들고 유지하게 한다. 부부와 가족이 서로의 차이점을 극복하고, 공감을 형성하며, 상대방과 효율적인 의사소통을 하려면 우선 자신의 정보를 상대방에게 기능적으로 개방하는 것이 필요하다.

　다른 사람과의 기능적인 소통의 진정한 의미는 다른 사람이 아닌 자기 자신을 이해시키는 데 있다는 점이다. 의사소통은 단순한 테크닉의 문제가 아니다. 한 개인의 정신적 성숙은 그가 얼마나 분리개별화를 통해 독립적인 삶의 자세를 갖는가에 따라 결정된다. 부부와 가족의 행복의 열쇠가 되는 의사소통은 단순히 다른 사람들 간의 소통 방식의 주제가 아닌 자기 자신과의 관계이다. 보웬(Bowen, 1978)은 이를 '자아분화'의 문제로 보았고, 사티어(Satir, 1975)는 자존감의 문제라고 하였다.

　건강하고 명확한 의사소통은 부부와 가족이 얼마나 건강한 내면, 즉 '자기 자신과 얼마나 건강한 소통이 되는가?'라는 차원과 연결이 된다는 것이다. 신뢰할 만하고 진실되고 메시지가 일치하는 건강한 의사소통은 말한 것과 의미한 것, 표정, 목소리와 말들이 서로 보완해 준다. 이것은 상대방에게 솔직해야만 하고, 필요에 따라서는 "아니요."라고 분명히 말해야 한다는 것을 의미한다. 이러한 건강한 의사소통은 단지 소통의 기술을 배운다고 습득되는 것이 아닌 자기 내면에 대한 자각과 변화가 필요한 것이다. 오늘날 여러 방향의 부부ㆍ가족 치료가 존재하지만 이들 모두가 동의하고 있는 치료적 핵심은 가족 구성원이 다른 사람을 공감하여 다른 사람의 입장에서 생각할 수 있게 하는 것이다. 결국 부부와 가족이 의사소통을 발전시키고 관계의 회복을 얻기 위해서는 가족 구성원 모두가 상대의 입장에서 느끼고 생각하도록 만들어야 한다.

　부부ㆍ가족 인형치료 모델은 가족 구성원 사이에 건강한 의사소통의 변화를 통해 관계의 회복을 목표로 한다. 여기서 소통의 도구인 인형은 가족 구성원 모두가 서로의 입장에서 느끼고 생각하도록 돕는 공감의 도구가 된다. 언어적 도구만으로 가족이 서로를 공감하도록 하는 데에는 많은 에너지와 시간이 필요하다. 그러나 인형을 통한 작업 속에 가족은 서로 어떻게 느끼고 생각하고 있었는지를 말을 하지 않고도 표현할 수 있다. 자녀가 어머니에게 느끼는 부정적인 감정을 비록 치료를 위해서라고 하더라도 직접적으로 표현하는 것은 우리의 문화 속에서는 터부(taboo)에 속한다. 우리의 오랜 유교주의적 가정 문화는 여전히 우리의 삶 속에서 뿌리를 내리고 있기 때문이다. 가족 구성원의 입장에서 상담사는 도움을 주는 사람이긴 하지만 외부인일 뿐이다. 상징체계를 사용하는 인형은 가족이 말로 힘들게 표현하지 않더라도 서로 객관적으로 관찰하도록 하여 서로의 입장을 공감하도록 도울 수 있다. 부부·가족 인형치료는 상징체계의 도움으로 서로에 대한 부정적 감정, 견해, 생각 등을 자유롭게 표현하게 하며, 이러한 자유로운 표현의 치료적 특징은 부부·가족체계의 변화를 이끌 수 있게 한다.

부부·가족 인형치료 모델은 가족 안에서 주어진 페르소나, 즉 역할에 의해 발생한다고 본다. 이러한 역할은 의식적·무의식적으로 주어지는 서로에 대한 기대와 소망에 의해 만들어지는 것이다. 가족체계는 지속적으로 유지되기를 바란다. 가족 각자에게 주어진 역할은 일상의 가족 분위기를 지배하며, 무엇보다 갈등 상황 안에서 긴장을 약화시키는 기능을 갖는다. 가족 구성원은 가족 안에 소속되기 위해 암묵적으로 자기에게 기대되는 역할을 수행해야 하는데, 그것이 문제아와 같은 부정적인 역할이라도 마찬가지다.

정신분석적 가족치료의 선구자인 리히터(Richter, 1960)는 가족 안에는 다섯 가지의 신경증적인 역할이 존재한다고 보았다. 첫째, 배우자 대체의 역할이다. 가족 안에서 배우자를 대체하는 역할을 맡도록 강요받는다. 딸이 어머니의 역할을 하거나, 아들이 아버지의 역할을 대신하는 경우가 여기에 속한다. 둘째, 투사의 역할이다. 다른 가족 구성원의 자아상을 그대로 투사해 주는 스크린 역할을 맡게 된다. 외도를 하고 싶어 하는 남편이 아내에게 외도를 했다고 의심하거나, 성적으로 불만족스러운 어머니가 딸을 성적으로 문란하다고 질책하는 것 등이 여기 속한다. 셋째, 이상적인 자아상의 역할이다. 다른 사람이 이루지 못했던 이상을 대신 충족시켜야 한다. 자녀는 부모의 이루지 못한 꿈을 이루어야 할 과제를 떠안는다. 부모로부터 특별대우와 관심을 받지만 자녀는 언제나 과제를 수행해야 할 역할을 떠안게 된다. 넷째, 부정적인 자아상의 역할이다. 한 사람이 다른 사람의 부정적인 면을 받아들여 부정적인 행동을 수행한다. 이 경우 가족체계 안에서 문제아로 드러난다. 다섯째, 동맹자의 역할이다. 가족끼리 서로 일정하게 동맹관계를 맺어 누군가와 대항하는 것을 말한다. 부부싸움 중에 어머니가 아들의 도움을 받아 아버지를 상대하는 경우가 있다. 가족 구성원이 그동안 각자 수행해 왔던 역할구조를 인식하고, 다른 가족 구성원이 암묵적으로 요구된 역할을 깨닫게 되면 가족체계에 변화가 일어난다.

부부 · 가족 인형치료 모델은 가족 간의 의사소통의 변화를 이끌기 위해 가족 구성원 간에 서로에 대한 공감을 불러오게 하는 시각적 도구가 되며, 가족 안에 만성적으로 유지되던 역기능적 가족관계를 해결하기 위해 가족 구성원의 의식적 · 무의식적 역할을 인식하게 돕는다.

5) 직장 인형치료

(1) 배경

대부분의 현대인은 직장에서 많은 시간을 보낸다. 우리에게 노동은 경제적 보상만을 얻기 위해 하는 것이 아닌 심리사회적 요인이 존재한다. 직장은 인성의 발달, 건강, 여가 활동, 가정생활 등 모든 곳에 영향을 미친다. 그것은 현대인에게 직장이 삶의 핵심 주제에 속한다는 것을 의미한다. 노동 현장인 직장에 심리학이 적용된 것은 미국의 엔지니어 프레드릭 테일러(Frederick Taylor)에 의해서였다. 그가 주장한 노동합리화는 분업 원칙, 시간 측정및 동작 측정을 도입했고, 이를 받아들인 헨리 포드 1세는 미숙련 노동자를 직업인으로 사용하는 대량생산 시대를 가져왔다. 테일러주의는 심리학이 직장에 공식적으로 도입된 최초의 사례일 것이다.

직장은 직업적 능률의 향상과 생산성의 질을 최우선으로 하는 곳이다. 그러나 인간은 입력(input)과 출력(output)의 단순한 피드백으로 움직이는 기계가 아니다. 다양한 감정이 있고, 복잡한 위계질서가 존재하며, 소통의 방식은 매우 복잡하다. 근로 조건과 근무 환경은 직장인에게 강도 높은 스트레스를 가져올 수 있다. 직장 내에 존재하는 약간의 긴장은 어떤 사람에게는 견딜 만한 데 비해 누군가에게는 도저히 견딜 수 없을 정도다. 직장 내에서 발생하는 갈등과 문제는 과중한 업무, 불안정한 직장 환경 등 많은 요인이 있으며, 이것들은 스트레스로 작용한다. 직장에서 발생하는 스트레스의 결과로는 스트레스 호르몬의 과도 분출, 예민함, 신경과민, 우울 등이 있다. 직장 안에 발생하는 스트레스 요인이 개선되지 못하고 장기간 지속되면 과도한 흡연이나 음주, 약물 남용, 정신적 · 신체적 통증, 불편함, 사회관계의 손상 등이 발생한다.

모든 사람이 만족스러운 직장 생활을 하는 것은 불가능하다. 직장은 치열한 경쟁을 전제로 하고, 여기서 갈등과 긴장은 피할 수 없다. 프로이트는 그의 정신분석 목표를 일과 사랑에 두었다. 일이 발생하는 곳이 바로 직장이고, 건강한 직장 생활은 사랑을 가능하게 해 주어 가족과의 단단한 유대감과 친밀감, 안정적인 가정생활을 가능하게 해 준다. 직장에서 발생하는 스트레스와 갈등은 개인상담이나 가족상담처럼 사적인 관계의 문제를 전제로 하지 않고 공적인 관계를 전제로 하기에 훨씬 더 조심스러운 접근이 필요하다. 즉, 직장 문제로 고통받고 있는 것을 개인의 심리적 고통으로 보기보다는 무능함으로 인식할 수도 있기 때문에 접근 방법의 신중함이 필요하다. 여기에 말로 직장 내의 갈등과 문제를 자세히 설명하기보다 상징체계의 도움으로 문제와 갈등을 표현할 수 있는 소통의 도구인 인형이 사용된다.

(2) 핵심 주제

직장에서 발생하는 문제는 일에 대한 만족도와 밀접한 관계가 있다. 자신의 일에 만족하는 직원은 높은 동기를 가지며 좋은 성과를 낸다. 반면에 일에 대한 동기가 낮으면 좋은 성과를 기대하기 어렵다. 매슬로(Maslow, 2009)의 욕구이론에 따르면, 사람은 생물학적 욕구와 안전에 대한 욕구를 만족시키기 위해 일을 한다. 이러한 욕구가 충족되면 이제 사회적 욕구가 중요해진다. 사회적 욕구에는 다른 동료들과의 협력과 일을 통한 직장, 사회 안에서의 위치 등이 전제된다. 이러한 욕구가 충족되면 존경과 인정에 대한 욕구가 중요한 요소가 된다. 매슬로의 욕구이론이 포함되는 단계의 대부분이 직장과 관련이 있다. 의식주를 포함하는 생물학적 욕구와 안전의 욕구, 질서와 편안함의 욕구, 소속감의 욕구, 성과 · 영향력 · 타인의 인정과 같은 자존감의 욕구 등은 직장과 긴밀한 관계를 갖는다. 우리의 자아실현의 공간인 직장은 복잡한 관계의 메커니즘이 작동되는 곳이다. 우리는 직장 안에서 타인의 인정과 존중을 갈망한다. 반면에 타인으로부터 무시당하고 인정받지 못하는 것은 깊이를 알 수 없는 고통을 준다. 이러한 직장에서 발생하는 고통 중에 대표적인 것이 모빙이다.

모빙(mobbing)은 직장 내의 왕따를 뜻하는 말로 1980년대 이후 노동심리학 안에 자리 잡은 개념이다. 모빙이란 직장 동료들에 의해 집단적으로 인격적 공격, 비난, 불이익, 집단따돌림 등을 당하는 직장 문화를 말한다. 종종 직장 상사도 여기에 동참한다. 인간관계에서 흔히 발생하는 평범한 갈등이나 다툼, 긴장관계와 달리, 모빙은 체계적이고 의도적이며 지속적으로 집요하게 이루어진다. 모빙은 일회적 경험이 아닌 지속적인 일종의 행동 패턴이다. 직장에서 남성과 여성이 당하는 모빙의 정도는 비슷하다. 그러나 방식은 성별에 따라 다르게 나타난다. 남성은 주로 전문 분야와 관련되어 모빙을 당하는 반면, 여성은 사회적인 맥락에서 모빙을 당한다. 젊은 직원이 대개 전문 분야와 관련된 능력 때문에 비난을 받거나 조롱을 당한다면, 나이 든 직원은 활동 전반에 걸쳐 모빙을 당한다. 모빙 행위는 당사자에게 심각한 트라우마가 된다. 트라우마의 가장 흔한 원인은 사실 인간관계에서 일어나는 폭력적 상황이다. 모빙은 관계에서 일어나는 폭력이다. 피해자는 지속적인 트라우마의 경험으로 뇌중

추의 유전자 활동력이 변하고 신경생물학적 조직에 변화가 일어난다. 모빙으로 인한 트라우마를 치료하지 않으면 우울증이나 중독 질환(특히 알코올 중독)에 걸리는 경우가 많이 있다.

볼메라스(Wolmerath, 2000)의 『모빙 보고서(Mobbing im Betrieb)』에 따르면, 모빙의 진행 단계는 다음과 같다.

- 갈등 발생: 해결되지 못할 갈등이 발생하고, 여기에 대한 책임 회피가 발생하여 특정 인물에 대한 의도적인 공격이 시작된다.
- 정신적 테러의 시작: 갈등은 직원들 사이의 의견 대립을 일으키고, 의견 대립이 과도하게 부각된다. 한 직원이 조직적 비난의 대상이 된다. 당사자는 점점 고립되고 따돌림당하는 느낌을 받는다.
- 문제가 공공연해짐: 따돌림이 점점 노골화된다. 당사자는 굴욕감을 느끼고 자신감을 잃은 나머지 일에 집중하지 못한다. 따라서 일의 품질이나 성과가 나빠지고, 모빙을 당하는 직원은 결국 경고, 좌천, 해고 등을 당하게 된다.
- 퇴직: 모빙은 당사자가 직장을 떠남으로써 끝난다. 당사자가 더 이상 압박을 견디지 못하고 스스로 사표를 내거나 해고를 당할 수 있다. 그러나 여기서 끝나는 것이 아닌 신경질환 등 장기 치료를 요하는 증상에 걸리거나 직장 생활이 아예 불가능해지는 상태에 빠질 수 있다.

직장 안에서 발생하는 모빙의 문제를 해결하기 위해 직장 인형치료 모델은 먼저 직장체계의 변화를 통해 해결을 시도하며, 가해자의 도발이 일정한 경계를 넘지 않도록 제어하거나 가해자와 피해자가 거리를 두게 만든다. 동시에 피해자의 내면체계에 초점을 맞추어 손상된 자존감과 일에 대한 동기의 약화를 인식하게 만든다. 이러한 작업에서 필요한 것이 '객관화 작업'이다. 인형을 통해 나타나는 직장의 모습을 언어로 표현하기는 대단히 어렵다. 상징체계들이 갖고 있는 의식적 · 무의식적 의미를 탐색함으로써 자기의 현실과 가해자의 모습을 객관화하게 되어 피해자는 모빙의 상황에서 얻게 된 좁아진 시야를 확장시키게 되어 회복의 가능성을 얻게 된다.

6) 군 인형치료

(1) 배경

19세기 심리학의 발전 속에서 많은 나라가 군대에 심리학을 활용하려고 하였다. 군대는 한 나라의 국가 안보가 직결되는 곳으로 군대를 효율적으로 운영하기 위해 심리학이 사용되었다. 순수 학문 또는 민간에서 치료를 목적으로 연구되던 심리학이 두 차례의 세계대전을 통해 적극적으로 사용되었다. 독일에서는 심리전문가들이 운전병, 통신병, 도청병, 거리측정병 등 다양한 기능에 맞는 병사를 선발하기 위해 사용하였고, 전투 과정에 나타나는 심리적 결과 등 수많은 연구 과제를 수행하였다. 심리학이 활용된 곳은 유럽만이 아니었다. 미국에서도 제1차 세계대전 동안 신병 선발을 위해 만든 심리적 진단도구가 6개월 만에 이미 150만 회 이상일 정도로 활발하게 사용되었다. 제1차 세계대전 후 미국 군대에서 사용하던 심리검사도구는 학교와 산업체로 확대되어 사용되면서 발전을 가져왔다. 심리학을 가장 왕성하게 사용한 독일 군대는 제1차 세계대전 후에 심리학을 활용해서 사병과 장교 선발을 하였으며, 군대 심리를 담당할 군대 심리전문가를 선발하였다(Lueck & Miller, 2005). 1927년부터는 장교가 되기 위해서 심리전문가에 의해 복잡한 심리검사를 받아야 했다. 나치 군대는 특히 그 당시 다른 나라의 군대에서는 유례를 찾아볼 수 없을 정도로 많은 군대 심리전문가를 선발하여 군대 심리학의 황금기를 만들어 냈다. 사실 심리학은 두 차례의 세계대전을 통해 발전했다. 소위 '참전병 쇼크'로 명명된 '전쟁 외상 후 스트레스 장애'를 가진 수많은 퇴역군인을 대상으로 한 치료에서 오늘날의 다양한 치료 모델이 만들어지게 되었다.

독일 군대에서 심리학은 독자적인 한 영역으로 성장하였고, 이러한 모습은 다른 나라들에게 영향을 미치게 되었다. 오늘날 심리학은 군대에서 병사나 장교의 선발이나 직무와 관련된 기능을 검사하는 정도로 제한적으로 사용되지 않고, 병사의 심리적 문제와 갈등을 돌보고 적극적으로 치료하며 예방하는 기능까지 담당하고 있다. 우리나라에서는 과거 세대와는 달리 집단주의 문화 속에서 집단을 위한 충성과 헌신을 가치 있게 여기는 사회적 분위기가 아닌, 개인주의와 개인의 개성을 중시하는 분위기에서 성장한 젊은이들이 사병이 되고 있다. 서구는 집단주의 문화에서 개인주의 문화로의 전향이 매우 느리게 진행되었지만, 우리나라는 세계에서 유례를 찾아보기 어려울 정도로 급격하게 진행되었다. 집단의 충성심과 결속력 그리고 연대감이 중요한 군대에서 적응에 문제를 보이는 사병들이 발생하게 되고, 이들에 대한 적극적인 치료와 교육이 필요한 상황이다.

(2) 핵심 주제

군 인형치료는 무엇보다 군 생활에서 적응하는 데 문제를 가진 병사에 대해 치료적 도움을 제공할 수 있다. 대부분의 상담 모델이 언어적 전제를 통해 이루어지는 것에 비해, 인형치료는 상징체계의 활용을 통해 언어적 상담의 제한점을 보완할 수 있다는 장점을 갖고 있다. 심리치료는 어린 시절에 상처를 가졌던 사람은 성인이 되었을 때 유사한 상처를 경험하게 되면 한 번도 상처를 경험하지 못한 사람보다 훨씬 극복하기 어렵다는 전제에서 출발한다.

정신분석가 나지오(2011)는 자살을 시도한 한 대학생과 유명 연예인 간에는 공통점이 있는데, 그것은 두 사람 모두 어린 시절 경험한 상처를 다시 최근에 겪게 되었다는 것이라고 하였다. 군대생활에서 갈등을 느끼는 사병의 상당수는 그들의 근무지와 내무반의 개별적인 상황과 관계성에서 발생했다기보다는 그들의 갈등이 이미 오래전부터 시작되었다고 볼 수 있다. 어린 시절 가족에게 받은 상처 그리고 유년기와 청소년기 교실에서 왕따를 비롯한 상처에 노출된 사병은 일반 사병에 비해 더 높은 부적응과 갈등을 일으킬 가능성이 높다.

따라서 군대 문화에 제대로 적응하지 못하는 병사에 대한 치료는 그들의 생활공간과 근무지에 대한 변화와 더불어 병사 개개인의 가족사와 개인적 경험을 토대로 이루어져야 한다. 이러한 치료 작업 속에서 인형치료는 사병으로 하여금 단순히 군 생활 적응의 문제만이 아닌 개인적 성장을 위해 자기의 과거의 상처를 돌아보게 만들고 과거의 불행했던 경험을 현재 속에서 분리하는 작업을 수행하게 한다. 즉, 지금 느끼는 모순성과 갈등은 단지 주변 사람들 때문에 발생했다기보다는 오랜 미해결의 과제를 다시 직면한 것이라는 인식을 통해 자기 성장의 가능성과 기회를 제공하게 한다.

Chapter 03

인형치료의 주요 개념

1. 가족체계이론
2. 트라우마 가족치료
3. 심층심리학
4. 현상학

🐻 인형치료는 가족체계이론, 트라우마 가족치료, 심층심리학, 현상학의 이론을 바탕으로 만들어졌다. 먼저 가족체계이론을 통해서는 가족이라는 대상을 체계적 관점에 따라 바라볼 수 있게 되었으며, 문제 체계가 갖는 의미를 파악할 수 있게 되었다. 아울러 트라우마 가족치료의 주요 이론들의 영향으로 가족의 트라우마에 대한 깊은 통찰을 갖게 되었다. 사실 인형치료는 트라우마 가족치료의 원리를 개인상담에 적용하기 위해서 만들어졌기에 트라우마 가족치료의 기본 이론에서 큰 영향을 받았다. 심층심리학의 무의식과 상징의 개념을 통해 인형의 상징성과 무의식의 역동을 사용할 수 있게 되었다. 마지막으로, 인형치료는 인형을 통해 내담자의 문제와 갈등을 '지금-여기'의 공간에서 나타나게 하며 이를 통해 해결하려는 현상학적 치료 모델이다. 이러한 네 가지 이론의 영향을 통해 인형치료를 독자적인 치료 모델로 적용할 수 있게 되었다.

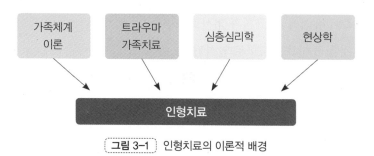

그림 3-1 인형치료의 이론적 배경

1. 가족체계이론

가족체계이론은 인간이란 고립된 존재가 아닌 끊임없이 서로 영향을 주고 받는다고 전제한다. 인간은 자기가 속한 가족, 집단과 사회에 의해 영향을 받으며 반대로 이들에게 영향을 미친다. 인간의 이러한 관계적 · 사회적 측면을 고려하는 치료 모델이 가족치료다. 인간은 무의식의 심리학인 심층심리학과는 달리 가족체계이론이 상호작용의 관계 안에 있다고 본다. 따라서 무의식의 심리학인 심층심리학과는 달리 개인의 정신역동에 초점을 맞추기보다 상호작용의 구조와 패턴에 집중한다.

문제를 개인이 아닌 가족 전체를 통해서 바라보는 이러한 시각은 내담자가 갖고 있는 문제에 대한 새로운 이해를 제공한다. 예를 들어, 아동이 우울증을 갖게 되면 그 증상은 가족 전체를 통해서 파악된다. 우울증 증상을 보이는 아동의 개인적 특성에서 문제의 원인을 찾기보다는 그 아동을 둘러싼 가족 전체를 관찰하는 것이다. 아동의 우울증은 이 가족이 가진 역기능적인 체계, 즉 그동안 가족이 유지해 온 규칙과 의사소통의 유형, 관계 형태 등이 잘못 구성되어 있는 것을 표현하는 도구로 인식된다.

가족 및 가족 구성원들의 문제와 갈등을 개개인의 특성에서 파악하지 않고 이들이 구성하고 있는 체계를 통해서 바라보고, 가족 구성원 중 한 명이 가진 증상을 문제체계의 상징으로 파악하려는 체계적 관점은 가족상담으로 발전한다.

1) 가족체계이론의 상담 모델

가족체계이론은 1950년대에 주로 미국을 중심으로 발전하였다. 1950년대는 심리치료의 태동기라고 볼 수 있다. 가족체계이론뿐 아니라 행동상담, 로저스의 내담자 중심 상담, 게슈탈트 상담 등이 태동하고 급격히 발전하던 시기가 바로 1950년대다. 이 시기에는 이러한 분위기를 타고 정신분석치료의 한계를 넘어 더 효과적으로 내담자들을 치료하려는 다양한 시도가 나타났다.

가족체계이론은 먼저 정신분석의 한계에서 시작된다. 데카르트의 사유체계, 즉 "나는 생각한다. 고로 나는 존재한다."라는 인간의 정신과 신체의 분리에 의한 이분법적인 사고체계는 정신분석의 단선적 사고에도 반영되어 있다. 여당과 야당을 나누고, 좋은 것과 나쁜 것을 나누는 이분법적 사고는 정신분석 안에서 원인과 결과의 분리로 발전한다. 그러나 이러한 이분법적 사고는 한계에 부딪히고 있다. 단순히 원인과 결과의 도식으로 파악할 수 없는 복잡함이 인간 체계에 존재하기 때문이다.

정신분석은 내담자의 문제를 해결하기 위해서 개인의 역동성과 개인의 문제에만 초점을 맞추었다. 내담자의 갈등과 문제, 증상은 오직 개인의 내적인 갈등에서, 개인의 감정에서 발생된 것으로 여겼다.

그러나 임상 현장에서 많은 상담사는 내담자를 치료하면서 내담자의 문제를 오직 내담자 개인에게만 찾으려는 치료 방법이 때로는 애매하고 효과적이지 못하다는 것을 경험하였다. 따라서 내담자의 문제를 개인의 감정과 갈등에서 찾으려는 이러한 기존 심리치료의 한계를 극복하기 위한 새로운 상담치료 방법이 시도된다.

1940년에 오스트리아 출신의 생물학자 베르탈란피(Bertalanffy, 1968)는 인간을 비롯한 모든 생물체의 행동을 포괄하는 일반체계이론을 발표한다. 이러한 체계이론을 바탕으로 한 가족 안에 있는 역기능적인 의사소통을 통해 가족구성원이 정신질환을 갖게 된다는 가족체계이론이 등장하게 된다. 일반체계이론 연구가들은 개인을 둘러싼 복잡한 환경과 체계에서 조현병의 원인을 찾았다.

캘리포니아의 한 도시인 팔로 알토는 오늘날 미국 첨단산업의 본거지인 실리콘밸리가 있는 곳이다. 일반체계이론의 연구가들은 미국의 실리콘밸리에서 발달한 기계공학 이론의 원리인 사이버네틱스 이론과 체계이론을 도입하여 가족을 연구하였다. 이 연구 집단의 리더이며 인류학자, 철학자, 가족치료 연구가인 베이트슨은 정신질환자가 병원에서 회복되고 상태가 좋아져서 퇴원하였을 때 많은 경우 집으로 돌아간 후 오히려 상태가 다시 악화되어 반복적으로 병원에 입원하는 것을 보았다. 그는 여기서 왜 병원에서는 상태가 좋아지고 집으로 돌아가면 다시 병이 재발하고 악화되는가를 관찰하였다.

베이트슨(1999)은 드디어 정신병을 가족을 둘러싼 사회적 체계라는 관점을 통해서 보았고, 정신병이 역기능적인 의사소통에서 발생한다는 것을 발견하였다. 이 역기능적인 의사소통을 '이중구속(double bind)'이라고 한다. 이중구속의 발견은 가족체계이론의 역사에서 획기적인 사건이자 가족상담의 시발점이었다고 볼 수 있다. 이중구속은 다른 말로 이중 메시지, 즉 역설의 의사소통이라고 불린다. 이 이론에 따르면 정신병은 부모와 자녀 간의 역기능적인 의사소통에서 발생한다. 정신병자는 단지 어떤 한 번의 놀라운 충격으로 정신병을 갖게 되는 것이 아니라, 지속적이고 반복적이며 역기능적인 의사소통을 통해 그러한 증상을 갖게 되는 것이다.

아동이 '이중구속'의 의사소통을 통해 모순된 이중 메시지에 직면하게 되면 이럴 수도 저럴 수도 없는 혼란에 빠진다. 이런 왜곡된 의사소통을 반복적으로 계속 접하게 되면 아동은 자신의 논리적 사고의 능력을 상실하게 된다. 그러나 모든 '이중구속'의 의사소통이 언제나 정신질환을 유발시키는 것은 아니다. 이러한 '이중구속'이 정신질환으로 연결되려면 '이중구속'에 장기간 반복적으로 노출되어야 하며, 가족처럼 피할 수 없고 달아날 수 없는 관계성을 전제해야 한다.

베이트슨과 동료들은 이와 같은 역기능적인 의사소통이 가족 안에서 한 구성원에게 조현병을 발생시키기는 한 원인이 될 수 있음을 발견하였다. 이 연구에 참여했던 잭슨(Jackson)은 자문가이자 슈퍼바이저로서, 후에 '가족항상성의 원칙'을 발전시켰다. 이 원칙에 따르면, 모든 가족 구성원은 가족 안에서 일정하게 균형을 유지하기 위해 각기 서로 유사한 행동양식을 갖고 있다. 예를 들어, 한 가족 구성원이 알코올 중독에 걸려 행동에 변화가 오게 되면 이것은 다른 가족 구성원들의 행동에도 영향을 미치게 된다. 이 가족은 한 가족 구성원의 변화에 대해 공격적인 태도로 반응하는 것과 같은 방식으로 가족 안에서 일정한 균형을 유지하려고 한다.

가족체계이론은 오늘날까지 미국과 유럽을 중심으로 다양한 가족상담 모델과 치료 기법을 통해 발전되어 왔다. 처음에는 사이버네틱스 이론과 체계이론을 배경으로 가족을 치료하던 사이버네틱스 제1규칙의 치료 방법을 가족상담이라고 불렀다. 이것은 거듭된 발전을 통해, 즉 사이버네틱스 제2규칙으로의 진보를 통해 이제는 체계가족상담이라고 불린다. 사이버네틱스 제1규칙의 가족상담은 1980년대 이전의 가족상담을 의미하며, 사이버네틱스 제2규칙의 가족상담은 그 후에 발전된 해결중심, 이야기 가족치료 등을 의미한다.

앞에서 살펴본 것처럼 가족체계이론은 정신분석이나 내담자 중심 상담과 같이 몇 명의 카리스마적인 인물에 의해 발전한 것이 아니라 다양한 인물에 의해서 시작되었고 발전되었다. 가족상담은 그동안 다양한 선구자들의 창조성을 통하여 발전되어 왔으며, 그들에 의하여 가족을 하나의 체계로 보는 가족상담 모델들이 발전되어 왔다.

1980년대 이전의 가족상담, 즉 사이버네틱스 제1규칙에는 보웬의 다세대 가족상담, 미누친(Minuchin)의 구조주의 가족상담, 사티어의 성장중심의 가족상담, 헤일리(Haley)의 전략적 가족상담, 팔라졸리(Palazzoli)의 밀란가족상담 등이 포함된다. 이러한 사이버네틱스 제1규칙의 모델들은 베르탈란피의 체계이론과 위너(Wiener)의 사이버네틱스 이론에 기초한다. 사이버네틱스 제2규칙에는 후기 밀란가족상담과 김인수(Insoo Kim Berg)의 해결중심 가족상담, 앤더슨(Anderson)과 굴리시안(Goolishian)의 언어적 가족상담, 화이트(White)의 이야기 가족상담 등이 포함된다.

2) 가족체계이론의 주요 개념

가족체계이론은 인간을 고립된 존재가 아닌 사회의 한 구성 요소로서 다른 사람과 끊임없이 상호작용하는 존재로 본다. 인간은 환경에 둘러싸여 있고, 스스로 그 환경을 이루는 대상이 된다. 여기서 환경의 변화는 개인의 변화로 이어진다. 따라서 개인의 문제는 그 개인의 잘못이 아니라 주변 환경에서 비롯된 것으로 본다. 즉, 인간의 갈등과 문제는 내면에서 발생하는 것이 아니라 외부적 환경을 통하여 발생한다는 것이다.

(1) 전체성

가족체계이론은 가족을 전체적인 시각으로 본다. 체계적 사고는 어떤 현상을 부분적으로만 보는 것이 아니라 전체적으로 보는 것이다. 전체에 대한 사고가 가족을 체계로 보는 관점을 형성한다. 예를 들어, 대학생 시절 미팅에서 맨 처음 호감을 느끼게 되는 사람은 외모가 좋은 사람이다. 그러나 사귀다 보면 외모가 전부가 아니며 성격, 집안 환경, 성장 배경, 비전 등이 맞아야 한다. 가족을 체계로 보는 시각은 이처럼 한 면만을 보는 것이 아니라 전체적으로 본다. 아울러 어떤 현상을 이해하는 데 있어서 어떤 한 가지 시각에만 근거하여 현상을 보는 것이 아니라 다양하고 통시적인 관점에서 다원적으로 보는 시각을 전체성이라고 한다.

(2) 개방체계와 폐쇄체계

가족체계는 폐쇄된 체계일 수 있으며, 아니면 유연한 개방체계일 수도 있다. 폐쇄된 체계는 관계구조가 고정되어 있고 엄격해서 변화가 불가능하다. 이러한 폐쇄된 체계에서 가족은 엄격하며 변화하지 않은 특성을 갖는다. 개방체계는 유연하며 순환하는 체계다. 개방체계에서 가족의 역할은 언제나 고정되어 있지 않고 유동적이므로 가족 간의 역할 교환이 가능하다.

(3) 가족체계의 피드백 과정: 긍정적 피드백(변화), 부정적 피드백(불변)

가족체계는 피드백 과정을 거쳐 관계를 맺는다. 피드백 회로는 체계가 기능하는 데 필수적이다. 폐쇄된 체계에서는 피드백 과정이 부정적이며, 체계를 동결시켜 변하지 않게 만든다. 이것을 다른 말로 '역동적인 동종요법'이라고 부른다. 체계를 바꾸려고 노력할수록 체계는 더더욱 동일한 것으로 남는다.

예를 들어, 한 가족의 아버지는 알코올 중독자다. 이 아버지는 자주 폭음을 하고 이렇게 폭음을 한 다음 날은 직장에 갈 수 없었다. 어머니는 회사에 전화를 해서 오늘 남편이 몸이 안 좋아서 회사에 갈 수 없다고 말한다. 아이들은 정말 아버지가 아픈지 물어볼 수가 없고 그냥 아프다는 것을 믿는 척한다. 가족이 의도적으로 아버지가 회사에서 실직당하지 않고 계속 다니게 하기 위해서, 즉 경제적 안정을 유지하기 위해서 거짓말을 함으로써 아버지의 알코올 중독 행위를 인정하는 것이 된다. 더 나아가 아버지가 술을 마셨을 때마다 행하는 폭력에 대해서도 침묵하고 부정해야 한다. 아이들이 보면서도 못 본 척하는 이러한 체계는 가족을 겨우 지탱시키지만 변화는 불가능하다. 즉, 이 사례는 폐쇄된 가족체계의 악순환 과정이다. 이 체계의 피드백 과정은 부정적 피드백이다. 긍정적 피드백은 변화 가능한 피드백이다. 이것은 새로운 행동방식을 수용하고 변화시키도록 한다.

(4) 가족체계의 규칙

가족체계는 체계를 움직이는 일정한 규칙을 가지고 있다. 즉, 가족은 재정, 가사, 자녀양육, 정서, 직업, 성과 관련된 다양한 규칙을 갖고 있다. 이러한 규칙들은 결혼과 함께 시작된다. 이제 막 결혼한 남자와 여자는 그동안 함께 살아온 원가족의 규칙이 몸에 배어 있다. 이들은 결혼 초에 그들에게 익숙한 가족 규칙을 주장하게 되지만, 서로 절충 과정을 통해 새로운 규칙을 형성해 나간다. 여기서 성숙하지 못한, 또는 분화되지 못한 부부는 과거 가족의 역기능적인 규칙을 다시 만들어 간다.

건강하고 기능적인 가족 규칙은 부부와 자녀에게 정서적 안정을 주지만 그렇지 못하면 가족 모두에게 스트레스와 문제 갈등을 가져다준다. 가족 규칙이 경직될수록 가족체계는 폐쇄적이고 무감각한 동면 상태가 된다. 이러한 동면 속에서 가족은 고착된다. 각자의 역할을 수행하는 것이 가족의 역기능 상태를 오히려 유지시키게 된다. 건강한 가족에게는 건강한 규칙이 있다. 건강한 가족의 규칙은 유연하고 순환하며, 건강한 역할은 언제나 상호 교환이 가능하다.

(5) 가족항상성

생물학자인 베르탈란피는 세포를 연구하면서 세포가 스스로를 통제할 수 있다는 것을 알게 되었다. 인간의 몸은 수많은 세포로 이루어져 있으며, 그 하나하나의 세포들은 스스로 자신을 통제하고 조절할 수 있는 능력이 있다. 한 세포가 증식하다가 다른 세포를 만나게 되면 증식을 멈추고 다른 세포들과 균형과 조화를 이룬다. 이렇게 세포는 자신을 통제하여 다른 주변 세포들과 더불어 산다. 여기서 세포가 조절 능력을 상실하고 계속 증식하면 이것이 바로 암세포다. 하나의 작은 세포도 서로 상호작용을 하여 체계를 일정하게 유지한다. 인간의 최하위 단위인 세포마저도 스스로 자기 체계를 유지시키고 다른 세포와 조화를 이루는 능력이 있다는 것이다.

그렇다면 이런 세포들의 조합인 인간은 역시 자신을 스스로 통제하고 유지할 능력이 있을 것이다. 땀은 어떻게 나는 것인가? 체온이 올라가면 몸은 수분을 내보내 체온을 내리게 된다. 우리가 명령을 내리지 않아도 우리의 몸은 스스로 조절과 통제를 위해 땀을 흘린다. 이런 통제와 자기조절 능력은 사회의 가장 기초적인 단위인 가족 역시 갖추고 있다. 가족은 항상성의 법칙에 따라서 가족이 가진 규칙과 질서, 분위기를 스스로 통제하고 조절하여 나간다.

가족항상성은 가족을 이끄는 원심력이다. 가족항상성의 원칙에 따르면, 모든 가족 구성원들은 가족 내의 균형을 일정하게 유지하기 위해 서로 유사한 행동양식을 갖게 된다. 가족은 일정한 균형을 유지하기 위해 한 가족 구성원의 변화에 대해 공격적인 태도로 반응하기도 한다. 이러한 항상성은 가족의 일정한 습관 등으로 이해될 수 있다. 가족은 항상성의 법칙에 의해 가족의 문제를 계속 유지한다. 가족항상성은 가족 간의 느낌, 안정감, 생산성, 친밀감과 관계의식, 통합된 구조의식, 책임감, 도전과 자극의 욕구, 기쁨과 긍정의 욕구 등 모든 가족의 심리적 욕구와 일상에서 나타나게 된다.

한 가족은 언제나 일정한 긴장과 갈등 상태를 유지하려고 한다. 본인들은 힘들고 변화하고 싶어 하지만 정작 언제나 긴장과 갈등 상태를 만든다. 이것이 가족항상성이다. 이 항상성 개념은 가족의 문제와 증상이 어떻게 계속 유지되는지, 그리고 일정하게 패턴화된 증상의 원인이 무엇인지를 설명해 준다.

(6) 모빌로서의 가족

가족은 하나의 모빌과 같다. 아기의 침대 위에 걸려 있는 모빌을 생각해 보자. 형형색색 여러 가지의 모양을 한 조각들이 모빌을 구성한다. 아기의 울음을 그치게 하려고 모빌 조각 하나를 손가락으로 툭 건드려 보자. 분명 한 조각을 건드렸을 뿐이지만 그 조각만이 아니라 모빌 전체가 움직인다. 가족은 이런 것이다. 인간은 가족 안에서 고립된 존재가 아니라 가족의 한 구성 요소로서 다른 가족들과 끊임없이 상호작용을 한다.

가족은 하나의 유기체와 같이 서로 끊임없이 상호작용하기 때문에 가족의 위기와 갈등의 원인을 한 구성원에게서만 찾을 수는 없다. 가족의 변화도 마찬가지다. 문제에 대한 책임을 구성원 한 사람에게 전가하는 것이 아니라 가족 환경을 변화시키고 가족 전체의 체질을 개선할 때 가족은 변화할 수 있다. 이런 체질 개선에서 가장 중요한 사항은 유지해 오던 관계와 소통의 방식을 변화시키는 것이다. 모빌과 같은 가족 안에서 누군가의 고통은 다른 가족 모두에게 부정적인 영향을 준다. 반면에 누군가의 발전과 회복은 다른 모든 가족 구성원들에게 긍정적인 영향을 미친다. 가족은 상호작용을 통해 가족 안에는 일정한 행동양식과 언어적 습관 그리고 가족들 간의 일정한 관계 형태를 형성하게 된다.

한 가족이 오랫동안 상호작용을 통해 유지해 온 독특한 가족 문화는 가족의 규칙이 된다. 만일 한 가족이 문제를 가지고 있으며 이것이 특정 가족 구성원을 통하여 나타난다면, 이 문제의 해결은 그동안 가족 구성원들이 유지해 온 가족 규칙의 변화를 통해서만 이루어질 수 있다. 문제를 개인이 아닌 가족 전체를 통해서 바라보는 이러한 시각은 내담자가 갖고 있는 병리적 증상에 대한 새로운 이해를 제시한다.

(7) 순환성

앞서 언급했듯이, 가족은 모빌과 같아서 서로 끊임없이 영향을 주고받는다. 이러한 상호작용의 원리 앞에서 무엇이 행동의 원인이고 결과인지를 밝히려는 것은 무의미하게 된다. 즉, 모든 행동이 상호작용의 흐름 안에서 원인이 되고 결과가 되는 것이다.

예를 들면, 남편의 지나친 음주 습관으로 늘 골치가 아픈 부인은 남편의 음주에 대해서 잔소리를 심하게 한다. 남편은 부인에게 잔소리를 들을 때마다 스트레스를 받고 폭음을 하고 집에 돌아온다. 술에 취해 들어온 남편을 본 부인은 남편에게 더 잔소리를 한다. 아침에 부인의 잔소리를 들은 남편은 역시 홧김에 그날도 술에 취해 들어온다. 부인이 잔소리를 하면 할수록 남편의 음주는 더 늘어 가고, 이에 따라 부인의 잔소리도 더 심해진다.

이러한 행동의 순환은 어느 것이 원인이고 결과인지 구분하기 어렵다. 즉, 부인의 잔소리가 원인인지 아니면 남편의 술 마시는 버릇 때문인지 판단하기 어렵다. 왜냐하면 둘 모두가 서로 영향을 주고받으며 순환하는 관계이기 때문이다.

3) 원가족과의 갈등

대부분의 심리치료사는 내담자에게 어린 시절이 어떠했는지에 대해 묻는다. 어린 시절은 성인처럼 세련된 방어기제를 사용하기 이전의 시기다. 어린 아이는 불완전한 조건들과 상황 등을 헤쳐 나가야 했고, 이때 사용한 자기보호기제는 익숙한 대처기제가 되어 성인이 된 후에도 무의식적으로 반복하게 된다.

가족체계이론은 어린 시절을 탐색하기 위해 원가족의 개념을 만들어 내었으며, 원가족의 문제를 다루기 위해 원가족과의 갈등을 다음의 두 가지 차원에서 다룬다. 하나는 원가족에서 경험했던 경험과 그에 따른 영향으로 인해 현가족 안에 갈등이 발생하는 경우다. 다른 하나는 두 남녀가 결혼하여 새로운 가족을 형성하였지만 부부의 원가족의 간섭으로 인해 경계의 침해가 발생하여 가족 갈등이 발생하는 경우다. 우리는 원가족과의 갈등에 대한 이러한 두 가지 차원에서의 접근 방식을 통해 원가족과의 갈등에 대한 치료적 접근을 시도하게 될 것이다.

(1) 원가족은 무엇인가

원가족(family of origin)은 한 개인이 출생하여 양육된 가족을 의미한다. 즉, 개인이 신체적 · 심리적 · 정서적 소속감을 가지는 가족으로 어린 시절의 대부분을 보낸 가족이며, 결혼을 통해 새로운 가족을 형성하기 이전까지의 가족이다. 한 개인은 원가족체계 안에서 관계 유형과 의사소통 방식을 형성하며, 이 것은 대인관계와 새로운 가족관계에 깊은 영향을 미친다. 사티어는 부부를 '가족의 건축가'라고 말한다. 가족의 건축가인 두 사람은 원가족의 영향이라는 각자의 청사진을 갖고 있다. 어린 시절 원가족 안에서의 경험들은 성인이 되어 부부가 되고 부모가 되었을 때 상호작용하는 방식의 청사진으로 작용한다.

부부는 서로 다른 환경에서 자라 온 두 남녀가 결혼을 통해 이전 가족으로부터 분리되어 생활을 함께하는 관계다. 부부는 결혼 생활의 상호작용을 통해 새로운 가족의 규칙과 관계 패턴을 형성하게 되는데, 이러한 과정에서 원가족의 경험은 부부관계에 중요한 영향을 미치게 된다. 청사진으로서의 원가족 경험은 부부에게 의사소통의 방법과 관계 유형, 자녀의 성장과 발달을 위한 부모의 역할, 부부 각자의 역할에 대한 기대감, 부부의 친밀감의 표현 방식, 가족의 내적 · 외적 스트레스에 대한 대처 방식, 갈등의 대응 방법 등 다양한 영역에서 영향을 미친다. 한 개인과 가족에게서 원가족이 많은 영향을 미친다는 점에 대해서는 강조점과 바라보는 시각의 차이가 존재하지만, 대부분의 가족치료 모델이 동의하고 있다.

다세대 가족치료에서 보웬은 자아분화의 개념을 통해 원가족의 영향을 설명하는데, 원가족으로부터 자아분화가 덜 이루어진 부부가 어떻게 불행한 결혼 생활을 하게 되는지에 대해 기술한다. 맥락적 가족치료에서 보소르메니-나지는 현가족의 문제가 원가족과 관련되어 있으며, 이것은 세대 간 전수의 패턴과 연결된다고 주장한다. 경험적 가족치료에서 사티어는 역기능적 가족이 자존감이 낮은 두 남녀에게서 비롯된다고 본다. 사티어는 한 개인이 갖는 자존감은 원가족 안에서 형성되어 세대 간에 전수되는 것으로 본다. 구조적 가족치료에서 미누친은 부부관계는 원가족의 하위체계로서 원가족과 밀접한 관계를 맺고, 새로운 가족 내에서 과거 원가족에서의 경험 패턴을 반복한다고 본다. 전략적 가족치료에서 헤일리는 가족의 갈등과 위기의 원인은 원가족의 개입과 간섭으로 인한 위계질서의 혼란이라고 본다. 이렇듯이 대부분의 가족치료 모델은 원가족에 대한 시각의 차이는 존재하지만, 원가족이 현재의 가족관계에 깊은 영향을 주며 더 나아가 가족 갈등과 문제의 주요 원인이 된다고 본다.

(2) 원가족에서의 경험으로 야기된 갈등

여기서는 원가족과 현가족이 어떻게 상호작용을 하는지에 대해 알아보고, 이러한 상호작용을 통해 만들어지는 다양한 가족의 갈등 메커니즘을 살펴본다.

① 원가족의 역기능적 결혼 생활의 세대 간 전수

사티어는 역기능적 가족의 부부는 불행했던 자신의 부모와 비슷한 결혼 생활을 하려는 경향을 가지며, 이것은 원가족의 가족 패턴을 따르기 위해서라고 말한다. 원가족의 관계역동은 되풀이되는 패턴(recurring pattern)을 가지며, 이 것은 가족 안에서 개개인의 특징과 관계역할을 통해 한 세대에서 다음 세대까지 반복된다.

단순히 말하면, 가족 내에서의 관계역할은 특정한 행동과 행위, 반응을 하도록 규정짓는 고착된 관계 패턴이다. 그것은 변화하는 환경과 상황에 대한 자유로운 선택에 의한 반응이라기보다는 습관적인 반응이다. 가족 구성원은 가족체계 안에서 서로에게 일정한 역할을 떠맡기는데, 원가족을 떠나 새로운 가족관계를 형성하여도 과거 역할의 기억은 지워지지 않고 각인되어 있다. 원가족의 관계역할을 반복하는 패턴은 자기와 비슷한 정서와 문제를 가진 사람에게 끌리는 것에서 비롯된다. 남녀는 원가족에서의 익숙한 역할을 하는 사람, 그리고 그러한 역할을 자신에게 행하게 만드는 사람에게 끌린다.

원가족에서 부모의 불행한 결혼 생활을 경험하였던 자녀는 성장하여 부모와 유사하게 불행한 결혼 생활을 할 가능성이 높다. 보웬은 가족을 정서적 체계로 보는데, 집에 살거나 떨어져 있는 모든 가족 구성원들은 현재의 핵가족 정서체계 안에서 살아간다고 말한다. 핵가족 정서체계는 다세대적 개념으로, 개인이 원가족으로부터 학습된 방식으로 타인과 관계를 맺게 되며 결혼 선택을 통해 가족의 정서체계를 다세대에 걸쳐 반복함을 의미한다. 보웬은 이러한 원가족의 가족 패턴을 따르려는 경향은 먼저 배우자의 선택에서 시작된다고 본다. 이것을 귀향증후군(the going home syndrome)이라고 부른다.

② 원가족 경험에 대한 보웬의 다세대 가족치료의 이론

현가족의 문제가 어린 시절의 원가족 경험과 깊이 연결되어 있다는 견해는 보웬의 다세대 가족치료에서 강조되고 있다. 보웬은 가족치료의 초점을 핵가족에게만 한정하지 않고 원가족으로 관심을 확장했는데, 원가족에 대한 그의 관심은 4, 5세대까지 거슬러 올라가며 이러한 원가족에 대한 정보는 치료에서 중요하게 다루어졌다. 그의 이론을 구성하는 일곱 가지 주요 개념, 즉 자아분화, 삼각관계, 핵가족 정서체계, 가족투사 과정, 세대 간 전수 과정, 정서적 단절, 사회정서적 과정은 개인의 원가족 경험과 깊은 연관을 갖고 있다.

보웬(1976)의 치료적 목표는 자아분화 수준을 변화시키는 것에 있다. 자아분화 수준은 어린 시절 원가족의 분화 정도와 정서적 분위기에 의해서 결정되는 것이다. 자아분화 수준은 과거 세대의 부모, 현세대의 배우자, 미래 세대의 자녀들과 정서적으로 얽힌다. 보웬은 인간의 삶에는 만성적인 불안이 존재한다고 보는데, 불안이 심할수록 가족 구성원들은 다른 사람과 정서적으로 가까워지려고 하거나, 아니면 정서적으로 거리를 두려고 한다고 본다.

보웬은 자아분화 수준이 낮은 경우 상황적인 불안이나 만성적인 불안에 직면하면 연합에 대한 압력이 증가해서 융합이 일어나고 지나친 융합은 여러 형태의 역기능을 일으키게 된다고 말한다. 즉, 불안이 증가하면 두 배우자 중에 한 사람이 갈등을 겪고 있을 때 자기의 입장을 지지해 줄 제삼자를 찾게 된다. 이러한 타인과의 융합을 통한 삼각관계는 오히려 해결을 방해한다. 삼각관계는 갈등의 열기를 식힐 수는 있지만, 그 자리에 얼어붙게 만들어 가족의 갈등을 더욱 지속시키게 한다. 여기서 점점 불안은 계속되고 더 많은 가족 구성원들은 점점 더 불안해지는 감정적 싸움에 휘말리게 된다. 결국 부부는 결혼 전의 출발 지점인 원가족의 관계 패턴을 반복하게 되고 원가족에서 비롯된 정서적 융합은 계속해서 전수된다.

보웬의 이론 중 원가족 경험의 영향에 대해서 깊게 다루는 개념은 핵가족 정서 과정과 가족투사 과정, 다세대 전수 과정이다. 핵가족 정서 과정이란 개인이 원가족으로부터 학습된 방식으로 타인과 관계를 맺게 되며 자기와 자아분화 수준이 유사한 배우자의 결혼 선택을 통해 가족의 정서를 다세대에 걸쳐 반복하게 됨을 나타낸다. 즉, 핵가족 정서 과정이란 해소되지 못한 불안이 개인에게서 다른 가족 구성원들에게 투사되는 과정이다. 결혼하기 전에 분화되지 못한 사람은 불안을 더욱 심하게 느껴서 부부관계에서 어려움을 경험한다. 정서적 불안 때문에 이들은 부부간의 갈등과 정서적 거리감을 가지며, 자녀에게 문제를 투사하여 삼각관계를 형성하는 등으로 미성숙하게 불안을 해결하려고 한다.

보웬에 따르면, 역기능 가족의 딜레마는 자아의 미분화 상태가 부부 중에 한 명에게만 나타나는 것이 아니라 두 사람 모두에게 나타난다는 것이다. 가족체계에서 가장 중요한 구성 요소는 부부의 관계다. 부모의 관계가 가족에서 제일 중요한 관계이며, 그 가족의 행복과 불행의 근본 원인이 된다. 가족의 갈등과 문제는 원가족으로부터 분화가 덜 이루어진 두 남녀가 만나 결혼함으로써 야기된다. 가족에 관한 비극 중 하나는 문제 있는 남녀가 자기와 동일한 수준의, 혹은 그보다 더 심한 수준의 기능장애를 가진 사람을 만나게 되는 경우가 많다는 사실이다. 그래서 원가족의 경험을 여러 세대에 걸쳐 전수하는 악순환의 고리는 끊기지 않고 이어진다. 이러한 두 사람은 각자 다른 역기능을 갖는 새로운 역기능 가족을 만들게 된다. 이렇게 여러 세대에 걸쳐 내려오는 역기능은 상당히 치유하기가 어렵다. 다른 종류의 정서적 장애를 가진 배우자를 만나 결혼함으로써 세대 간에 이런 패턴이 반복하게 된다. 가족 구성원들은 보통 자신들이 경험하였던 원가족에서의 관계 방식을 결혼 후에도 계속 이어 간다. 때로는 어떤 사람은 원가족에서 부모의 관계 방식을 보고 절대로 이렇게 하지 않겠다면서 정반대의 방식을 취하는 사람이 있다. 그러나 이러한 것도 결국은 부모에게 영향을 받은 결과라고 말할 수 있다.

보웬의 이론 중에 원가족과 깊은 관련이 있는 개념인 가족투사 과정이란 부모 자신의 낮은 분화를 자녀에게로 전수하는 것을 의미한다. 즉, 분화가 덜 이루어진 부모는 가족체계를 안정시키기 위해서 무의식적으로 자녀 중 한 명을 투사 대상으로 선택하여 원가족에서부터 시작된 정서적 불안과 미성숙한 결혼 생활의 패턴을 자녀에게로 이어지게 한다는 것이다.

또한 다세대 전수 과정이란 원가족 안에서 존재하였던, 분화되지 못하고 불안과 스트레스에 대한 대처기제가 부족한 미성숙한 가족관계 패턴을 대를 이어 다음 세대에 전수하는 것을 의미한다.

③ 원가족에서의 미해결 과제의 해결과 결혼 생활

보소르메니-나지의 오랜 동료였던 독일 하이델베르크 대학교의 교수인 스티얼린(Stierlin, 1982)에 따르면, 부부는 원가족에서 해결하지 못한 미해결 과제를 결혼 생활을 통해 해결하려 하는 경향이 있다. 그는 이러한 사례로 히틀러(Hitler)가 원가족 안에서 경험한 갈등이 성인이 된 그를 어떻게 잘못된 길로 인도했는가를 고찰하면서 원가족에서의 미해결 과제를 현가족 안에서 해결하려는 경향을 설명하였다.

필자의 임상 경험 중에서도 어린 시절 아버지를 일찍 여읜 여성이 성인이 된 후 결혼 생활에서 남편에게 과도한 실망감과 좌절을 호소하는 경우가 있었다. 내담자는 남편의 냉담함과 친밀감의 부족을 호소하였으며, 상담을 하던 중에 남편에게 느끼는 과도한 실망감의 기원이 남편 자체이기보다는 어린 시절 아버지에게 받지 못한 사랑과 친밀감에 있음을 알 수 있었다. 내담자는 아버지에게 받지 못한 사랑과 친밀감을 무의식적으로 남편에게 기대하였지만 남편은 그 기대를 채워 주지 못하였다. 상담을 통해 남편에 대한 실망감이 객관적인 남편의 행동에서 기인한 것이 아니라 자신도 모르게 기대한 아버지의 역할을 해 주지 못한 부분에 대한 실망감임을 알고 해결된 사례다.

스티얼린(1982)은 원가족의 미해결 과제를 해결하기 위해 대부분의 부부는 자녀를 이용한다고 말한다. 그는 부모가 어떻게 자녀를 이용하여 미해결 과제를 해소하는지를 '파견(delegation)'이라는 개념을 통해 설명한다. 스티얼린

(1992)은 보소르메니-나지의 충성심 개념과 유사하게, 부모가 자녀를 돌봄으로써 자녀는 부모에 대한 신뢰와 사랑을 갖게 된다고 말한다. 자녀는 부모에게서 받은 돌봄을 같은 방식으로 돌려줄 수는 없지만 부모에게 충성심(loyalty)을 보임으로써 은혜를 갚으려고 한다. 부모가 자녀에게 비현실적인 기대를 하면 자녀는 충성심을 통해 부모가 바라는 것을 행한다. 예를 들면, 공부를 많이 하지 못한 것에 대한 한을 갖고 있는 부모는 자녀가 열심히 공부해서 좋은 학력을 갖기를 기대한다. 자녀는 부모의 강압적인 방식을 통해 공부를 하게 되고 자녀는 자신의 욕구에 충실하기보다는 부모의 기대에 먼저 반응하면서 성장하게 된다.

스티얼린은 이처럼 부모가 자녀의 충성심을 이용하여 자신의 욕구를 충족하려고 한다고 말한다. 특히 부모 중 한 사람이 원가족에서 미해결 과제나 실패한 욕구를 갖게 되면 자녀는 어머니나 아버지의 이루지 못한 꿈을 실현시키기 위해 '파견'된다. 이 경우 자녀는, 예컨대 의사, 법관, 교수, 목회자, 스포츠 스타가 되어 부모가 이루지 못한 꿈을 완성해야만 한다. 자녀가 하나의 사명을 안고 파견되는 사절단처럼 반드시 이루어야 할 과제를 떠맡게 된다. 이 과제를 떠맡은 자녀가 자신에게 주어진 사명에서 벗어날 수 있다고 해도 그것은 심한 죄책감 속에서만 가능하다.

스티얼린은 이와 관련해서 '탈출죄'라는 표현을 쓴다. 이것은 자녀가 부모에게 부여받은 사명을 다 완수하지 못하는 경우 평생을 통해 깊은 죄책감에 시달린다는 것이다. 여기에는 부모에 대한 자녀의 충성심과 부모에 의한 착취의 도식이 존재한다. 스티얼린은 자녀가 아주 이른 나이에 파견되었지만 주어진 사명을 완수하지 못했을 때는 정신장애와 같은 증상을 보인다고 한다. 스티얼린은 부모에게 미해결 과제가 있다면 이것을 자녀들에게 투사할 수 있다고 본다. 즉, 자신들이 해결할 수 없었던 욕구를 자녀를 통해 해결하려고 시도한다는 것이다.

여기서 헬링거(1997)는 이러한 부모의 미해결 과제가 자녀의 삶에 얽힘

(Verstrickung)으로 작용하고, 자녀는 자신이 진정으로 원하는 것을 희생하면서 자신의 것이 아닌 부모의 미해결 과제로 인해 고통당하게 된다고 말한다. 이것은 자녀로 하여금 자신의 삶을 제한하게 만들고 자기가 진정으로 원하는 삶을 사는 것을 방해한다. 부모에 의해 착취당한 자녀의 충성심은 자녀로 하여금 자신의 욕구를 제대로 돌보지 못하는 결핍된 상태로 성장하게 한다. 자녀가 부모의 미해결 과제를 성취했다고 해서 여기에서 해방되는 것이 아니다. 자녀가 부모의 미해결 과제를 해결하더라도 얻을 수 있는 것은 그것뿐이다. 자녀는 그동안 남을 위해 살아온 것이지 자기를 위한 삶은 존재하지 않았으며, 뒤늦게 자기를 위한 삶이 허용되어도 이를 제대로 누리지 못한다.

(3) 원가족의 간섭으로 인한 갈등

여기서는 어린 시절, 과거의 원가족이 아닌 실제적 원가족이 현가족에 대해 간섭하거나 영향을 미치는 것에서 발생하는 갈등과 문제를 서술하고자 한다.

미누친(1987)은 가족은 가족 구성원들이 상호작용하는 방식을 조직화하는 가족구조를 가진다고 말한다. 가족 내에서 반복되는 상호 교류에 의해 언제, 어떻게, 누구와 관계를 맺는지에 관한 유형이 만들어지며 이들 유형에 의해 가족체계가 유지되어 간다. 가족체계는 하위체계(subsystem)로 분화되고, 분화된 하위체계를 통해 가족체계 전체의 기능을 수행하게 된다. 가족 구성원은 가족 내의 하위체계에 속하게 되고 상호 교류를 유지한다. 가족에는 부부 하위체계, 부모-자녀 하위체계, 형제 하위체계가 존재하고, 하위체계 간 경계가 불분명하여 서로 깊이 밀착되거나, 반대로 너무 경직될 경우에는 가족 안에서 의사소통이 어렵고, 가족의 보호기능이 손상되면서 역기능이 발생한다.

하위체계의 경계선은 누가 어떻게 참여하는가를 규정하는 규칙이다. 가족이 적절하게 기능하기 위해서는 하위체계의 경계선이 분명해야만 한다. 경계선은 가족에게는 울타리가 된다. 하위체계 간에 분명한 경계선을 가진 가족은 서로 적절한 친밀감과 자율성을 갖고 있으며, 가족의 문제와 변화에 융통성 있게 대응할 수 있다. 따라서 하위체계 내에서 명확한 경계선을 가진 원가족에서 성장한 부부는 가족관계 안에서 친밀감과 자율성을 경험할 수 있으며, 행복한 결혼 생활을 유지할 수 있다. 그러나 원가족과 밀착 또는 경직된 경계선을 가진 경우에는 친밀감과 자율성을 경험할 수 없으며, 가족 갈등과 문제를 갖게된다.

원가족과 분명한 경계선을 형성하지 못해서 발생하는 갈등의 대표적인 것이 고부갈등 또는 옹서갈등이다. 고부갈등이나 옹서갈등은 원가족과의 갈등으로, 부부의 갈등 및 불화의 중요한 원인이다. 특히 고부갈등은 우리나라에서 이혼상담 사유의 28.1%를 차지할 만큼 부부관계의 중요한 갈등 사유이며, 이혼 사유의 두 번째에 해당할 정도로 부부관계에 중요한 요소로 작용한다(한국가정법률상담소, 2002).

미누친(1987)의 구조적 가족치료적 관점에 따르면, 고부갈등과 같은 원가족과의 갈등은 각 하위체계 간의 명확하지 않은 경계선의 결과다. 원가족의 지나친 간섭은 부모-자녀 관계에서 불분명한 경계선을 갖고 있는 얽힌 관계로서 이해될 수 있다. 부친고립형의 가족체계 속에서 삼각관계를 형성하였던 모자-모녀의 관계가 불분명한 경계선을 갖고 혼동된 관계를 유지하면, 이와는 대조적으로 부자-부녀의 관계는 경직된 관계가 된다. 이처럼 가족 구성원들이 지나치게 밀착되거나 경직된 가족 경계선을 가질 경우 자녀는 원가족에 대한 적절한 자율성을 갖지 못하고 가족의 위기 속에서 문제를 해결하는 대처 능력을 발전시키지 못한다. 자녀는 자연히 어머니와 밀착된 공생적 관계를 형성하며 성장하게 된다. 그런 아들과 딸이 성장하여 결혼을 하게 되면 며느리와 사위는 오랫동안 유지해 온 어머니-아들, 어머니-딸 사이의 공생적 관계에 대한 변화를 촉진하는 존재가 된다. 부모와의 관계에서 공생적 관계를 형성한 부부는 원가족으로부터 더욱 쉽게 영향을 받으며 원가족의 개입과 간섭에 노출된다.

4) 가족 희생양화의 메커니즘

가족체계이론에서 가족의 문제와 자녀의 갈등을 효과적으로 설명하는 이론에 가족 희생양화의 메커니즘이 있다. 스티얼린이 말한 자신의 미해결 과제를 해결하기 위해 자녀를 활용할 경우 자녀는 가족 희생양이 되며, 이렇게 희생양이 된 자녀는 성장해서 결혼을 하여 다시 희생양화를 반복한다. 이러한 악순환은 원가족 내에서 기원한 역기능적 갈등의 대응 메커니즘을 반복적으로 사용하게 하며, 결과적으로 희생양을 재생산하게 한다.

희생양(scapegoat)은 구약성서에서 등장하는 말로, 지라드(Girard, 2007)는 성서 외에도 여러 신화와 설화 속에 '희생양 메커니즘'이 존재한다고 말한다. 지라드의 견해에 따르면, 희생양 메커니즘은 인류의 모든 곳에서 문화와 시대를 초월하여 문제와 위기에 대처하던 메커니즘이다.

우리는 가족체계 안에서도 가족 희생양화의 메커니즘을 발견하게 된다. 가족이 그들의 가족항상성을 유지하기 위해 가족 구성원들 중 한 명을 이용하는데, 여기서 이용당한 가족 구성원이 가족 희생양이 된다. 성서에서 나오는 이스라엘 희생양 제의에서 희생양이 의미하는 것처럼, 가족 희생양은 가족을 위한 봉사자 또는 구원자다.

가족 희생양이 만들어지게 되는 주요 동기는 부부갈등이다. 가족 희생양은 부부갈등이 있음에도 불구하고 가족체계를 안정화시키는 힘으로 작용한다. 부부는 부부간의 갈등으로 발생하는 긴장과 불안을 해소하지 못하며, 이를 위해 가장 쉬운 방법인 희생양을 찾아서 긴장과 불안을 해소하려고 한다. 역기능의 세대 간 전수의 순환 속에서 정서적으로 미성숙한 두 부부는 서로의 문제를 기능적으로 해결할 수 있는 자원이 부족하기 때문에 자신들과 갈등이 있는 자녀에게 투사하여 결혼 생활의 문제를 역기능적으로 유지한다.

(1) 원가족에서의 가족 희생양

보소르메니-나지와 스파크(Boszormenyi-Nagy & Spark, 1973), 보웬(1990) 그리고 필라리(Pillari, 2007)에 따르면, 가족 희생양은 원가족의 세대 간 전수의 패턴 속에 놓여 있다. 이러한 맥락 속에서 볼비(Bowlby)는 "아동기에 부모의 애정결핍으로 고통받았던 자녀 역시 부모가 되면, 자기 자신을 결핍으로 이끌었던 상황을 똑같이 재생산하는 경향을 보인다."(Jackson, 1995, p. 296)고 말한다. 볼비는 자녀가 부모처럼 역기능을 재현하는 경향이 나타나는 것은 자녀가 스스로를 부모와 동일시하기 때문이라고 여긴다. 부모는 이러한 동일시의 과정을 통해 심각한 개인적 갈등이나 부부간의 갈등을 겪을 때 이 갈등을 자녀에게 투사하는 것을 전수받게 된다. 세대 간 전수의 패턴 속에서 부모는 문제가 있는 결혼관계에서 화합을 유도하기 위해 자녀 중 한 명에게 대인관계상의 긴장과 갈등을 투사한다. 그러면 그 자녀는 갈등의 짐을 대신 지는 위치에 서게 되고, 그 결과 갈등이 우회하게 되는 삼각관계에 놓이게 된다.

부부갈등이 존재하는 가족 안에는 해결되지 않은 긴장이 있다. 이러한 긴장은 너무 심각해서 해소되지 않고서는 가족이 잘 지낼 수 없다. 긴장을 해소하는 가장 흔한 방법은 적임자를 찾아서 긴장을 상징화하는 것이다. 가족의 긴장을 해소시켜 줄 가장 적절한 개인을 찾게 되는데, 자녀는 부모와 비교해서 상대적으로 무력한 입장에 있기 때문에 자녀를 희생양으로 삼는다.

(2) 가족항상성으로서의 가족 희생양

가족 희생양이라는 개념은 미누친의 구조적 가족치료 개념과 보소르메니-나지의 맥락적 가족치료 속에서 발견할 수 있다. 자녀는 가족 희생양으로서 가족의 짐을 짊어지며, 가족 문제의 원인 제공자로 부당하게 비난받는다. 가족은 가족체계의 항상성(homeostasis) 균형을 유지하기 위해 자녀 중 한 명을 희생양으로 이용한다. 가족에서 희생양이 된 개인은 가족의 긴장을 다른 데로 돌리고 가족에게 결속의 토대를 제공하는 중요한 기능을 한다. 부부간에 갈등이 있거나 가족 안에 긴장이 있는 경우 희생양을 통해 긴장과 불안, 적대감을 투사하는 것은 가족의 결속을 이루는 데 도움이 된다(Pillari, 1986). 이러한 가족에서 희생양이 된 구성원은 가족에게는 문제아로 지목될 수 있지만, 가족의 긴장을 다른 데로 돌리게 하고 가족에게 결속의 토대를 제공하는 중요한 역할을 한다.

가족 희생양을 양산하는 가족체계는 단순히 개개인의 특성에 의해서 희생양을 만들기보다는 가족체계의 항상성을 유지하기 위해 행동한다. 가족체계의 항상성을 유지하기 위해서 가족 희생양인 자녀를 포함하여 모든 가족 구성원들은 가족체계의 한 요소를 희생하는 대가를 치러서라도 가족 희생양화의 메커니즘을 작동한다.

필라리(1986)는 가족 희생양은 가족의 역기능에 의해 가족체계의 항상성을 유지하는 역할을 하도록 요구받으며, 자기의 의지와는 상관없이 가족의 갈등과 문제의 원인 제공자로 지목되고 가족투사의 대상이 된다고 말한다. 가족 희생양화의 메커니즘은 역기능적 가족이 가족체계의 균형을 이루기 위해 사용하는 항상성 유지의 기능을 갖는다. 필라리는 이처럼 가족 희생양화가 가족항상성의 패턴이 되어 버린 가족은 고통을 삶의 방식으로 받아들인다고 말한다. 그런 가족은 가족 희생양화로 인해 발생하는 불쾌감에 대해 엄청난 수용력을 가지고 있으며 계속해서 자녀를 희생양으로 만든다.

(3) 부부갈등의 회피수단으로서의 가족 희생양

필라리(1986)는 어떤 관계적인 병리 현상에 초점을 맞추기보다는 가족을 하나의 체계로 바라볼 때 가족 희생양화를 더욱 잘 설명할 수 있다고 본다. 이러한 체계론적 사고를 통한 희생양 이해는 아동의 어려움을 이해하는 데 독특하고 의미 있는 발전을 가져다주었다. 아동의 문제를 단순히 내면으로부터 기인한 억압과 상처의 반영이 아니라 지속적인 상호작용의 소산으로 보는 것은 희생양에 대해 중요한 관점을 제공한다. 가족 희생양이 겪는 문제는 단순히 아동 자신에게서 기인하는 문제이기보다는 아동을 둘러싼 가족체계와 환경체계의 영향을 받고 있는 것이다. 따라서 체계적 사고에서는 가족 희생양을 그 가족이 현재 가지고 있는 역기능적 체계를 표현하는 하나의 상징으로 이해한다. 가족 희생양의 존재는 그 가족에게 가족체계의 역기능성을 알리는 일종의 증상이 된다.

가족체계가 제대로 작동하지 못하고 역기능적인 상태에 놓이게 되는 경우의 대표적인 형태는 가족 갈등이다. 가족 갈등의 주요 원인은 바로 부부갈등, 즉 부모의 갈등이다. 가족 갈등 상황 속에서는 가족 구성원들 간의 경계선이 침해될 수 있다. 부모는 경계선의 혼란 상황 속에서 그들이 의도했든 의도하지 않았든 간에 자녀를 희생양으로 만들 수 있다.

브래드쇼(Bradshaw, 2003)는 가족 갈등을 일으키는 역기능적 가족체계 속에서 가족 희생양이 된 자녀의 역할을 다음과 같이 열거한다. 즉, 부모의 부모 역할, 어머니와 아버지의 친구, 가족상담사, 어머니의 우상, 아버지의 우상, 완벽한 아이, 성자, 어머니와 아버지에게 용기를 주는 아이, 악당, 귀염둥이, 운동선수, 가족 내 평화주의자, 가족 중재자, 실패자, 순교자, 어머니의 배우자, 아버지의 배우자, 광대, 문제아 등이다.

필라리(1986)는 이러한 가족 희생양의 역할 중 가장 우세한 역할이 바로 '문제아'의 역할이라고 주장한다. 가족 희생양이 되면 그 자녀는 '문제아'로서 가족 안에 야기되는 긴장과 불안에 극도로 예민해져서 관심을 끌기 위해 나쁜 짓을 하거나 완벽한 자녀 역할을 하는 식으로 반응한다. 나쁜 짓을 함으로써 자녀는 가족이 다른 긴장에서 벗어나게 하고 가족에게서 느끼는 고통과 분노를 자신에게 성공적으로 돌릴 수 있게 한다. 그러한 가족 희생양의 행동은 가족체계가 균형을 잃을 때 자신이 느끼는 불안을 줄이기 위한 것으로 보인다.

가족 희생양 역할을 수행하는 자녀는 죄책감과 열등감 그리고 높은 수준의 불안감을 느낀다. 필라리는 자녀들 모두가 어느 정도의 죄책감을 느끼지만 희생양은 자신이 하는 모든 일에 죄책감을 느끼며 잘못된 일은 무엇이든 다 자신

의 잘못이라고 믿는다고 말한다. 쉬첸회퍼(Schützenhöfer, 2004)는 이것이 부모
가 버리겠다고 위협하고 자녀에게 별다른 사랑과 관심을 보여 주지 않는 애정
결핍에서 잉태된 것이라고 말한다. 가족 희생양은 모든 사람에게서 거부될지
모른다는 두려움을 계속 가지면서 자기 자신을 벌한다. 그리고 과도한 죄책감
과 자신의 능력에 대한 신뢰감의 상실로 가족 희생양의 역할에서 탈출이 불가
능해지고 희생양화의 메커니즘에 무기력하게 자신을 맡기게 된다.

이렇게 어린 시절 가족 희생양의 역할 속에서 고통스러운 가족관계를 유지
했던 자녀는 성인이 되어 결혼 생활을 통해 자신의 자녀 또는 가족 중 한 명을
희생양으로 만들어 역기능적 가족관계 패턴을 그대로 되풀이하며 희생양화의
메커니즘을 지속시킨다.

5) 가족체계 유형

가족은 서로 상호작용하는 인간의 체계로, 가족체계의 요소들인 가족 구성
원들은 체계 안에서 다른 가족 구성원들과 상호작용을 한다. 즉, 체계 안에서
가족 구성원들은 관계와 의사소통을 통해 상호작용을 한다. 가족의 구성원들
은 그 가족이 가진 체계 속에서 각기 하나의 요소를 이루는 대상이 되며 상호
작용을 통하여 가족이라는 전체 체계를 형성한다. 가족 구성원들은 일정한 역
할과 규칙을 만들어 내어 서로에게 영향을 주고받는 관계 방식을 갖게 되는데,
이것은 가족체계가 끊임없이 상호작용하는 순환적 패턴을 갖고 있기 때문이
다. 인형치료의 이론적 배경인 가족체계이론은 가족 전체를 하나의 체계로 보
고 가족 간 상호작용의 구조와 패턴에 중점을 두었다. 가족체계의 관점 속에서
한 가족 안의 갈등의 원인을 개인의 문제가 아닌 역기능적 가족의 구조와 체계
의 문제로 인식하고 갈등 해결의 열쇠를 가족의 관계체계와 의사소통체계에
서 찾는다(송성자, 1998).

가족체계의 관계 방식은 일정한 패턴을 갖고 있으며 이것은 수 세대를 통

해 진행되어 온 수많은 관계의 틀 속에서 이루어지기 때문에 이러한 패턴을 찾을 수 있다면 가족체계의 복잡성을 줄이고 치료적 접근이 가능하게 된다 (Minuchin, 1979). 체계적 가족치료에서 설명한 아홉 가지 유형에는 균형형, 부친고립형, 우회공격형, 우회보호형, 분열형, 이산형, 세대단절형, 밀착형 그리고 목적지향형 가족체계 유형이 있다.

가족체계 유형 중 균형형은 기능적 가족체계로서 부부 중심의 밀착 관계를 바탕으로 자녀와 건강한 친밀관계를 형성하고 자녀에게 부모들의 미해결 과제를 전가하지 않는 가족체계 유형이다. 부모와 자녀 간의 긍정적 정서와 높은 자존감을 유지하면서 개방적이고 타협 가능하며 개별과 독립이 존중된다(최광현, 2018). 건강한 타인과의 상호작용 능력 및 의사소통 기술에 토대가 되는 아동기 관계 경험으로 볼 수 있다. 반면에 부친고립형, 우회공격형, 우회보호형, 분열형, 이산형, 세대단절형, 밀착형 그리고 목적지향형 체계는 역기능적 가족체계로서 가족의 고통을 유발하는 가족 문제를 유지시켜 가족 구성원들에게 부정적 정서와 낮은 자존감을 무의식적으로 세대 전이하고 유지하는 특성을 갖게 한다. 이것은 부모의 불분명한 의사소통을 통해 학습된 것으로 자녀들의 건강한 의사소통 능력의 발전을 저해하여 가족과 사회생활 속에서 관계의 문제와 갈등을 초래하게 한다.

부부 · 가족 인형치료에서 제시한 아홉 가지의 가족체계 유형을 구체적으로 설명하면 다음과 같다(최광현, 선우현, 2020).

(1) 부친고립형 체계

부친고립형 혹은 모친고립형은 부부체계 사이에 긴장과 갈등이 생길 때 한쪽 배우자가 자녀들을 자기편으로 끌어들이는 것을 말한다. 부친고립의 형태는 '아버지 왕따형'이라고 불리며 부부관계의 문제가 자녀들로 확장되는 삼각관계의 메커니즘에 속한다. 즉, 보웬(1978)이 말하는 삼각관계의 형태가 드러나는 것으로 모친고립도 가능하다. 가족체계 유형 중에 가장 많이 발생하는 유형이다. 인형의 특징은 아버지 인형은 혼자 떨어져 있으며, 어머니 인형 주변에 자녀들이 가까이 놓여 있다.

표 3-1 부친고립형

인형상징체계	언어 진술
	엄마와 언니 그리고 제가 아빠를 기다리고 있어요. 어릴 때 엄마와 우리가 항상 같이 있고 아빠를 기다렸던 것 같아요. 아빠의 기억이 없어요.
	엄마와 세 자매인 우리 여자 넷이서 아빠를 왕따시킨 기억이 나요. 아빠와는 지금도 어색해요.
	아빠가 술을 마시고 집에 오면 엄마는 방에 들어가 버리고 우리도 아빠를 피했어요. 엄마가 우리에게 그렇게 하라고 했지만 다가오는 아빠를 모른 척해야 하는 게 더 힘들었어요.
	아빠가 무능하고 무뚝뚝하고 집에 없는 사람이에요. 엄마가 가장 역할을 하면서 일을 많이 하셔야 했어요. 힘들어하는 엄마를 보면서 빨리 철들었던 딸이에요. 빨리 큰 것 같아요.
	철두철미한 아빠는 흐트러진 걸 용납하지 않으셔서 혼나는 엄마를 대신해서 제가 집안일과 동생들 돌보는 걸 돕던 장녀였어요.

(2) 우회공격형 체계

우회공격형은 부부체계 사이에 긴장과 갈등이 생길 때 서로 직면을 통해 해결하지 못하고 가족 구성원들 중 한 명에게 투사를 하여, 발생한 부정적인 감정을 해소하는 것을 말한다. 부부관계의 문제를 자녀들에게로 확장하는 것으로 삼각관계의 메커니즘에 속한다. 가족들의 투사 대상이 된 자녀는 '가족 희생양'이 되고, 역기능적 가족체계의 문제를 보여 주는 대상이 된다. 우회공격형의 희생양이 된 자녀는 가족 안에 존재하는 일종의 '정서적 쓰레기통'과 같은 역할을 수행하게 되며 이 경우 자녀는 '문제아'의 역할이 우세하게 나타날 수 있다. 인형의 특징은 문제아의 역할을 하는 한 자녀를 향해 가족인형 전체

표 3-2 우회공격형

인형상징체계	언어 진술
	부모님이 함께 일을 하셔서 저에게 관심이 없어서 전 매일 사고치면서 관심을 끌던 아이였어요.
	남동생은 사립초등학교 보내고 딸인 저는 공립초등학교 보내면서 아들과 딸을 차별대우했어요. 그런데도 남동생은 항상 문제만 일으켜서 저는 더 열심히 공부하고 잘하려고 애썼어요.
	남동생 때문에 부모님이 자주 싸우셨어요. 그래서 저는 조용히 자기 할 일을 하면서 눈치 보고 컸어요.
	사이가 안 좋은 엄마와 아빠는 항상 바쁘고 집에 없어요. 엄마는 오빠를 편애하면서 나에게만 화를 냈어요. 저는 외로운 아이였어요.

가 대립되어 있거나, 희생양의 역할을 하는 인형으로 혼자 떨어져 있는 것으로
나타난다.

(3) 우회보호형 체계

우회보호형 가족체계 유형은 부부체계 사이에 긴장과 갈등이 생길 때 자녀
중 한 명이 병약하거나 장애를 가진 자녀를 과보호하면서 부정적인 감정을 회

표 3-3　**우회보호형**

인형상징체계	언어 진술
	바쁜 부모님 대신에 몸이 아픈 막내 동생을 돌보면서 스스로 다 할 줄 아는 아이였어요. 동생을 돌보는 일은 항상 저의 일이었지만 가족 모두가 여기에 매달렸어요.
	어릴 때 동생이 많이 아파서 가족이 서로 의지하며 누나로서 동생을 지켜야겠다고 항상 생각했어요.
	부모님이 자주 싸우셨어요. 그래서 저는 동생을 보호해야 했어요. 내가 동생을 지켜야 한다고 생각했어요.
	엄마는 항상 아프셨고 부부갈등이 있어서 뭐든지 혼자서 잘해야 하는 아이로 컸어요. 제가 엄마 대신 동생을 항상 돌봐야 했어요.
	아빠가 재혼하셔서 새엄마와의 사이에서 태어난 동생이 약해서 부모님은 동생만 돌보고 예뻐해서 전 외톨이였어요.

피하는 것을 말한다. 부부관계의 문제를 자녀들에게로 확장하는 것으로 삼각관계의 메커니즘에 속한다. 가족 구성원 모두는 병약한 한 가족 구성원을 보호하고 돌보게 되고, 보호의 대상이 된 가족 구성원은 가족의 항상성을 유지하기 위해 건강을 회복하면 안 된다는 무의식적인 요구를 받는다. 인형상징체계의 특징은 병약한 한 자녀를 가족인형 전체가 둘러싸서 보호하는 형태로 드러난다.

(4) 분열형 체계

분열형 가족체계 유형은 부부체계 사이에 긴장과 갈등이 발생하고 그 갈등이 최고조에 달하게 되는 경우 부부는 서로 자녀들을 자기편으로 끌어들이려고 하고, 이를 통해 가족 전체가 분열되는 것을 말한다. 부부갈등이 고조되면 두 부부는 자녀들을 서로 자기에게 끌어들여 삼각관계를 형성하려고 한다. 이때 자녀들은 각각의 부모와 동맹관계를 형성하게 되고 강한 밀착관계를 갖게

표 3-4 분열형

인형상징체계	언어 진술
	아빠는 항상 사고를 치고 문제를 일으키면서 엄마와 항상 싸우셨고, 그때마다 엄마는 항상 외갓집으로 가 버렸고 아빠는 나에게 화풀이하고 나를 때렸어요. 그때부터 엄마의 힘든 어린 시절부터 집안의 대소사, 아빠와의 문제까지 저한테 얘기하기 시작하셨어요.
	부모님이 이혼했어요. 엄마는 우울증이어서 나에게 관심이 없었고 내가 사고를 치면 대신 이모가 빗자루를 들고 나를 마구 때렸어요.
	부모님이 항상 싸우셨고 아들을 편애하는 엄마에게 사랑받지 못하고 컸어요. 여자로서 당당하게 살기 위해 치열하게 생존했어요.

된다. 이럴 경우 가족 안에는 두 부부의 갈등체계에서 자녀와 함께 편 가르기를 하는 분열형 가족체계가 발생한다. 갈등은 이제 두 부부에게서만 아닌 자녀들과 조부모까지 나타나 서로 편이 갈려져서 갈등하는 모습을 보인다. 이러한 분열형은 이혼 직전의 가족체계에서 자주 발견할 수 있다. 인형의 특징은 각각의 부모가 자녀 또는 조부모와 나란히 서서 서로 대립하거나 등을 돌리고 있는 모습으로 나타난다.

(5) 이산형 체계

이산형 가족체계 유형은 가족 구성원들 모두가 마치 호텔에 투숙한 투숙객처럼 서로에 대해 별다른 관심과 친밀감을 형성하지 못하는 경우를 말한다. 여기에는 독립과 분리라는 장점이 있지만 친밀감이 부족하고 외로움을 느끼게

표 3-5   이산형

인형상징체계	언어 진술
	우리 식구들은 모두 따로따로 각자 다녀요. 함께 어떤 걸 같이 해 본 적이 없어요. 어려서 창경궁을 가족과 같이 갔는데 서로 각자 따로 다녔던 기억이 나요.
	자녀들이 제멋대로 각자 하고 싶은 대로 내버려 두는 부모를 둔 가족으로 부모님에게 간섭받고 싶어 했던 아이였어요. 가족과 대화하고 싶었는데 내 말을 들어 준 가족이 없었어요.
	가족이 서로에게 관심이 없었어요. 각자 바쁘게 자기 할 일을 해요. 전 외톨이, 방치된 아이였어요.
	저는 공부하고 아빠는 방에서 일하고 엄마는 부엌에서 식사 준비하고 각자 자신의 위치에서 자기 할 일을 하고 있는 가족이에요. 제가 문제를 일으키고 다녔는데도 부모님은 모르셨어요.

되는 형태로 최근에 가장 많이 발생하는 가족체계다. 가족 구성원들 간의 경계선은 경직된 상태를 유지하며 다른 유형들에서 자주 볼 수 있는 삼각관계는 발생하지 않는다. 이산형의 가족체계는 가족 구성원들에게 외로움과 소속감의 어려움을 야기한다. 인형의 특징은 가족 모두 뿔뿔이 흩어져서 서로 다른 방향을 보는 것으로 드러난다.

(6) 세대단절형 체계

세대단절형은 부모가 자녀들에게 충분히 기능적인 애착관계를 형성하지 못하고, 부모와 자녀 세대 사이에 긴장과 갈등이 발생하는 것을 말한다. 이 세대단절형의 특징은 부모의 역할과 애착, 부모의 역량과 관련이 있다. 자녀가 청소년의 시기에 자주 발생하며 두 부모와 자녀들이 서로 편이 갈라져서 갈등하

표 3-6 세대단절형

인형상징체계	언어 진술
	부모님이 같이 일을 하셔서 항상 할머니에게 맡겨진 아이였어요.
	늦둥이 막내로 태어나서 부모님이 서울에서 언니와 오빠들을 공부시키느라 시골 할머니 댁에 맡겨져 외롭고 심심한 아이였어요.
	바쁜 부모님 대신 할머니가 돌봐 주셨지만 항상 부모님이 그리웠어요.
	부모님이 자영업을 하셔서 다른 사람들 손에 컸어요. 우리 집은 항상 불이 꺼져 있어서 들어가기 싫었어요. 그래서 지금도 부모님과 친해지지 않아요.

는 모습이다. 다른 유형들은 시간이 흐른다고 변화되지 않으나 세대단절형은 자녀들이 청소년기를 벗어나게 되면 단절이 완화될 수도 있다. 인형의 특징은 부모 인형과 자녀 인형들이 서로 등을 돌리거나 서로를 보면서 대립하는 것으로 나타난다.

(7) 밀착형 체계

밀착형 가족체계 유형은 가족 구성원들 모두가 지나치게 밀착되어 있으며 가족 간에 경계가 침해되어 있으며 가족 구성원들 간에는 애증의 관계 형태가 나타난다. 친밀감이라는 장점은 존재하지만 독립과 분리가 부족하다. 가족 구성원들 사이에는 산만한 경계선이 존재하며 밀착과 동맹 관계들이 뒤엉켜 있다. 인형의 특성은 서로 모든 가족인형이 뭉쳐 있거나 차곡차곡 쌓여져 있는 모습으로 드러난다.

표 3-7 밀착형

인형상징체계	언어 진술
	저는 외동으로 부모님은 항상 나만 바라보고 나에게만 집중했어요. 저희 집은 항상 저를 중심으로 돌아갔고 전 너무 부담스러웠지만 그래서 더 의존적인 아이가 됐어요.
	할머니가 우리 집의 대들보였고 할머니가 하시는 대로 부모님과 누나와 저는 모두 의존하며 따랐어요. 우리는 모두 서로를 의지했던 것 같아요. 그래서인지 식구들은 별로 자기주장이 없어요.
	어려서 저와 동생이 많이 아팠어요. 그래서 엄마는 무척 예민하고 노이로제가 있었어요. 항상 부모님이 저희를 돌보느라 애쓰셨어요. 지금도 너무 미안해요. 내가 건강하지 못해 동생도 돌보지 못해 더 죄책감이 들어요.

(8) 균형형 체계

균형형 가족체계 유형은 기능적 가족 형태로 가족들 사이에 적절한 관계와 소통이 발달되어 있으며 또한 적절한 경계선이 발달되어 있어 가족이 기능적으로 작동하는 경우를 말한다. 인형의 특성은 가족인형들이 적절한 경계선을 유지하면서 만다라의 형식으로 세워져 있다. 서로를 바라보고 있으며 경계선은 적절하게 유지한다.

표 3-8 균형형

인형상징체계	언어 진술
	딸 부잣집이에요. 언제나 북적거렸어요. 아빠는 퇴근하실 때 먹을 것을 사 오셔서 저희가 맛있게 먹고 있어요. 항상 유머가 많으셔서 저희가 웃고 있는 거예요.
	부모님이 맞벌이를 하셔서 퇴근하고 함께 오실 때 오빠와 제가 놀다가 반가워서 좋아하고 있어요.
	딸 다섯에 아들 하나로 아버지가 자상하셔서 제가 막내로 가장 사랑받았어요. 웃고 떠들던 시절이 그리워요.

(9) 목적지향형 체계

목적지향형 가족체계 유형은 가족 구성원들 사이에 관계와 소통이 제대로 형성되어 있지 못하지만 생존과 안전을 위해 버티고 있는 경우를 말하며, 생존과 안전의 욕구가 절절히 해소되지 못한 가족체계에서 발생한다. 지난 시절 가난이라는 위급한 처지에 놓인 가족들이 서로 간의 친밀감과 소통을 포기하고

표 3-9	**목적지향형**
인형상징체계	언어 진술
	아빠는 바쁘고 엄마는 친밀감이 없어요. 하지만 어려서 전 뭐든지 알아서 잘하는 아이라며 칭찬하셨어요. 뭐든지 보채지 않고 잘하는 애쓰는 아이였어요.
	너는 큰딸이잖아. 너는 잘 돼야 해. 네가 잘해야 동생들도 따라하지. 기대할게. 항상 어려서 들은 말이에요. 그래서 항상 맡은 일을 잘해야 했어요.
	어려서 아빠가 돌아가시고 엄마는 무기력해서 저 스스로 할 일을 하면서 컸어요. 엄마는 아무것도 안 해 주셔서 지금도 친하지 않아요.

기꺼이 생존을 위해 노력했던 모습에서 잘 나타난다. 인형의 특성은 한 줄로 전체 가족인형을 세워 놓는 모습으로 드러난다.

2. 트라우마 가족치료

인형치료는 트라우마 가족치료에서 개인치료를 하기 위해서 인형을 사용한 것에서 출발하였다. 대리가족을 주로 사용하던 트라우마 가족치료에서 제기된 '어떻게 하면 트라우마 가족치료의 원리를 개인치료에 접근할 수 있는가?' 라는 물음 속에서 인형치료가 개발되었다. 여기서는 인형치료를 탄생시킨 트라우마 가족치료의 기본 원리에 대해서 살펴본다.

1) 트라우마 가족치료의 필요성

가족은 우리가 겪는 트라우마의 대부분을 경험하는 곳이다. 따라서 트라우마의 치료는 가족에서 시작되어야 한다. 항상 싸우고 서로 비난하고 상처를 주면서 괴로운 관계를 유지하는 부부가 있다. 이들은 서로를 고통스럽게 하는 관계를 지속하면서 자신들의 상황에 대해 불평을 늘어놓고 한탄을 한다. 이런 관계에서 상대 배우자는 못된 사람, 믿을 수 없는 사기꾼, 거짓말쟁이가 된다. 결국 부부관계가 파탄난 뒤 상대방의 착취, 무책임 그리고 폭력에 시달렸다고 말한다. 하지만 어린아이도 아닌 성인이 그런 부당한 대우를 받고 그것을 무조건 참기만 했다는 것이 상식적으로 이해될 수 있는가?

심층심리학적 접근 속에서 이러한 부부들을 좀 더 자세히 들여다보면 복합적이고 모순되는 심리 상태를 엿볼 수 있다. 불행한 결혼 생활 속에서 배우자와 반복적인 갈등은 고통스럽고 괴로운 것이지만, 어떤 사람에게는 오히려 그 순간의 불행을 항상성의 한 패턴으로 여기고 불행을 즐기려는 무의식적인 성향이 있다.

그럼 왜 이러한 불행을 즐기는 듯한, 고통스러운 무의식적인 성향이 존재하는 것인가? 험프리스(Humphreys, 2011)는 고통스러운 부부관계를 반복함으로써 어린 시절 풀지 못한 문제를 어른이 되어 다시 한번 풀고자 하는 무의식이 작용하기 때문이라고 말한다. 이러한 무의식적 성향은 현재 배우자와의 갈등을 통해 어린 시절에 경험한 고통을 감추어 주는 역할을 한다. 자신도 모르게 부부관계에서 일어나는 고통을 통해 어린 시절의 고통을 잊게 하는 효과를 얻게 된다. 따라서 고통스러운 부부관계를 지속하는 부부의 무의식적인 심리에는 사랑하고 사랑받고자 하는 욕구가 억압되었던 불행한 어린 시절이 투영되어 있다.

역기능적 가족체계 안에서 부모의 불행한 부부관계를 경험하면서 상처를 받은 자녀는 내면에 깊은 상처를 갖게 되며, 이러한 상처는 평생을 따라다니며 삶에 부정적인 그림자를 드리운다. 자존감은 파괴되고, 자기정체성은 망가지며, 삶은 스스로 위험을 자초하는 선택과 만남을 이어 간다.

부모에게 상처받은 자녀는 훼손당한 자존감과 파괴된 자기정체성의 혼란 속에서 살아남기 위해 있는 그대로의 현실을 보는 것을 부정하고, 자신의 불행한 경험을 극복하는 것을 거부한다. 그 대신 상처받은 마음은 마음의 문을 닫아걸고 더 이상 현실을 받아들이지 않는다. 마음을 무감각하게 만들고 감정을 무디게 만들어서 생존을 이어 가지만, 억압된 상처는 내면에 쌓여 올바르게 현실을 인식하는 능력과 자연스럽게 인간관계를 맺는 능력을 상실하게 만들고 부부관계를 불행하게 만든다.

많은 심리치료 모델은 현재의 갈등에서 과거의 불행한 경험을 분리하는 작업을 한다. 예를 들어, 게슈탈트 상담에서는 과거에 형성된 미해결 과제를 탐색함으로써, 교류분석 상담에서는 어린 시절에 형성된 각본을 탐색함으로써, 이마고 상담에서는 어린 시절의 상처로 형성된 이마고를 탐색함으로써 그리고 다세대 가족치료에서는 부부의 다세대 간 전수의 메커니즘 속에 있는 자아분화와 삼각관계를 탐색함으로써 과거의 고통을 현재와 분리시키는 작업을 한다.

이러한 심리치료 모델들 대부분은 개인의 어린 시절의 갈등에 대해서 관심을 가지지만 한 개인과 가족의 트라우마라는 주제는 거의 다루지 않았다. 트라우마 치료의 전문영역 속에서 가족체계라는 말은 인간의 한 집단을 나타내는 의미를 가진다. 그러나 지금까지 가족치료, 부부치료의 영역 속에서 트라우마는 거의 주목받지 못하였다. 이미 1970년대와 1980년대 초에 미국의 미누친과 마다네스(Madanes), 이탈리아의 밀란 팀(Milan team)에 의해 가족의 폭력과 성폭력에 대한 주제들이 다루어졌고, 이러한 경험들이 치료적 개입을 위한 개념으로 만들어졌음에도 그동안 가족 트라우마의 주제가 소홀하게 다루어졌다는 것이 놀랍다.

트라우마(trauma)는 그리스어로 상처라는 뜻을 가졌는데 외상, 쇼크 또는 큰 상처를 남기는 사건 후의 정신적 상처 등을 설명하는 말이다. 일반적으로 트라우마는 외상 후 스트레스 장애(Post-Traumatic Stress Disorder: PTSD)의 측면에서 다루어져 왔다. 이때 외상은 일종의 정신적인 충격으로 정의되며, 이 외상에 따라 나타나는 여러 가지 정신적·신체적 증상들을 총체적으로 외상 후 스트레스 장애라고 부른다. DSM-5(A.P.A., 2015)에 따르면, 트라우마를 유발하는 주요한 사건으로는 죽음이나 심각한 상해, 개인의 신체적 안녕을 위협하는 사건, 신체건강을 위협하는 사건의 목격, 가족이나 친지의 예기치 못한 죽음이나 상해 등이 있다.

시륄니크(2008)는 "트라우마를 경험한 피해자의 기억 속에 새겨진 트라우마는 마치 그를 따라다니는 유령처럼 그때부터 그의 역사의 일부가 된다."고 말한다. 트라우마로 인한 결과로는 믿음과 신뢰의 상실, 자신과 타인 사이의 연결의 상실, 꿈꾸고 상상하고 명백히 바라는 삶을 선택하는 능력의 상실 등이 일어난다고 말한다.

이처럼 트라우마는 그것이 일어났던 시점뿐만 아니라 시간이 지나도 지속적으로 피해자의 삶과 관계 속에 부정적 영향을 미친다. 시륄니크는 서구에서는 아이의 경우 네 명 중 한 명의 삶이 10세 이전에 트라우마에 의해 갈기갈기 찢기며, 어른 두 명 중 한 명이 죽을 때까지 그러한 상처를 경험하여, 결국 트라우마에 의해 파탄된 채 생을 맺거나 아니면 그것을 변형시킨다고 말한다.

가족 안에서 발생한 트라우마의 피해자들은 종종 불안, 공포, 분노, 무기력 등으로 반응하며, 이러한 트라우마의 경험은 세대 간에 무의식적으로 전수될 수 있다. 트라우마를 경험한 사람은 무엇보다 대인관계, 부부관계 안에서 어려움을 겪는다. 트라우마에 노출된 후 그 사건을 지속적으로 재경험하고, 그 사건과 관련된 자극을 지속적으로 회피하거나 일반적으로 반응이 마비되고, 각성 상태가 증가되는 등의 지속적인 증상이 있기 때문이다. 트라우마를 경험한 피해자의 대처수단 중 하나가 불행한 결혼 생활의 재현이었으며, 극단적 대처수단은 자해와 자살이었다. 또한 트라우마의 고통을 완화하고 현실을 도피하기 위해 쉽게 약물을 사용하거나 술을 마신다. 따라서 트라우마에 효율적으로 대처하기 위한 치료 모델이 요구되는데, 그중 하나가 바로 트라우마 가족치료 모델이다.

2) 트라우마 가족치료의 핵심 개념 '얽힘'

(1) 관계질서: 질서, 소속감, 주고받음의 공평성

인형치료는 질서, 소속감, 주고받음의 공평성을 기본 개념으로 전제한다. 헬링거는 건강한 가족관계의 성공을 위해 이와 같은 세 가지가 기능적이어야 한다고 말한다(최광현, 2008a). 관계는 우리의 생존과 우리의 성장에 필요한 것이다. 그리고 동시에 관계는 사회와 공동체 그리고 가족과 같은 집단 안에서 우리의 의무가 된다. 관계 안에는 질서와 힘이 존재한다. 즉, 우리가 원함과 상관없이 우리는 관계를 가져야 한다. 우리는 원가족 안에서 태어나고 그것은 우리의 관계를 결정한다. 그 후에 더 많은 체계가 오고, 그리고 보다 다양한 체계 속에서 살게 된다. 이러한 체계들 안에서 질서는 체계의 안정을 위해 중요한 기능을 하며, 이러한 질서는 각기 다르게 작용한다. 부모-자녀 관계의 성공을 위해 요구되는 조건들은 질서, 소속감, 주고받음의 공평성이다.

① 질서

모든 가족은 위계질서의 법칙을 갖고 있다. 한 집단에 먼저 온 이는 나중에 온 이보다 우위를 갖는다. 따라서 첫째는 둘째보다 우위를 가지며, 부부관계는 부모 역할보다 우위를 갖는다. 그러나 역시 가족체계는 서로 일정한 순위를 갖고 있다. 여기서는 시간적으로 거꾸로다. 즉, 현재 가족은 그 가족 구성원의 원가족보다 우위를 갖는 것을 인정받는다. 두 번째인 현가족은 첫 번째인 원가족보다 우선이다.

가족 안에서의 질병과 비극적인 결과는 상위 가족 구성원이 정해 놓은 질서를 하위 가족 구성원이 깨뜨렸을 때 발생한다. 부모와 자녀는 서로 하나의 운명공동체다. 고대 사회로 갈수록 집단에서는 나이에 따라 서열이 정해지고 위계질서가 형성된다. 이러한 위계질서는 생존을 위해서 반드시 필요한 질서였다. 어떤 누군가가 이러한 질서를 어기게 되면 그는 전체 집단의 생존을 위협하는 것으로 간주되었다. 그리스 신화의 비극인 오이디푸스 왕의 신화는 이러한 예를 잘 보여 준다. 원초적인 위계질서를 어긴 사람은 비극적인 삶으로 최후를 마친다.

프로이트는 정서적 문제를 가진 사람은 이 시대의 비극적인 삶을 산 오이디푸스 왕이라고 말한다. 프로이트가 말하는 오이디푸스 콤플렉스에는 바로 이러한 질서의 법칙이 존재한다. 프로이트는 질서의 법칙 속에서 갈등하고 절망하는 인간의 모습을 상정한다. 인간이 어떻게 이러한 질서를 잘 극복하고 해결하는가에 따라서 개인의 전 생애가 좌우되는 셈이다.

② 소속감

인간은 사람들과 관계를 맺고 사랑받고 싶어 한다. 사랑의 욕망과 더불어 우리는 어디에 소속되기를 바라는 소속감의 욕구를 갖는다. 우리가 가장 힘들어하는 것은 '내가 어디에도 속하지 않았다.'는 소속감의 결핍이다. 직업을 상실한 사람들이 왜 그토록 고통스럽고 힘들어하는가? 인간은 단지 노동하고 생계를 유지하는 존재가 아닌 의미가 필요하고, 여기에 소속감의 욕구가 중요하기 때문이다. 고대 사회에서 최고의 형벌은 사형이 아닌 추방이었다. 비극의 주인공인 오이디푸스 왕은 자신이 아버지를 죽이고 어머니와 결혼했다는 충격적인 사실을 모두 알고 자신의 두 눈을 뽑는다. 그리고 그가 공동체로부터 받은 형벌은 추방이었다. 롤로 메이(2005)는 현대인이 가장 두려워하는 거세공포증이 바로 자기가 속한 집단으로부터의 추방이라고 말한다. 추방은 소속감을 박탈하는 가장 큰 형벌이기 때문이다.

우리는 가정 안에서 소속감을 느낄 수 있을 때 사랑받는다고 여긴다. 사랑은 단순히 한번 안아 주고 사랑한다고 말해 주는 것으로 채워지지 않는다. 매일 생활하는 공간 속에서 늘 자기의 자리가 있어야 한다. 소속감이 어떤 이유에 의해 차단당하면 그 소속감은 당사자에게 깊은 슬픔과 분노로 나타나게 한다. 체계의 경계를 통해 가족체계 안에서 우리는 가족과 밀접하게 연결되어 있다는 것을 느낀다. 자녀는 이러한 연결, 즉 소속감을 사랑이라고 느끼고 행복으로 받아들인다. 이러한 소속감은 가족 안에서 유대를 형성하게 하며, 가족에 대한 충성을 유지하게 한다. 아동에게는 선한 것과 악한 것의 기준이 없다. 아동에게 그가 속한 가족이 선하다고 여기는 것은 다 선한 것이 된다. 여기서 그의 가족과의 소속감을 유지하기 위해 충성심이 작용한다. 소속감이 집단을 지탱시켜 주는 역할을 하는 것은 가족뿐만이 아니다. 가족 외의 집단인, 직장, 사교단체와 같은 다른 집단 안에서도 이러한 소속감은 작동한다. 인간의 가장 중요한 소속감은 그 가족과의 관계에서 생긴다. 그 후에 비로소 가족보다 더 큰 집단과의 소속감이 가능해진다.

모든 자녀는 무조건적으로 원초적 집단에 연결된다. 이러한 연결은 소속감으로써 자녀에게 사랑으로서 그리고 행복으로서 경험된다. 그리고 자녀는 이를 통해 가족 안에서 성장하게 되거나 또는 성장이 위축될 수 있다. 모든 자녀는 그의 부모를 사랑하길 원한다. 아버지와 어머니는 출산의 실행을 통해 부모로서 인정받게 되는 것이며, 어떤 도덕적 특성, 부모의 질 또는 부모의 양육을 통해 인정받는 것이 아니다. 헬링거(2002)에 따르면, 우울증과 같은 신경증은 소속감의 어려움, 즉 '부모에게로 가려는 움직임이 차단된 것에 대한 결과'다.

③ 주고받음의 공평성

인간은 누구나 자신이 태어난 공동체나 집단에서 소외되거나 집단의 한 구성원의 자격을 박탈당했을 때 두려움과 죄책감을 갖는다. 주고받음(give and take)의 공평성에 대한 욕구는 자기 마음의 부담을 줄이고 싶은 본래의 마음에서 출발한다. 주고받음의 큰 이윤을 남기는 것은 삶의 기쁨과 행복을 동반하지만 거기에는 또한 두려움도 포함된다. 상대방은 되돌려 줄 수 없는 상황인데 상대방에게 일방적으로 너무 많이 주는 것은 상대방을 노예화시킬 수 있다(최 광현, 2008b).

헬링거가 말한 주고받음의 공평성의 균형은 맥락적 가족치료의 선구자인 보소르메니-나지가 주장한 주고받음의 윤리를 수용한 것이다. 보소르메니- 나지는 모든 인간관계는 주고받음의 특성을 갖고 있다고 본다. 한 사람이 다른 사람에게 무언가를 주게 되면 다른 사람은 다시 무언가를 돌려주게 되는, 서로 주고받는 관계윤리를 갖게 된다고 말한다. 보소르메니-나지는 주고받음의 윤 리를 인간관계의 실존에 속하는 것으로 본다. 자연의 법칙처럼, 모든 살아 있 는 체계들 안에서 상호 모순된 경향성에 대한 끊임없는 조정과 타협의 모습은 역시 사회체계들 안에서 주고받음의 조정과 타협(공평성)의 필요가 요청되는 모습 안에서 잘 나타난다. 한 관계 안에서 또는 한 집단 안에서 장점과 단점 사 이의 차이가 존재한다면 모든 구성원은 조정에 대한 필요성을 갖게 된다. 주 고받음의 공평성의 균형에 대한 욕구는 사람들 사이에 상호 교환을 가능하게 한다. 헬링거는 주고받음에 대한 조정과 타협은 공평성이라는 말로 해석할 수 있다고 본다. 주고받음의 공평성은 양심의 요구로서 느껴진다. 따라서 우리는 양심을 항상성의 의미와 공평성의 의미와 같은 이러한 특별한 방식 위에서 경 험한다. 가족관계는 주고받음의 공평성이 가능할 때에만 성공적으로 이루어 지게 된다.

모든 살아 있는 체계들 안에서는 적대적 관계일지라도 끊임없는 주고받음 의 균형이 존재한다. 이것은 마치 자연법칙과 같은 것이다. 주고받음의 공평 성은 소위 사회체계가 가진 하나의 특성이다. 주고받음의 공평성에 대한 욕구 는 인간체계들 안에서 상호 교환을 가능하게 한다. 이러한 상호작용은 주고 그 리고 받음을 통해 잘 작동되며, 그리고 한 체계의 모든 구성원들을 통해 공평 성에 대한 욕구가 조절된다. 관계는 공평성이 이루어지면 만족하는 것이 아 닌, 새로운 공평성이 이어서 발생하는 것이다. 예를 들어, 한 사람이 받은 것을 준 사람에게 돌려주면 이러한 모습이 발생하게 된다. 한 사람은 주고받는 것을 통해 다시 관계를 수용할 수 있고 지속시킬 수 있다. 예를 들어, 한 남자가 여자에게 무언가 주었고, 지금 여자는 그에게 받았다는 것으로 인해 부담을 느낀다는 것을 생각해 보자. 만일 우리가 누군가로부터 무언가를 받는다면 그리고 그것이 만족스럽다면, 우리는 여기서 독립성을 상실하게 된다. 공평성에 대한 욕구는 즉시 전달되고, 부담감에서 벗어나기 위해 여자는 그 남자에게 무언가로 돌려주게 된다. 그런데 여자는 그에게 그가 전에 받았던 것보다 약간 더 많이 돌려주게 되면 여기서 주고받음의 균형이 깨질 수 있다. 주는 자와 받는 자 모두는 공평성이 이루어지기까지, 즉 주는 자는 무언가 돌려받고, 받은 자는 무언가 돌려주기까지 쉬지 않고 진행한다.

한 관계 안에서의 행복은 주고받음의 매상고에 달려 있다. 적은 매상은 적은 이익만을 가져온다. 주고받음의 매상이 높으면 높을수록 행복은 보다 깊어진다. 그러나 여기에 커다란 단점이 있다. 자유를 원하는 사람은 아주 적게 주고 적게 받을 수 있다. 주고받음의 높은 매상고는 기쁨과 충만함의 감정을 동반하게 된다. 이러한 행복은 저절로 우리의 손에 들어오는 것이 아니다. 높은 매상고에 상호 교환이 균형을 이루게 된다면 우리는 편하고 기쁜 감정을 갖게 된다. 요구를 하려는 것은 하나의 아름다운 상태다. 우리가 다른 사람에게 무언가를 주었을 때 우리의 요구는 정당성을 갖는다. 그런데 우리가 누군가에게 받는 것 없이 주기만 한다면, 관계의 불균형으로 그는 얼마 후에 더 이상 우리에게 오려고 하지 않을 것이다. 따라서 이렇게 주려고만 하는 자세는 관계에 손상을 준다. 왜냐하면 주기만 하는 사람은 우월성을 가지며 따라서 받는 사람은 동등함을 상실하게 되기 때문이다.

이미 받은 것보다 그리고 받은 사람이 돌려줄 수 있는 것보다 더 주지 않는 것은 관계를 위해 매우 중요하다. 예를 들어, 한 부유한 여성이 가난한 남자와 결혼한다면 종종 좋지 못한 결과를 낳는다. 왜냐하면 여자는 늘 주기만 하고 남자는 받은 것을 돌려줄 수 없기 때문이다. 얼마 후 남자는 부부관계의 윤리를 어기거나 부인을 더욱 힘들게 만든다. 역기능은 주고받음의 공평성을 이룰 수 없는 경우에 나타난다.

　일부 사람은 관계 안에서 자유와 독립을 원하기 때문에 받는 것을 거부한 다. 그러면 그들은 아무런 의무를 갖지 않게 되고 자유와 독립을 얻을 수 있다. 그러나 그들은 관계 안에서 별다른 기쁨과 만족을 얻지 못하고 텅 비고 불만족 스러운 감정을 가진 채 머물게 된다. 이러한 모습을 우리는 우울증에 걸린 사 람에게서 보게 된다. 받음에 대한 거부는 먼저 부모와 관련이 있으며 그리고 그 후에 다른 사람들과의 관계에서 나타난다(최광현, 2008b).

(2) 애착

　한 나무가 성장 기준을 스스로 결정하지 못하는 것처럼, 아동 역시 의심의 여지없이 스스로의 힘으로 성장하지 못한다. 아동은 원가족에 깊게 연결되어 있으며, 따라서 아동의 성장은 이 가족과 연결되어 있다. 이러한 연결, 즉 애착 은 아동에게는 사랑으로 그리고 행복으로 경험된다. 아동은 이 가족에 속하여 있으며 그리고 이러한 애착이 사랑이라는 것을 안다. 헬링거는 이것을 원초적 사랑이라고 부른다. 이 애착은 너무나 중요하기 때문에, 아동은 그의 삶과 행 복을 애착으로 인해 희생당할 수 있다. 우리가 이러한 것을 의식하지 못한다고 하더라도 부모와 자녀 사이의 애착은 존재한다. 이러한 애착이 어떤 이유에 의 해 차단당하면 그 애착은 당사자들에게 깊은 슬픔과 분노로 나타나게 된다. 체 계의 경계를 통해 가족체계 안에서 우리는 가족과 밀접하게 연결되어 있다는 것을 느낀다. 자녀는 이러한 연결을, 즉 애착을 사랑이라고 느끼고 행복으로 받아들인다. 애착은 가족 안에서 소속감을 형성하게 하며 가족에 대한 충성을 유지하게 한다. 가족 안에서의 애착만이 집단을 유지시켜 주는 역할을 하지는 않는다. 가족 외의 집단인 직장, 사교 단체와 같은 다른 집단 안에서도 이러한 애착은 작동한다. 인간의 가장 중요한 애착은 그 가족과의 관계에서 생긴다. 그 후에 가족보다 더 큰 집단과의 애착이 가능해진다(최광현, 2008a).

자녀는 본능적으로 부모에게 향하며 부모와 애착을 형성하려고 한다. 그러나 애착에 실패하게 되면 이것은 어린 시절의 상처로만 머무는 것이 아닌 성인이 된 후에도 지속적으로 부정적인 영향을 미치게 된다.

내담자들 중에 남편에게 사랑받고 싶다고 요청하는 여성들이 있었다. 이들은 남편의 사랑을 갈망하고 있었고, 이것이 남편에게서 채워지지 않자 몹시 힘들어하고 남편을 변화시키기 위해 애썼다. 남편과 자녀들은 이런 내담자에 대해 지쳐 있었다. 한 내담자의 남편은 상담실에 와서 자기는 아내 때문에 수많은 부부상담사를 만났고 아내가 원하는 대로 다 해 주고 있지만 아내는 언제나 불만족이라고 호소하였다. 필자가 아내에게 부부의 만족도를 올리기 위해서는 남편이 변화되는 것만이 아닌 아내도 변해야 하고 남편에 대한 변화의 기대치를 줄이는 것도 방법이라고 하자, 그녀는 바로 상담을 조기 종결해 버렸다.

남편의 사랑을 갈구하는 아내들은 저마다 이유를 갖고 있다. 그들의 남편은 지나치게 일에 열중인 남편, 성공에 집착하는 남편이었다. 한 내담자는 시골에 가서 살더라도 사랑을 실컷 받았으면 좋겠다고 호소했고, 남편은 아내가 현실을 너무 모른다고 핀잔을 주었다. 분명한 것은 남편은 분명히 노력하지만 아내는 여기에 만족할 수 없다는 것이다. 이 아내는 성인 애착장애를 갖고 있는 내담자였다. 성인 애착장애자는 애착을 갈구하지만 어떻게 사랑의 관계를 형성해야 하는지 모른다. 사랑의 결핍에서 오는 공허감과 외로움을 남편의 문제로 돌리고 남편의 변화만을 요구하는 경우가 많다. 성인 애착장애를 가진 아내는 남편의 그 어떤 노력도 도움이 안 된다고 말한다. 남편이 변화되어 노력하면 이것을 좋게 평가하기보다 역겨워하고 "진작 그렇게 하지."라며 가치를 절하한다. 변화된 모습에 더 화를 낸다. 이렇게 변화될 수 있는 사람이 왜 그렇게 행동했냐며 변화를 하여도 문제, 변화되지 않아도 문제인 상황이 된다. 헬링거(1994)는 사랑을 원하지만 사랑을 얻을 수 없는 사람의 문제는 사랑이 부족하다는 것이 아닌 사랑을 형성할 능력이 없는 것이라고 말하고, 이것의 원인이 어린 시절 애착의 문제에서 시작되었다고 본다. 애착의 문제 역시 얽힘을 유발할 수 있는 주제인 것이다.

　부부치료의 대부분은 건강한 소통과 관계를 맺게 되면 건강해질 수 있다고 보았지만, 사실 부부는 좀 더 복잡한 정서적 문제를 갖고 있다. 논리적인 사고와 합리적인 방식으로 풀 수 없는, 복잡한 정서적 문제가 있다는 것을 인식하지 못한다. 부부 사이에 건강한 소통을 일으키거나 부부 각자 정서적인 독립과 건강한 경계선을 제시하곤 한다. 그러나 이러한 접근만으로 도저히 해결할 수 없는 사례들이 있다. 바로 정서적 부분이다. 부부의 해결은 자기주장법, 자신의 과거 분석, 낭만적인 태도, 새로운 성 체위의 개발만으로는 어렵다. 부모가 따뜻한 위로와 보호를 통해서 자녀를 양육하듯이, 부부 사이에도 정서적 애착과 지지가 중요하다. 부부의 애착은 부모-자녀의 애착과는 달리 정서적으로 동등한 주고받음의 관계를 형성할 수 있어야 한다. 아이가 부모를 믿는 것처럼, 부부가 서로를 믿을 수 있는 것으로 정서적인 유대감을 갖는 것이다. 부부의 문제를 해결하기 위한 중요 단계에는 그동안 치료에서 소홀하게 다루어진 부부의 정서적 애착의 부분이 다루어져야 한다. 헬링거(1995)는 그의 세 가지 기본 이론에 애착을 제시하였다. 그만큼 성인 부부, 가족관계에서 애착은 가장 중요한 개념이다.

　사랑은 상처를 치유하고 변화시키는 힘이 있다. 사랑이 넘치는 태도와 그로 인한 정서적 반응은 우리가 가족 안에서 가장 행복하게 느끼는 감정이다. 그런데 트라우마를 가진 사람은 따뜻한 정서적 결합이 어려울 수 있다. 단지 두 사람의 소통과 관계의 문제만이 아닌 애착장애의 문제에서 비롯된 것이다. 애착장애를 가진 사람은 논리와 합리성으로 인한 상대방의 변화로 사랑의 문제를 해결할 수 없기 때문이다. 여기서 부부에게 정서적 결합을 이루도록 만드는 것이 필요하다. 정서적 결합은 나를 버리지 않고 나를 떠나지 않을 것이라는 믿음이다. 언제든 나를 지켜 줄 것이라는 확신이다. 자녀는 부모가 언젠가 다시 자기에게 돌아올 것이라는 믿음을 가짐으로써 부모의 부재를 견디고 안정된 심리 상태에서 기다릴 수 있는 것처럼, 마찬가지로 배우자가 언제나 자기에게

올 수 있다는 확신을 갖게 하는 것이 필요하다.

(3) 얽힘: 증상의 원인

트라우마가 한 가족 안에서 발생하면 이것은 해당 가족 구성원만이 아닌 다른 가족 구성원들에게도 영향을 미쳐 가족 안에 지속적인 갈등과 문제의 원인을 만들 수 있다. 헬링거(2002)는 이러한 현상을 '얽힘(Verstrickung)'이라고 부른다.

트라우마 가족치료는 체계론적 관점을 수용하여 개인을 하나의 유기체로 기능하는 가족체계의 일부로 여긴다. 또한 트라우마의 사건을 체계론적 측면과 순환적 인과성 속에서 인식하며, 트라우마의 내용보다는 과정에 초점을 맞추는 치료적 접근을 한다.

체계론적 관점을 함께 공유하고 있는 일반적 가족치료 모델과 트라우마 가족치료의 차이점은 다음과 같다. 트라우마 가족치료는 가족의 갈등과 문제를 가족 내에 있는 트라우마의 메커니즘 자체에서 기인하는 것으로 본다. 일반적 가족치료에서 트라우마에 대한 치료는 트라우마를 발생시킨 가족체계를 변화시키기 위해 가족 구성원들 간의 관계 패턴의 변화에 초점을 맞춘다. 그러나 트라우마 가족치료는 가족 내에서 발생한 트라우마를 이전 세대 또는 어린 시절에 발생한 트라우마의 재생산으로 인식한다. 즉, 가족 내에서 발생한 트라우마가 또 다른 트라우마를 만드는 원인을 제공한다고 간주한다.

과거 세대의 트라우마가 현가족에게 증상의 원인이 될 수 있다는 견해는 사이코드라마의 전이 개념에서도 볼 수 있다. 트라우마 가족치료는 가족체계를 트라우마 중심적 관점에서 다루며, 가족의 역기능이 관계 패턴과 의사소통의 장애에서 발생할 뿐 아니라 트라우마 사건이 가족의 역기능을 초래한다고 본다. 따라서 트라우마 가족치료에서 트라우마는 치료의 주요 대상이 된다. 이러한 맥락에서 트라우마 가족치료에 다른 이름을 명명한다면, '가족 트라우마치료'라고 부를 수 있을 것이다.

트라우마 가족치료는 독일의 가족치료사 헬링거의 아이디어를 통해 만들어 졌다. 헬링거(1994)는 한 개인이 가족 안에서 겪는 문제 또는 삶에서 경험하는 불행이나 질병과 관련된 문제를 다루고자 할 때 가장 우선적으로 가족 안에 존재하는 트라우마를 살펴보아야 한다고 말한다.

트라우마 가족치료는 트라우마 중심의 작업인 까닭에 일반 상담에서 중요하게 여기는 내담자의 진술에 대해 크게 의미를 두지 않는다. 그 대신에 '내담자의 가족 안에 트라우마가 발생했는가?' '발생했다면 어떤 트라우마였는가?' 등이 중요하게 다루어진다.

트라우마 가족치료에서 주요한 치료적 대상으로 삼는 트라우마의 주제로는 부모, 조부모 그리고 형제자매의 조기 사망과 힘든 운명, 낙태 · 유산 · 사산, 비극적 죽음과 사고로 인한 죽음, 자살과 파산, 범죄와 부당한 사건의 희생자와 가해자, 배우자 또는 약혼자의 갑작스러운 죽음, 입양, 파혼과 이혼, 가족의 은밀한 비밀, 가족으로부터 소속될 권리를 박탈당하거나 존중받지 못함, 전쟁의 경험 등이 있다. 트라우마 가족치료는 이러한 가족의 트라우마가 얽힘으로 작용한다고 본다. 트라우마 가족치료의 핵심 작업은 바로 가족 안에 존재하는 트라우마로 발생된 체계의 얽힘을 해결하는 것이다.

얽힘은 가족 안에서 상처가 발생했을 때 발생하는 것으로 '상처가 또 다른 상처를 만들어 내는 메커니즘'이다. 가족 중 누군가가 불행한 죽음을 당하거나 추방 또는 왕따를 당한 가족과 자신을 동일시해서 불행한 삶을 살았던 사람의 운명을 무의식적으로 흉내 내는 일이 발생한다. 이러한 동일시 과정을 얽힘이라고 부른다. 가족 안에 발생한 상처에 대해 아무 상관없는 다른 가족들이 그의 감정과 태도를 갖게 될 때 얽힘이 일어난다. 이유를 알 수 없는 우울증, 죄책감, 정신적 장애, 자살에 대한 욕구와 같은 많은 현상이 얽힘으로 기원될 수 있다.

헬링거에 따르면, 무의식적으로 누군가 다른 사람과 내적으로 강하게 연결되어 있는 사람은 종종 자신의 삶 속에서 그와 유사한 감정과 그가 겪었을 비슷한 운명을 갖는다. 자녀는 얽힘을 통해 이전 가족 구성원들의 감정과 행동을 전수받는다. 본질적으로 이질적인 이러한 감정과 행동방식은 자녀에게 종종 그들의 전체 생애 동안 소유한다. 헬링거가 이러한 세대 간의 전수 과정을 설명하기 위해서 사용하는 개념이 얽힘이다. 가족 중 어떤 사람이 무의식적으로 이전 세대 한 사람의 불행한 운명을 받아들여 자신의 삶으로 여기고 산다. 예를 들어, 선대에 아이가 버려졌다면 후대의 누군가가 자신이 버려진 것 같이 선대에 버려진 아이처럼 행동을 한다. 그러나 그가 자신의 행동이 이전 세대에 벌어진 한 사람의 운명과 얽혀 있다는 것을 알게 되면 거기에서 풀려나게 된다. 이전 세대는 후세대보다 위에 있으며, 이전 세대의 책임을 보상하는 것은 후세대에 속하여 있지 않다. 그럼에도 불구하고 이러한 일들은 도처에서 일어나고 있다. 만일 한 가족 안에서 누군가 그의 행동을 통해 파괴적인 일이 발생했다면 대부분의 경우 한 후손이 그를 모방하려고 한다. 이와 같은 경우를 헬링거는 그 후손은 그의 한 선조를 모방해서 그에게 존중을 표하는 것이라고 말한다.

가족 안에서 누군가에게 불의한 일이 발생했을 경우, 가족 안에서는 보상의 요구가 일어난다. 가족 안에서 이전 세대의 한 사람에게 일어난 불의로 인해 나중 세대에 어느 누군가가 불행한 삶을 산 그의 선조의 삶을 모방하여 또다시 고통을 당한다. 이전 세대의 불행을 모방하는 사람은 가족집단양심을 통해 이전 세대 한 사람의 운명을 자신의 운명으로 받아들이게 된다. 헬링거는 가족집단양심은 특히 후대 사람들에게는 불의하게 작용한다고 말한다.

이러한 사례에 대한 예는 제2차 세계대전 중 홀로코스트(Holocaust)의 생존자들의 삶에서 증명될 수 있다. 홀로코스트의 생존자들이 고통스러운 수용소 생활에서 살아남았지만 생존 후에 그들 대부분은 일부러 자신의 삶을 제한하고 고독과 절망에 내버려 두었다. 그들은 수용소에서 비참하게 죽은 가족에 대한 죄책감으로 자기 자신을 일부러 고독과 절망에 내버려 둔 것이다. 그들은 그러한 삶에 처함으로써 죽은 가족들에게 자신만 살아남은 것에 대해 속죄할 수 있다고 무의식적으로 믿었다. 그렇다면 얽힘은 어떻게 푸는가? 만일 가족이 가족 세우기를 통해 다시 회복되면, 가족의 각 개인은 가족 세우기의 힘을 배후에서 느끼게 된다. 이를 통해 감정이 풀리고, 고통이 경감된다. 그리고 더이상 짐을 지우는 것 없이 그 자신을 되찾게 된다. 헬링거는 그 버려진 사람을 세운다. 그가 다시 가족에게서 수용되고 존중되며 자기의 자리를 갖게 되면 운명의 얽힘이 풀어지게 된다. 헬링거는 문제가 현재가 아닌 이전 세대에 속하는 것으로 인정해야 한다고 본다. 종종 여러 세대에 걸쳐 내려오는 가족사의 얽힘이 부부관계와 가족관계 안에 영향을 미친다(최광현, 2008b).

① 얽힘의 종류

가족 중 누군가의 불행한 운명을 무의식적으로 따르려고 하는 것에서 얽힘이 발생한다.

가족 안에서 누군가 비극적인 운명을 가졌다면, 다른 가족 구성원들 중에서 누군가가 무의식적으로 그의 운명을 따르는 역학 관계가 나타날 수 있다. 이러한 가족 구성원들은 규칙적으로 다음 세대 또는 그다음 세대 속에서 새로운 가족 구성원 한 명을 통해 반복하게 된다. 이것은 후손 중에 누군가가 불행한 삶을 산 사람의 운명을 받아들였기 때문이다. 다른 사람의 운명을 받아들인 사람은 상실, 낙태, 억울한 죽음, 사고, 깊은 갈등 등으로 세대를 통해 반복될 수 있다. 따라서 이유를 알 수 없는 우울증, 죄책감, 정신적 장애, 자살에 대한 욕구와 같은 많은 현상들이 다른 가족 구성원과 숨겨진 관계(또는 얽힘)에서 기원될 수 있다. 누군가가 그가 누구와 연결되어 있는지를 알지 못한다면, 그는 자신의 감정과 행동이 자주 이해되지 못한 채 머무르게 된다. 그는 이러한 속박에 의해 불확실하게 영향을 받거나, 종종 오히려 전적으로 지배당하게 된다.

독일의 심리치료사인 슈미르(Schmeer, 2004)가 설명한 사례로, 30대의 한 남성이 정체성의 혼란 속에서 우울과 무기력에 사로잡혀 있었다. 무엇보다 결혼 생활에 대한 이유를 알 수 없는 부담감으로 고통스러워했다. 상담을 통해 그의 내면의 영웅을 찾아내었다. 그의 어머니는 제2차 세계대전 때 키가 크고 건장한 금발의 군인과 결혼하였고 그는 용감해서 많은 훈장을 받았지만 전사하였다. 두 번째 결혼을 통해 낳은 아들이 내담자다. 그의 어머니는 영웅이었던 첫 남편을 추종하였으며 아들을 남편과 동일시하였다. 아들은 어머니의 무의식 속에 있던 내적 영웅과 자신을 동일시하였다. 어머니의 영웅과 동일시한 내담자는 역시 비극의 주인공이어야 했다. 뛰어난 무공과 용기로 전사해야 했던 어머니의 첫 남편의 삶이 아들이 따라가야 할 길이었다. 내담자는 자기가 어머니의 첫 남자와 동일시되었고 또한 스스로 동일시하고 있다는 사실을 발견하고 분리 작업을 하였고, 드디어 내적 평안을 얻었으며 행복한 결혼 생활을 하게 되었다.

가족에 대한 충성심에서 얽힘이 발생한다.

우리는 가족에 대한 강한 충성심을 갖고 있으며, 일반적인 인간관계에서 볼 수 없는 무의식적인 행동이 발생한다. 우리는 적어도 가족 안에서는 이기적인 존재가 아니다. 가족을 위해 기꺼이 협력하고 스스로 위험을 감수하고 희생할 수 있다. 따라서 가족 중 고통받는 사람이 생기면 그의 감정이나 그의 불행한 운명을 마치 자기의 몫으로 받아들이고 힘들게 살아감으로써 얽힘에 휘말린다. 부모를 힘들게 하는 반항아의 내면에 부모에 대한 깊은 충성심이 바탕을 이루는 것을 보고 놀란 적이 있다. 겉으로 드러나는 모습은 거칠고 반항하는 모습이지만, 그 내면에는 오히려 부모에 대한 깊은 사랑과 애착이 숨어 있었다. 불행한 결혼 생활과 여기서 생기는 부정적인 감정을 내면화시켜 스스로 짊어지고 부모 이상으로 고통스러워하고 있었던 것이다.

헬링거(2002)에 따르면, 인간에게 장애나 문제를 일으키는 중요한 두 가지의 기본 구조가 있다. 하나는 무의식적으로 어떤 한 사람에게 고착되어 있는 경우이고, 다른 하나는 유아기적 자기 부모에게로 향하는 애정과 사랑이 자연스럽게 흐르지 못하고 단절되는 경우로, 개인의 신체적·정서적·정신적 발달에 상당히 저해 요인으로 작용할 수 있다고 본다.

죄책감과 수치심에 대한 보상에서 얽힘이 발생한다.

헬링거(2002)는 죽음에 대한 막연한 동경이나 중병에 걸림 또는 빈번한 사고는 가끔 자신의 죄책감이나 가족의 죄책감을 보상하고 싶은 욕구와 관련이 된다고 한다. 즉, 얽힘은 보상의 욕구에서 생길 수 있다. 이전 세대에 발생한 불의한 사건의 가해자와 희생자의 후손에게서 속죄의 욕구가 생겨난다. 특히 희생자의 후손은 스스로 자신의 삶을 제한함으로써 고통을 받으면서 이전 세대의 삶을 모방하는 경향을 갖는다. 이러한 모습은 동일시의 현상으로서 불행한 운명을 갖고 산 조상과 자신을 동일시함을 통해 문제와 증상이 나타나게 된다. 이러한 동일시를 심리치료의학에서는 '외상 동일시(traumatic identification)'라고 불렀다.

심리치료의학에서 오래전부터 알려진 사실은, 한 사람이 사랑하는 가까운 사람의 고통을 보고 안타까워하면 상대방의 신체적 고통이 후에 그의 몸에서 유사한 증상으로 나타날 수 있다는 것이다. 심리학은 이것을 '동일시'라고 표현한다. 고통을 호소하는 환자가 검사 결과에 아무런 이상이 없지만 통증을 느낀다면 동일시의 가능성을 생각할 수 있다.

독일에서 일어났던 사례로, 40대 중반의 남성이 원인을 모르는 심장 통증을 호소하였다. 환자를 진찰한 심장 전문의도, 정형외과 전문의도 신체에서 눈에 띄는 점을 찾아낼 수는 없었다. 폐에도 이상이 없었고, 면역성 질환이나 종양 질환일 가능성도 없었다. 통증은 5개월 전부터 시작되었다. 통증이 일어나기 직전 그의 어머니가 암으로 세상을 떠났다. 병든 어머니를 정성껏 돌보아 온 남자는 어머니가 임종할 때 외국 출장 중이었고, 어머니의 임종을 지키지 못하였다. 환자는 그 이후 심한 죄책감에 시달렸고 얼마 후 심장 통증이 발생하였다. 왜 죄책감이 심장 통증을 유발시켰을까? 환자는 아버지와 매우 친밀한 사이였고, 이전에 52세였던 아버지와 숲에서 산책을 하던 중 갑자기 심근경색으로 환자가 지켜보던 중에 아버지가 세상을 떠났다. 환자는 자신이 사랑하던 아버지가 고통스럽게 죽는 것을 보았다. 이 트라우마는 깊이 저장되어 '겨울잠'을 자던 중에 어머니의 임종을 지켜 주지 못한 죄책감과 뒤섞여 사랑하던 아버지의 신체 증상을 자신의 것으로 받아들였다.

다른 사람의 신체 증상만이 아니라 다른 사람의 트라우마 경험과 이것으로 발생하는 증상 역시 동일시를 통해 자기의 것으로 받아들이는 것을 외상 동일시라고 한다. 헬링거(1997)에 따르면, 외상 동일시로 나타나는 문제를 해결하기 위해서는 문제가 현재가 아닌 과거에 있으며 자신의 문제가 아닌 동일시된 대상에 속한 문제임을 알게 될 때 외상 동일시에서 벗어날 수 있다고 말한다.

가족 얽힘의 증거

- 당신이 슬픔, 고난, 죽음에 대한 동경을 느끼는 경우
- 당신이 자주 당신 자신이 존재하지 않는다는 감정을 갖는 경우
- 당신이 가족 안의 몇몇 상황 속에서 이방인처럼 느끼는 경우
- 당신이 꼭 집어서 설명할 수 없지만 무언가 당신의 생활이 그늘지는 경우
- 때때로 당신 자신을 이해하지 못하는 경우
- 자녀로서 당신이 부모 중 한 명이나 또는 부모 모두에게 어떤 목적으로 이용당했다고 느끼는 경우
- 당신이 자기 자신의 바람과 목표와 일치하지 않는 과제나 의무를 떠안아야 하는 경우
- 당신이 계속해서 심히 부담스럽고, 내버려져 있고 또는 희망이 없다고 느끼는 경우
- 당신이 누군가의 무언가 뒤치다꺼리를 하는 경우
- 당신이 경제적으로 성공하지 못한 경우
- 당신이 관계를 오래 유지하지 못하는 경우

- 당신이 자신의 삶에 단단히 묶여 있어서 더 나아가지 못한다고 느끼는 경우
- 당신이 언제나 당신의 삶 속에서 별다른 이유를 발견하지 못하는 슬픔, 우울적인 불쾌감으로 힘들어하는 경우
- 당신이 실제로 주어진 삶을 누리지 못하고, 산다는 것에서 별다른 기쁨을 느끼지 못하는 경우
- 당신의 가족 중에서 세대 간에 질병, 부모와 형제자매의 조기 사망, 힘든 운명, 불행한 관계를 반복하는 경우
- 당신이나 당신의 부모 또는 조부모가 일찍 아버지, 어머니, 형제자매, 자녀를 잃어버린 경우

트라우마 가족치료가 도움이 되는 문제들

- 가족 희생양
- 힘든 삶의 단계[상실, 죽음, 소진(burnout) 등]
- 관계 문제
- 직장 문제
- 부모-자녀 문제
- 질병(암, 거식증)
- 알 수 없는 신체적 고통

② 얽힘의 상담 사례

어두운 표정의 30대 초반의 남성이 잔뜩 긴장한 채 상담실로 들어왔다. 그의 주된 호소는 나이를 먹고 있는데 연애 한 번 해 본 적이 없는 것이었다. 그는 키가 크고, 호감형의 얼굴을 하고 있었다. 그는 이제까지 단 한 명의 여자와도 사귄 적이 없었고, 지인의 추천으로 상담을 받으러 왔다.

첫 상담에서 그의 외로운 일상을 들을 수 있었다. 의료인으로 일하며 누구에게도 따뜻하게 마음의 문을 열지 못하고 살고 있는 일상을 볼 수 있었다. 그

는 대단히 외로운 사람이었고, 오직 종교 활동으로 친밀감의 욕구를 대신하고 있었다.

상담회기가 진행되면서 상담사는 그에게 어떤 트라우마가 있었는지를 파악했다. 트라우마 치료의 기본 개념을 전제하는 인형치료는 상담 속에서 우선적으로 파악하는 것이 트라우마의 유무다. 드러난 트라우마, 숨겨진 트라우마, 반복적인 트라우마, 일회적인 트라우마를 파악한다.

내담자가 중학교 3학년 때 어머니는 암 투병으로 사망했다. 아버지는 어머니의 사망 후 대단히 외로운 삶을 살고 있으며, 두 자녀인 아들과 딸 모두 이성 교제를 전혀 하지 않고 살아왔다. 특이한 것은 두 자녀의 직업이 모두 의료인이었다.

상담사는 어머니 상실의 문제가 내담자에게 어떤 영향을 미쳤는지를 파악하고 치료를 위한 장을 마련하고자 했다. 내담자의 어머니는 암 투병을 하면서 자녀들에게 피해를 줄 것을 염려해서 친정에 가서 투병 중에 사망했다. 내담자는 어머니의 임종을 지키지 못한 죄책감을 갖고 있으며, 어머니를 돌보지 못한 죄책감과 수치심에 시달리고 있었다. 즉, 얽힘이 일어났다. 그는 무의식적으로 속죄의 욕구로 자기의 인생을 외로움에 가두어 버렸고 즐거움, 쾌락, 행복을 스스로 제한한 채 살고 있었다. 어머니가 돌아가실 당시 충분히 애도하지 못한 것을 전체 인생을 통해 애도하는 것 같았다. 그는 의료인으로서 환자에게 최선을 다하지 못하면 극도의 죄책감을 느끼곤 하였다. 여기서 환자는 어머니를 대치하는 대상이었고, 이를 통해 두 남매가 왜 의료인이 되었는지를 알 수 있었다.

상담사는 가족인형을 통해 암으로 죽어 가던 어머니와 아들을 직면시켰다. [사진 3-1]에서 앞에 있는 인형은 여동생의 인형이다.

[사진 3-1] 어머니와의 직면

상담사는 내담자의 얽힘을 풀기 위해 어머니에게 속에 있던 말을 끄집어내게 하였다.

"어머니, 저는 아들입니다. 죄송해요. 아무런 도움을 주지 못한 것. 어머니, 저는 어머니를 잊지 않고 있습니다. 어머니, 사랑해요. 어머니, 아무런 도움을 주지 못한 것 죄송해요. 어머니를 잊지 않을게요."

이 말은 내담자의 마음 깊은 곳에 있는 속죄의 욕구를 끄집어냈다. 상담 과정에서 내담자는 펑펑 울었고, 상담이 끝난 후 가장 어머니에게 하고 싶었던 말이라고 진술하였다.

어머니가 아들에게 말하게 했다.

"철수(가명)야. 엄마다. 나는 너를 사랑한다. 내가 할머니 집에서 암 투병을 했던 것은 너희를 위해서였다. 너에게 고통을 주려고 한 것이 아니야. 배려했던 행동이 이렇게 너에게 상처가 될 줄 몰랐다. 엄마가 원하는 것은 네가 계속 자신을 자책하고 속죄하면서 사는 것이 아니다. 네가 행복하고 행복한 가정을 이

루어 잘 살기를 바란다. 엄마가 원하는 것은 너의 행복이란다. 이제 외로운 애
도의 기간을 마치고 너의 행복을 위해 살아라."

내담자는 치유 고백을 통해 의식의 변화가 일어났다. 자신도 모르게 얽힘을
통해 자기의 삶을 제한하였던 것에 대해 객관적으로 보게 되고, 이제 새로운
눈으로 자기를 보게 되었다.

상담회기가 진행될수록 내담자는 첫 회기 때 보였던 모습에서 벗어나 밝고
생동감 있는 젊은이의 모습으로 되어 갔다. 상담 과정의 성공 원인은 내담자
의 얽힘을 찾아내었던 것에 있다. 어머니의 비극적인 죽음과 여기서 발생한 죄
책감이 다른 어떤 주제보다 핵심적인 주제였다. 얽힘이 풀리자, 내담자는 자
연적으로 스스로 변화를 이끌어 갔고 이제 누군가의 도움이 필요 없게 되었다.
얽힘은 대단히 강하게 우리의 삶을 지배할 수 있다. 그러나 알기만 하면, 마음
속 깊은 곳에서 속죄의 욕구를 끄집어내기만 해도 변화는 일어난다.

3. 심층심리학

심층심리학은 프로이트가 인간의 내면을 의식과 무의식으로 구분을 하고
무의식에 숨어 있는 생각, 기억, 감정 등을 중요하게 다루는 것을 통해 발전하
였다. 프로이트 이전에는 모든 심리적인 현상들이 의식될 수 있다고 여겼는
데, 프로이트는 이러한 생각을 뒤엎고 오히려 인간이 의식하는 것은 빙산의 일
각일 뿐 무의식이 더 큰 작용을 한다는 것을 밝혀내었다. 그에 따르면, 우리의
행동, 사고, 감정, 느낌 등 모든 것은 무의식 속에 잠재되어 있고, 심리적 갈등
의 해결은 무의식적 요소가 의식으로 옮겨질 때 부분적으로 해결되며, 이것은
상담에서 다룰 수 있다.

프로이트의 치료는 카타르시스적 방법에서 유래한 것으로 기억, 사고, 충동

등이 무의식에서 표출되어 그것들을 새롭게 경험하고 해석되도록 하여 증상을 제거하려고 하였다. 프로이트는 그의 이론에서 성적인 테마가 병을 유발한다고 보았고, 이것은 그 후 수많은 논쟁을 불러왔다. 결과적으로 이러한 논쟁들은 다양한 심층심리학적 접근이 성장하도록 하는 발판을 제공하였다.

프로이트의 제자였고 개인심리학의 선구자인 아들러(Adler)는 프로이트가 지나치게 성적인 주제에 치우쳤던 것을 비판하면서 사회적인 부분을 강조하였다. 그는 신경증의 문제가 권력과 인정에 대한 욕구에서 발생한다고 보았고, '사회적 관심'이 부족하면 신경증에 걸린다고 보았다. 즉, 신경증 환자는 동료 인간에게 소외된 사람이다. 환자가 사회에 적절하게 관심을 두고 공동체에 대한 책임을 받아들이면 심리적 문제는 풀린다. 아들러는 자기만 사랑하면 모든 심리적 문제가 풀린다는 주장을 반대하였다.

분석심리학의 선구자인 융 역시 프로이트가 성적인 주제에 지나치게 집중하는 것에 반발하여 학문적으로 독립의 길을 걷게 되었다. 융은 무의식이라는 개념을 개인 무의식과 집단 무의식으로 확대하였고, 내향성과 외향성의 개념을 발전시켰다. 그는 무의식을 연구하면서 다양한 콤플렉스 개념을 발전시켰고 무엇보다 그의 가장 큰 공헌은 원형(Archetype)의 발견에 있다. 융은 인종, 문화, 역사가 다르지만 일정하게 인류가 공유하고 있는 공통분모를 발견하게 된다. 이런 공통점을 원형이라고 불렀다. 즉, 원형이란 전 인류가 소유하고 있는 인간 정신의 기본 특질이다. 원형은 유전된 정신의 기질이다. 동물에게도 이와 비슷한 특질이 있는데, 이것을 본능이라고 한다. 동물은 아무것도 배우지 않아도 본능에 이끌리는 대로 짝짓기를 하고 새끼를 낳고 키운다. 동물들에게는 일정한 행동방식이 유전되고 있는 것이다. 인간도 인류 보편적이고 집단적인 지식을 유전을 통해 세대에서 세대로 전달한다. 동물은 유전적으로 전달된 본능을 통해 행동하지만, 인간은 유전된 원형으로만 행동하지 않는다. 동물과는 달리 의식이 있기 때문이다.

가장 잘 알려진 융의 원형으로 그림자, 아니마 그리고 아니무스가 있다. 융은 프로이트나 아들러와 달리, 인간 정신의 양성성을 주장하였다. 융은 여성의 정신 속에 들어 있는 남성적 부분을 아니무스, 남성의 정신 속에 들어 있는 여성적인 부분을 아니마라고 하였다. 생물학적으로 보면 인간의 성은 분명하게 정해져 있지만 인간의 정신은 그렇지가 못하다. 인간의 정신에는 반대되는 성의 일부가 담겨 있다. 이런 반대되는 성의 일부를 인식하고 그것을 일상 생활이나 일상 행동에 편입시키는 것은 한 인간의 인격발달에서 아주 중요한 과정이다. 융은 모든 인간이 언젠가는 행해야 할 과제로 개성화를 말하면서, 개성화는 자기 자신이 세계와 조화롭게 살기 위해 신뢰성으로 가는 인간의 길이라고 하였다. 치료의 형태는 내담자의 개성화 과정이 기능적으로 이루어질 수 있도록 돕는 것에 있었다.

심층심리학은 인형치료에게 상징체계에 대한 이론적 접근만이 아닌 만다라의 이론적 기초를 제공한다. 심층심리학은 인간 내면의 자기(Selbst)를 만날 수 있게 하는 만다라가 어떻게 인형치료의 상징체계로 표현되며, 이것을 어떻게 유형화하고, 그 의미를 해석할 수 있는지에 관한 이론적 배경을 제공한다.

1) 원형적 상징

상징체계를 치료적 기초로 사용하는 인형치료에서 특히 융의 연구는 큰 의미를 갖는다. 융(1977)은 "분명 보편적 상징인 만다라" 같은 깊은 상징체계가 모든 문화, 종교, 신화, 개인의 꿈에도 반복적으로 나타나는 것을 관찰하였다. 융은 인간 '사이키(psyche)', 즉 '인간의 의식적·무의식적 마음 활동의 총합'에는 일정한 구조가 형성되어 있다고 보았다.

무의식은 의지와 통제를 받는 사고와 행위로 이루어져 있다. 무의식은 개인 무의식과 집단 무의식으로 구분되어, 개인 무의식은 개인의 기억들(지각한 것, 경험한 것, 억눌린 욕구)로 이루어진 거대한 저수지로서 꿈이나 일정한 상징을 통해 의식 속으로 이따금 올라오게 된다. 인간 사이키의 한 층 더 깊은 곳에 집단 무의식이 있다. 태곳적 먼 과거에서부터 인간이 체험하고 형성해 온 패턴들로 우리의 정서, 가치관, 특성에 영향을 미친 사고와 태도의 본능적 패턴이 존재한다. 집단 무의식의 그 원초적 이미지들을 우리의 의식 속으로 불러올 수 없다. 단지 그것들은 상징적 형태로 우리의 마음에 의해 외부 세계에 투사하는 이미지로서만 볼 수 있다고 보았다. 융은 이러한 태곳적 상징들을 원형이라고 불렀다. 인간의 원형은 집단 무의식에 속하며 세대와 세대를 통해 인간성의 본질적 법칙과 이미지를 구성하게 만든다. 남녀의 이성적인 끌림과 사랑에 빠지게 하는 현상에도 이 원형은 영향을 미친다. 융이 중요하게 다룬 원형에는 모성 원형, 부성 원형, 어린이 원형, 아니마, 아니무스 원형, 영웅 원형, 트릭스터 원형, 자기 원형 등이 있다.

한편, 워커(Walker, 2012)는 원형의 개념을 처음으로 발견한 사람은 융이 아니었다고 말한다. 첫 번째 원형의 발견자는 프로이트로, 가족의 삼각관계를 다룬 오이디푸스 신화는 인간이 갖고 있는 원형의 하나였다. 융은 프로이트의 놀라운 발견을 구체적으로 발전시키고 치료적 도구로 사용하였다. 프로이트는 인간 내면에서 만들어지는 상징에 대해서 주의를 기울였다. 예를 들어, 기둥이나 우산 같이 곧게 서 있는 것, 뚫고 들어갈 수 있는 것을 남성 성기의 상징으로 보았다. 한편 가방, 동굴 등과 같이 뚫고 들어가는 대상이 되는 것은 뭐든지 여성의 성기로 보았다. 그러나 융은 이러한 상징들이 남성과 여성의 성적 욕망만을 나타내는 것이 아닌 보다 깊은 인간의 상징 이미지와 관련이 되어 있다는 것을 발견했다. 따라서 상징은 기계적이고 단순한 특정의 해석이 아닌 보다 함축적이며 창조적인 해석과 치료가 가능해지게 되었다.

2) 만다라

융(1977)은 원의 만다라는 자아를 상징한다고 설명한다. 원은 인간과 자연과의 관계를 포괄하면서 다각적이고 다면적인 마음의 전체성을 나타낸다. 즉,

원형의 만다라는 인간의 의식과 무의식을 나타내는 마음의 전체성, 즉 자기를 나타낸다. 만다라의 상징은 원시시대의 태양 숭배나 현대 종교 또는 도시 계획도에도 나타난다. 말하자면, 원의 만다라는 항상 생명의 궁극적인 전체성을 나타내었다. 만다라는 우리 인간의 내적인 실재를 담아내는 상징으로 무의식과의 대화를 통해 우리의 의식적이고 분별력 있는 자아를 만나도록 이끌 수 있다.

융은 원형적 상징을 의식적 마음과 무의식적 마음 사이의 경계를 탐색하는 데 사용할 수 있다고 보았고, 치료에서 상징체계를 적극적으로 사용하였다. 융이 발견한 원형적 상징에서 치료적으로 매우 의미 있는 상징체계가 만다라다. 만다라는 단순한 원 이상의 의미를 갖는 상징체계다. 인류는 오랜 원시시대부터 문화와 역사, 종교를 초월해서 만다라를 통해 인간 정신의 통합과 내면의 질서와 화해를 만들어 내며, 내면의 자기에게 의미를 부여하게 하는 인간 정신의 치유도구다. 융은 만다라가 원 모양으로 보이는 자발적인 통합 상으로 나타나며, 이것은 정신 내부의 대극의 합(Synthese)을 묘사하는 것이라고 말한다. 시대와 문화를 초월해서 인간은 원을 그려 왔고, 원은 그 가운데 인간 정신에서 자기를 표현하거나 무언가 성스러움을 의미하는 기능을 하였다. 융은 인간이 공통적으로 사용하는 원형을 티베트 불교의 만다라(마술적인 원을 의미하는 산스크리트어)를 통해 설명한다. 만다라는 그림, 춤, 조형물 등으로 다양하게 만들어지며, 한국 여인들이 둥근 보름달 아래에서 원을 그리고 도는 강강술래를 하였던 것에서도 볼 수 있다. 융은 오랜 원시시대부터 문화와 역사, 종교를 초월해서 원, 즉 만다라를 통해 인간 정신의 통합과 내면의 질서와 화해를 만들어 내며, 내면의 자기에게 의미를 부여하게 하는 인간 정신의 치유도구라고 하였다. 융은 동그라미 원의 그림이 내면의 모습을 잘 드러내 준다는 사실을 발견하였다. 그가 누군가로부터 비난을 받았을 때 당시 그린 원의 그림이 찢겨져 있었다는 사실을 발견하였고, 그가 계속해서 원의 그림을 그리거나 모래에서 원의 모형을 만들어 낼 때 조금씩 마음의 평화와 안정이 이루어진다는 것을 알게 되었다. 원은 무의식의 영역에서 의식의 영역과 대화를 나누고 인간의 내면에 균형과 안정감을 가져다주는 상징물인 셈이다(최광현, 2014b). 만다라의 개념은 오늘날 분석심리학을 비롯해서 미술치료, 모래놀이치료를 비롯한 다양한 심리치료 모델에서 활용되고 있다. 동물인형을 사용한 진단과 평가의 과정에서나 가족 세우기, 또래집단 세우기 등 다양한 인형치료 과정 속에서 내담자들이 표현한 다양한 형태의 만다라들을 접할 수 있다. 만다라는 단지 모래나 여러 미술도구들 속에서만 나타나는 것이 아닌 인형치료에서도 역시 중심적 모티프가 된다.

3) 인형치료에서의 만다라: 기억이 아닌 시각을 통한 해석

융(1971)은 상징은 살아 있는 것이라고 설명한다. '살아 있는 상징'은 어떤 것의 특징을 가장 잘 표현하는 것으로 그것이 의미를 담고 있을 때에만 살아 있는 상징체계라고 말할 수 있다고 한다. 카스트(Kast, 2007)는 이런 상징체계에도 논리가 있다고 말한다. 상징이라는 말은 그리스어 '심발레인(symballein)'에서 유래되었으며, 어원적으로 '던져 모으다, 조립하다'라는 의미를 가졌다. 상징은 볼 수 없는 것을 보여 주며 배후를 암시해 주는 체계를 갖고 있다. 상징의 해석은 그러한 배후를 찾으려는 시도라고 말할 수 있다. 겉으로 드러난 상징과 그 속에 표현된 것은 긴밀한 상호관계를 맺고 있어서 서로 분리될 수 없다. 즉, 겉으로 드러난 표면과 속의 배후는 서로 상징체계를 이루는 본질이다. 여기서 치료적 해석은 상징의 세계가 담고 있는 무의식적인 측면을 다루게 된다. 상징은 하나로 정의하고 단정할 수 없는 것이기 때문에 해석은 되풀이해서 상징과 무의식의 연결고리를 찾아내려고 하며, 더 나아가 서로 모순된 결합까지도 탐색하게 된다.

인형치료에서는 크게 두 종류의 인형이 사용된다. 하나는 내담자의 무의식을 고찰할 수 있게 하는 동물인형, 다른 하나는 내담자의 의식적 차원과 관계체계를 탐색하게 할 수 있는 가족인형이다. 이 중에서 동물인형은 만다라를 형성하게 하는 중요한 상징체계가 된다(선우현, 최광현, 이진숙, 정미희, 2015). 내담자에 의해 인형을 선택하는 순간 무의식과 의식은 상호협조를 하며 갈등과 혼란 속에서 억압되었던 요소들이 인형을 통해 나타날 수 있다.

　자아는 식물, 동물, 건물 등 다양한 요소를 통해서 표현된다. 역시 만다라는 내담자의 내면의 자아를 나타내는 도구다. 동물상징체계의 해석은 기억이 아닌 시각으로 이루어진다. 동물인형을 통해서 표현된 원의 만다라를 통해 자아가 드러나게 된다. 내담자가 탁자 앞에 놓인 100개가 넘는 동물인형들 속에서 자기를 상징하거나 주변 인물들을 선택할 때 손으로 잡아 세워 놓는 인형은 의식만이 아닌 무의식이 움직이는 과정을 통해서 이루어진다. 내담자가 설명할 수는 없지만 "그냥 끌렸어요."라고 말할 때 무의식에 의해 움직였다는 것이 분명하다. 내담자의 자아를 탐색하기 위해 먼저 내담자에게 자연스럽게 세운 인형을 설명하도록 한다. 이를 통해 자아 상징에 해당되는 인형을 말하게 한다. 즉, "이것은 바로 나입니다."라고 말하게 하는 것이다. 내담자가 자아의 상징으로 선택한 인형을 주목하면 바로 그 인형을 자아를 상징하는 것으로 관찰하게 된다. 자아 상징 인형과 다른 인형들이 형성하고 있는 원의 특성을 관찰함으로써 만다라의 의미와 해석이 가능하다.

4) 동물인형 만다라의 유형

　인형치료 현장에서 많은 내담자가 자신의 가족, 또래집단 그리고 주변 사람들을 동물 만다라로 표현한다. 동물 만다라는 원형의 형태를 띠고 있으며, 실제적인 관계체계의 상호작용이 나타나기보다는 내담자 내면의 화합, 화목, 조화를 향한 강한 열망을 드러낸 것이다. 동물 만다라 속에는 실제적인 관계의 이미지가 드러나기보다 내담자의 자아와 소망이 담겨져 있다.

(1) 화합을 위한 소망의 만다라

40대 초반 여성은 '또래집단 세우기' 속에서 사춘기 시절 자신과 자신을 둘러싼 친구들의 모습을 [사진 3-2]와 같이 표현했다. 내담자는 코끼리이며 치타, 검은 소, 버팔로, 고릴라 등은 중학교 시절 같은 반 친구들이다.

등장하는 동물들은 힘 있고 강한 모습이며, 이를 통해 친구들이 갖고 있는 이미지가 표현되었다. 친구들은 각기 힘을 가졌으며 반의 서열 구조 안에서 우위에 놓여 있음이 드러난다. 표현된 모습은 기본적으로 만다라이며 화합과 통합을 소망하는 동물 만다라가 표현된 것이다. 따라서 실제로 친구들은 사이좋게 화목한 관계를 형성한 것이 아니다. 당시 내담자가 지녔던 화합과 통합을 위한 소망이 드러난 것이다. 그런데 여기서 특이사항은 내담자가 코끼리라는 것이다. 코끼리는 강한 연대감과 친밀감의 상징이다. 힘이 있는 신성한 존재이기도 하다. 이를 통해 해석하면, 다른 친구들은 관계에서 우정에 금이 가거나 힘들어지게 되더라도 크게 상관하지 않고 힘들어하지 않는다. 그러나 코끼리로 표현된 내담자는 몹시 힘들어하게 된다. 코끼리로 표현되는 내담자의 정서는 관계가 힘들어지고 모임에 균열이 생기는 것을 몹시 고통스러워하기에,

[사진 3-2] 화합을 위한 소망의 만다라

따라서 모임의 화합과 통일을 위해 애를 써야 할 존재다. 여기에 내담자의 고민과 갈등이 숨어 있다. 내담자는 지금도 자신은 이렇게 행동하고 살고 있으며, 이런 자기의 모습이 너무 힘들다고 호소하게 되었다.

(2) 가족 희생양의 만다라

40대 후반 여성은 '원가족 세우기'를 [사진 3-3]과 같이 표현하였다. 그녀는 7남매 가운데 셋째다. 아버지는 양, 어머니는 거북이, 오빠는 코뿔소, 언니는 코끼리이며 자신은 토끼로 표현했다. 그리고 나머지 동생들이 나온다.

이것 역시 동물 만다라다. 그러나 특이한 점은 화합과 통합을 의미하는 만다라만이 아니라는 것이다. 내담자는 원의 중앙에 위치해 있다. 만다라 중앙의 핵이다. 내담자는 가족의 화합과 통합, 균열을 막기 위해 애를 써야 했던 존재임이 드러난다. 가족 안에는 위계질서의 혼란이 존재한다. 부모의 자리가 지나치게 약하고 대신 자녀들이 강하다. 이것에는 부모가 부모의 역할을 하지 못하고 자녀가 대신 그 자리를 채워야 했던 상황이 드러난다. 가족 안에 역할

[사진 3-3] 가족 희생양의 만다라 1

의 혼동으로 긴장과 갈등이 존재하며, 내담자가 긴장과 갈등을 막는 희생양의 역할을 수행하였다. [사진 3-3]은 만다라를 표현함과 동시에 토끼인 내담자에게 우리 모양의 원이 된다. 뛰어나가고 싶고 더 이상 희생양의 역할을 포기하고 싶지만 내담자가 선택할 자유가 없다. 이런 만다라 중앙의 핵의 역할을 하는 구도는 대단히 강력한 지속성을 띤다. 그 자체로 완전한 균형을 이루기 때문이다. 내담자는 40대 후반인 지금도 자기는 가족 안에서 이런 역할을 하고 있다고 고백하였다. 만일 핵인 내담자가 빠지면 균형은 깨지고 긴장과 갈등의 불균형 상태가 될 수 있기에 가족은 이러한 형태를 유지하려고 했다. 이런 가족체계 속에서 내담자의 고통은 클 수밖에 없었다.

20대 초반의 여성이 자신의 가족 모습을 [사진 3-4]와 같이 표현하였다. 아버지는 불곰, 어머니는 젖소, 남동생은 너구리, 여동생은 고양이이며 자신을 물개로 표현했다. 불곰은 원시부족에서 전쟁의 신을 상징하며 현존하는 최고의 싸움꾼이다. 불곰인 아버지 앞에 어머니를 비롯한 세 명의 가족을 세웠으며 그 중간에 물개인 자신을 표현했다. 물개는 육지와 물속을 오갈 수 있는, 즉 두

[사진 3-4] 가족 희생양의 만다라 2

세계를 중재할 수 중재자다. 내담자는 강하고 무서운 아버지와 가족을 위해 희생하는 어머니를 비롯한 동생들 사이에 서서 두 세계의 이질적인 불협화음을 중재하고 있었다. 이를 통해 내담자가 얼마나 가족 안에서 애를 쓰고 있으며 힘든지 알 수 있었다.

(3) 삼각구도의 만다라: 부신(夫神)이 된 아버지

30대 중반 여성은 '원가족 세우기'를 [사진 3-5]와 같이 표현하였다. 아버지는 들소, 어머니는 젖소, 내담자인 큰딸은 얼룩말, 두 명의 동생은 코알라와 염소다.

내담자는 자신의 원가족을 들소인 아버지를 중심으로 구성된 삼각구도로 만들었다. 만다라에 자주 등장하는 원 외에도 사각형, 삼각형이 포함된다. 삼각구도의 중심에 아버지가 있다. 들소인 아버지는 희생, 헌신, 책임감의 상징이다. 어머니 역시 젖소로 그런 삶을 살았다. 그런데 어머니가 바라보는 방향이 아버지다. 어머니는 아버지의 뒤를 따른 것이다. 내담자인 큰딸 역시 아버

[사진 3-5] 삼각구도의 만다라

지를 바라본다. 내담자는 자신을 얼룩말로 표현했지만 이것은 가족 안에서 책임감과 의무감에서 자유롭게 벗어나고 싶은 소망을 표현한 것이다. 부모가 희생과 헌신, 책임감으로 표현되는 소이기에 장녀도 부모와 같은 삶의 모습을 따라서 동일한 소가 될 가능성이 높다. 가족 안에서 내담자는 자유의 상징인 얼룩말이기보다 작은 소였을 것이다. 이제 세 마리의 소가 가족을 지키고 있다. 여기서 아버지는 부신의 존재가 된다. 가족의 영웅이며 신적인 존재다. 아버지는 가족 전체의 균형을 맞추는 핵과 같은 존재가 된다. 그리고 이런 신적인 아버지를 둔 딸은 성장해서 부부 생활에 어려움을 가질 수 있다. 무의식적으로 아버지와 남편을 비교하게 되고, 이것은 언제나 아버지 같은 존재가 아닌 남편에 대한 실망으로 이어지게 된다.

(4) 숭배와 존경의 만다라

40대 중반 여성은 '나와 내 주변의 세계'를 [사진 3-6]과 같이 표현하였다.

원을 형성하고 있는 사람들은 가족만이 아닌 실제로는 주변 사람들을 의미한다. 내담자는 사회활동을 열심히 하는 사람으로 언제나 사람들에게 둘러싸

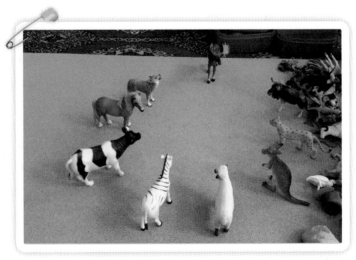

[사진 3-6] 숭배와 존경의 만다라 1

[사진 3-7] 숭배와 존경의 만다라 2

여 있다.

내담자는 원의 형태를 통해 만다라를 만들었다. 표현된 모습은 먼저, 통합과 조합을 위한 만다라다. 그런데 내담자 자신은 몇 걸음 뒤로 물러나 있다. 전체적으로 원이 나타나고 있지만 내담자는 원에서 조금 물러나 있는 상태에서 만다라가 만들어져 있다. 원을 형성하고 있는 인물들은 마치 뒤로 물러나 있는 내담자를 숭배하는 모습이다. 사슴은 동양에서 산의 정령이며 숲의 영적 지도자를 상징한다. 상담사가 내담자의 사슴이 아니무스적인 것인지 또는 아니마적인 것인지를 파악하기 위해 암사슴을 앞에 놓자([사진 3-7] 참조), 내담자는 이것을 거부하고 아니무스적인 사슴을 선택하였다. 내담자는 자신을 암사슴이 아닌 뿔이 화려한, 왕관을 쓰고 있는 아니무스적 존재로 표현했다.

내담자는 무리를 이끄는 위엄 있는 통치자다. 무엇보다 무리의 숭배와 존경을 받는 지도자인 셈이다. 내담자는 동물 세우기를 통해 위엄 있는, 존경받는 지도자가 되기를 바라는 소망을 표현한 것이다.

(5) 고통의 현실에서 벗어나고 싶은 소망의 만다라

30대 여성은 '나와 내 주변의 세계'를 [사진 3-8]과 같이 표현하였다. 내담자는 작은 젖소다. 오빠는 판다, 아버지는 큰 소, 어머니는 앉아 있는 작은 소다.

안쪽의 원은 자신의 가족이며 밖의 원은 가족을 둘러싼 주변 사람들이다. 가족 중 상당수가 소라는 사실은 고단한 삶을 나타낸다. 가족 주변에서 원을 형성하면서 밖을 보고 있는 사람들은 가족들에게 짐이 되고 고통을 주고 있다. 원의 인형들이 모두 밖을 향하고 있는 것은 가족의 무거운 짐과 고통에서 벗어나게 되기를 바라는 강한 열망이 담겨 있다. 만다라는 '고통을 받고 있는 가족 대 가족에게 고통을 주는 사람들'이라는 구도로 만들어져 있다. 가족에게 고통을 주는 사람들이 모두 등을 돌리고 있는 모습을 통해 내담자는 갈등을 통합하려는 의지를 드러내었다. 사진 속의 동물인형들에는 '대극'이 존재한다. 무거운 짐을 지고 고단하게 살아가고 있는 가족, 간절히 떠나기를 바라는 주변 사람, 그러나 정작 벗어나지 못하고 환경이 변화되기를 바라는 내적 상태를 보여 주는 만다라다.

[사진 3-8] 고통의 현실에서 벗어나고 싶은 소망의 만다라

(6) 이탈의 만다라

30대 후반의 남성은 '어린 시절의 가족 세우기'를 [사진 3-9]과 같이 표현하였다. 내담자는 큰 뿔사슴, 어머니는 호랑이, 아버지는 라마, 형은 등을 돌리고 있는 얼룩말이다.

내담자가 어린 시절 가족의 모습을 세운 인형들은 만다라를 형성하고 있다. 여기에는 당시 내담자가 갖고 있던 화목과 균형의 열망이 잘 드러난다. 여기서 주목할 내용은 다른 기존의 만다라와는 다르게 누군가 한 명이 등을 돌리고 원을 형성하고 있다는 것이다. 전체적인 구도는 만다라를 형성하지만 등을 돌리고 있는 모습을 통해 실제로 화목과 균형을 이루기가 어려웠음이 나타나며, 가족의 화목을 해치는 갈등의 당사자가 바로 등을 돌리고 있는 얼룩말임을 무의식적으로 표현하였다. 내담자는 가족 안에서 '숲의 전령'과 같은 존재로 가족의 균형을 이루기 위해 애를 쓰지만, 반면에 형은 갈등을 유발하는 존재임이 드러난다. 만다라 안에는 가족의 화목을 위해 애쓰는 동생과 갈등 유발자인 형 사이에 존재하는 긴장과 갈등이 표현된다.

[사진 3-9] 이탈의 만다라

(7) 견제의 만다라

50대 초반의 여성은 '원가족 세우기'를 [사진 3−10]과 같이 표현하였다. 어머니는 사자, 내담자(차녀)는 치타, 아버지는 낙타, 오빠는 말, 남동생은 판다, 두 명의 여동생은 개, 막내 남동생은 거북이다.

가족 전체는 만다라를 형성하고 있으면서 선택된 동물인형의 이미지 안에는 긴장과 갈등이 내재되어 있다. 어머니가 사자로 표현되었다는 것은 가족의 실제적인 주도권을 어머니가 쥐고 있으며 가족의 왕인 동시에 통치자임이 드러난다. 반면에 아버지는 낙타로 가족 안에서 힘겹게 무거운 짐을 지고 있는 존재로 드러난다. 나머지는 사자인 어머니에게 대항하지 못하고 꼼짝 못하는 동생들이 표현된다. 가족 안에서 사자인 어머니를 견제할 수 있는 유일한 존재는 치타인 내담자다. 어머니만큼 힘이 세지는 못하지만 적어도 어머니의 지나친 통치에 도전할 수 있는 유일한 존재인 셈이다. 만일 내담자가 어머니를 견제하지 않았다면 어떻게 되었는지에 대한 물음에 [사진 3−11]과 같이 표현했다.

😊 [사진 3−10] 견제의 만다라 1

[사진 3-11] 견제의 만다라 2

여기에서 어머니는 사자가 아닌 티라노사우루스다. 티라노사우루스는 동물 인형 작업 속에서 최강의 존재로 차원이 다른 강력한 힘과 두려움의 존재다. 내담자는 어머니와 어린 시절 수없이 싸우고 대들어 가족 안에서 갈등유발자로 여겨졌다. 그러나 그러한 갈등의 이유는 사실 약하고 힘겨워하는 아버지를 보호하고 동생들을 어머니의 지나친 통제로부터 지키려던 것임을 깨닫고, 내담자는 마음에 깊은 울림을 받았다.

40대 초반의 여성은 자신의 원가족의 모습을 [사진 3-12]와 같이 표현하였다. 여기서 아버지는 사자, 자신은 아버지 앞쪽에 서 있는 고양이, 어머니는 두 남동생을 옆에 데리고 서 있는 돼지로 표현하였다. 이 가족은 정확하게 삼각형의 만다라를 형성하고 있다. 내담자는 어린 시절 가부장적이고 매사에 비난적이었던 남편으로부터 아들들을 보호하려고 애쓴 어머니를 돕고 가족 안에 균형을 유지하기 위해 자신도 모르게 아버지를 견제하는 역할을 하였다. 어머니처럼 힘이 없으면서도 늘 아버지를 견제하여 가족 안에 질서를 유지하고 싶어 하였다. 이를 통해 내담자는 자신이 가족 안에서 얼마나 화목을 유지하기 위해

[사진 3-12] 견제의 만다라 3

애를 썼으며 희생양의 역할을 하게 되었는지를 인식하게 되었다.

(8) 대극의 만다라

60대 여성은 '자아 찾기'를 [사진 3-13]과 같이 표현하였다.

자신의 자아를 상징하는 네 개의 인형을 만다라로 세운 것이다. 젖소와 라마, 고릴라와 북극곰으로 상징되는 두 종류의 인형 사이에는 분명한 대극이 존재한다. 내담자는 자신에게는 너무나 분명한 두 가지 성격이 있는데, 도움이 필요하거나 힘든 사람들에게는 지나칠 정도로 관대하고 자기의 모든 것을 내어 주려고 하지만, 자기를 조금이라도 무시하고 함부로 대하려고 하면 무섭게 달려들어서 격렬하게 싸움을 벌인다고 하였다. 내담자는 '자아 찾기'의 인형 세우기를 통해 자기 내면에 존재하는 정반대의 성향이 통합과 균형이 이루어지기 바라는 마음을 표현한 것이다. 두 개의 대립되는 대칭을 통합하는 것은 원의 상징인 만다라다. 서로 대립적인 것들은 한 원의 원둘레상에서 하나로 통합되고 있으며, 이것은 내담자의 통합 욕구가 표현된 것이다. 내담자 스스로

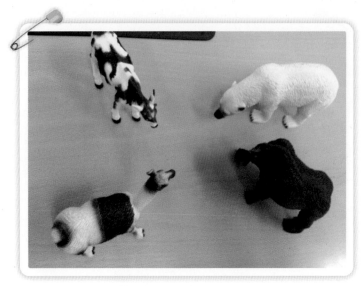

[사진 3-13] 대극의 만다라

인식하고 있던 정반대의 성향이 통합과 균형을 상징하는 만다라로 표현된 것
이라는 해석에, 내담자는 자기의 무의식에 있던 균형과 통합의 욕구를 객관적
으로 인식하게 됨으로써 자기성장의 기회를 얻게 되었다.

(9) 통제의 만다라

[사진 3-14]는 50대 초반의 여성이 표현한 자기 가족의 모습이다. 내담자는
고릴라, 남편은 들소, 아들은 하이에나, 딸은 늑대로 표현하였다. 가족 구성원
모두가 만만치 않은 동물로 표현되었다. 내담자는 오랜 시간 동안 남편과 부부
갈등 속에서 살아왔으며 그 속에서 성장한 십대 두 자녀 역시 상대하기 어려운
존재가 되었다. 내담자는 만다라를 통해 가족들을 통제하고 싶은 마음의 욕구
를 드러냈다. 내담자는 원형의 중앙에 위치되어 있으며 가족들을 보는 것은 자
신뿐이고 나머지 가족은 원형을 이루고 있지만 시선은 전체를 보지 못하고 있
다. 가족 전체를 보지 않고 자기의 한 방향만 응시할 뿐이다. 내담자만이 가족
전체를 볼 수 있는 유일한 위치라는 것은 가족 전체를 통제하여 가족 안에 있

[사진 3-14] 통제의 만다라

는 잠재된 긴장과 갈등을 해결하고 싶은 내담자의 욕구를 드러낸 것이다.

(10) 복합형 만다라

　　30대 후반의 여성이 [사진 3-15]와 같이 자신의 가족을 세웠다. 염소는 어머니, 장녀인 내담자는 토끼, 둘째 여동생은 젖소, 셋째 여동생은 작은 표범, 옆을 보고 있는 호랑이는 아버지, 뒤를 돌고 있는 산양은 오빠다.

　　여기에는 희생양의 만다라와 이탈의 만다라가 동시에 나타난다. 내담자는 여자의 그룹에 속하여 있지만, 동시에 가족 전체에서 중심축의 역할을 한다. 가족의 균형과 화목을 깨는 두 인물은 두 남자다. 이 두 남자들은 원 밖을 향하는 것으로 위치시켜 이탈의 만다라를 보여 주고 있다. 이렇게 만다라는 한 가지의 형태만이 아닌 여러 형태가 합쳐져서 나타나기도 한다.

[사진 3-15] 복합형 만다라

4. 현상학

메를로 퐁티(Merleau-Ponty, 2006)는 현상학(Phaenomenologie)은 일정한 삶의 모습을 가지는 인간의 실존을 인식하려고 하는 것이라고 말한다. 현상학은 본질에 대한 연구이며, 모든 문제는 본질을 규정하는 일에 속한 것이라는 인식에서 출발한다. 오늘날 현상학은 철학과 해석학의 경계를 넘어서 다양한 학문의 영역 속에서 인간의 이해를 밝히는 데 활용되고 있다.

현상학적 상담 모델은 선험적 주체(transcendental subject), 판단 중지(epoche) 존재 등의 철학적 전통의 내적인 언어(esoteric language)를 사용하여 인간 생활을 중심으로 한 현상과 경험의 의미를 찾는다(Spiegelberg, 1982). 여기서 상담사는 내담자를 분명하게 이해하기 위해 상담사 자신이 비슷한 입장에 서려는 노력의 일환에서 언어적 표현이나 판단을 중요하게 여긴다. 상담사는 내담자의 문제와 위기에 대한 실체 파악에서 어떤 선입견이나 편견을 갖지 않기 위해 판단 중지를 사용한다. 현상학적 접근 방식은 각 개인의 생활세계, 체험적 세계의 구조를 일상적 상황과 관계에서 경험한 대로 탐구하는 것이다. 체험과 이를 해석하는 매개체인 의미 구조는 생활세계의 복잡성을 구성하므로 개인의 상이한 인간 실존과 현실의 다양함에 대한 이해가 선행되어야 한다. 상담사는 내담자의 경험을 적절하게 인식하기 위해 상담사 자신이 비슷한 입장에 서려는 노력으로 맥락적 상황을 이해해야 한다. 일반적 심리치료 모델들이 내담자의 문제에 대해 일정하게 고정된 가설을 가지고 모든 심리적·신체적·정서적 상황을 설명하는 데 비해 현상학적 접근은 내담자 스스로 자신의 세계를 의미 있게 만들도록 도움을 준다. 따라서 현상학적 접근 방식을 전제하는 인형치료는 실증주의적 방법이 그동안 소홀하게 다룬 개인의 삶의 정황에 대해, 즉 내담자에 대한 주관적 경험을 탐구하면서 의식의 흐름 속에 들어 있는 의미를 발견하는 데 초점을 맞춘다.

빈스방거(Binswanger, 1993)는 현상학적 방법을 상담이나 심리치료에 최초로 적용하였다. 그는 프로이트의 실체론을 비판하면서 후설(Husserl)과 하이데거(Heidegger)의 현상학적 개념을 통해 현상학적 심리학을 발전시켰다. 현상학적 심리학을 한층 발전시킨 사람인 보스(Boss, 1954)는 개인의 의미세계를 탐구함으로써 인간 존재의 의미의 재발견을 가능하게 해 준다. 그는 현상학적 접근은 인간의 삶의 정황에 대한 의미를 생생하게 드러내 준다고 말한다. 그의 관점에서 내담자의 위기 해결은 상담의 실천 현장에서 만들어진 일정한 틀에 따라 성급하게 진단하는 대신, 문제 자체로 돌아가서 함께 이야기를 나누고 얼굴을 마주하고 감정을 나누면서 차츰 문제 해결의 실마리를 찾아서 내담자 스스로 해결을 찾도록 도움을 주는 것이 다. 인형치료는 현상학적 기초 위에 상담 과정 중 내담자에 대해 어떤 판단이나 선입견을 가지려 하지 않으려고 노력한다. 내담자의 문제체계에 대해 판단을 보류하며 내담자가 진술하는 정보 자체보다는 말하는 과정, 말하는 사람과 이야기의 관계에 집중한다.

현상학적 기초를 전제하는 인형치료는 내담자의 위기를 단지 외형적으로

만 관찰하는 것이 아닌 그 현상 자체에 초점을 맞추며, 이를 통해 가족이 무엇을 생각하고 느끼는지 그리고 더 나아가 의미체계가 무엇인지를 파악하려고 한다. 현상학적 접근 방법 속에서 상담사와 내담자의 만남은 '참된 만남'을 전제로 한다고 말한다. '참됨(authenticity)'은 문자 그대로 순수성(genuineness) 또는 창조성(authorship)을 의미한다. 그리스어로 'authentes'는 자기가 준비하고(self-prepared) 자기가 만든(self-made) 것을 의미한다. 참된 만남 속에서 상담사와 내담자는 무엇이 자신의 것이고 아닌가에 대하여 선택할 수 있다. 이를 통해 내담자는 상황에 포함되어 있는 의미를 인식하고 자신의 능력과 한계에도 직면하게 된다. 내담자와 상담사가 실존적인 만남 속에서 근본적인 삶의 문제에 대해서 대화를 나누는 것이다.

현상학적 기초 위에서 인형치료는 상담사가 일방적으로 원인을 분석하여 결과를 얻어 문제를 해결하려고 하지 않는다. 상담사는 내담자가 문제를 해결할 수 있는 가능성을 스스로 마련하도록 돕는다. 감정이입(Einfuehlung)의 과정을 통해 내담자가 가진 문제 자체로 돌아가서 내담자가 스스로 자신의 문제를 드러내도록 촉진함으로써 가족위기에 대한 의미체계를 인식하도록 돕는다. '참된 만남' 속에서 상담사와 내담자는 얼굴과 얼굴을 맞대고 진실한 대화의 상대자가 된다. 상담사와 내담자의 관계에서 내담자는 객체로 인식되는 것이 아닌 주체로서 인정되며 상호 주관적 관계가 된다.

내담자는 상담사 가치관과는 전혀 다른 가치를 가지고 사는 '절대적 타자'라는 점을 존중하는 주체 중심적 패러다임이 요구된다. 이런 주체 중심적 패러다임은 '내담자 중심의 접근(client-centered approach)'과 연결이 될 수 있다. 이런 주체 중심적 패러다임은 부버(Buber, 2001)가 말한 '나와 너(Ich und Du)'의 관계가 상담 현장에서 이루어지는 것이다. 상담사가 내담자를 '너(Du)'로 본다는 것은 내담자를 하나의 고유한 독자적 존재로 인식하며 또한 이 세상에 존재하는 유일한 한 존재로서 보는 것을 의미한다. 이러한 주체 중심적 자세를 전제하는 인형치료는 내담자의 위기와 문제를 그 자체로서 이해하는 것이 가능해진다. 따라서 인형치료는 주체 중심적 자세를 통해 개별적인 특수한 삶의 배경을 가진 내담자들에게 '다름에 대한 인식'과 상호 존중을 가능하게 할 수 있다.

Chapter 04

인형치료의 치료적 전제

1. 인형치료의 치료적 목표

인형치료의 치료적 목표는 내면에 있는 트라우마를 의식화시키고 현재 안에서 분리시키는 것이다. 개인의 트라우마와 가족사에서 발생한 트라우마를 가지고 있으면 다양한 증상이 발생하게 된다. 인형치료는 내담자의 트라우마에 초점을 맞추어 트라우마의 경험과 여기서 발생했던 복합적인 문제를 다루는 것이 핵심적 주제다. 트라우마를 다루기 위해서는 트라우마에 대해서 알아야 한다.

내담자의 문제 해결을 위해 개인에게 초점을 두고 개인 심리의 변화를 일으키려는 것이 개인상담인 반면, 가족치료는 개인보다 사회적 요인에 중점을 두며 가족을 비롯한 환경적 요인에 초점을 둔다. 개인상담의 모델에는 심층심리학적 치료 모델들이 있으며 대표적인 모델로 정신분석, 분석심리학, 개인심리학 등이 있다. 이러한 치료 모델들은 개인의 무의식에 접근하는 것을 가장 우선적인 과제로 여긴다. 트라우마를 다루기 위해서 인형치료는 무의식적 접근을 수용하여 치료적 전제로 사용한다.

인형치료는 이러한 무의식적 접근과 더불어 가족치료적 접근을 전제한다. 내담자가 갖는 증상은 개인의 문제만이 아닌, 가족 전체가 가진 역기능적인 체계를 표현하는 것으로 그동안 가족이 유지해 온 잘못된 규칙과 의사소통 방식이나 왜곡된 관계 형태 등이 잘 기능하지 못했음을 나타내 주는 것으로 인식한다. 따라서 인형치료는 내담자의 증상을 현재 그를 둘러싼 가족 또는 또래, 조직이 가지고 있는 역기능적 체계를 표현하는 하나의 상징으로 이해한다. 가족과 가족 구성원들의 문제와 갈등을 해결하기 위해 개개인의 특성을 파악하는 동시에 이들이 구성하고 있는 관계체계를 통해서 문제를 해석하려는 체계론적 관점을 전제로 한다.

건강한 삶에는 개인의 의식과 무의식 사이에 적절한 균형이 필요하지만 또한 일상에서 내 말에 귀를 기울여 주고 마음을 편하게 해 주는 가족과 동료가 반드시 있어야 한다. 롤로 메이(2015)는 많은 내담자가 심리치료를 받으면서 자신의 말을 들어 주는 가족이 없었기에 신경증을 앓았다는 것을 깨닫게 된다고 말한다. 우리가 트라우마를 극복하고 건강한 삶을 살기 위해서는 건강한 내면뿐 아니라 나를 환영해 주는 사람이 필요하다. 인형치료는 이러한 두 가지 측면을 치료적 전제로 전제한다.

1) 가족 무의식을 의식화시키는 치료

그 어떤 시대보다도 역동적이었던 20세기에는 두 차례의 세계대전, 러시아 혁명, 탈식민지화, 냉전 등 많은 사건이 발생하였다. 그런데 이러한 수많은 사건 중에서도 가장 놀라운 것은 로저 스미스(Roger Smith)가 지적한 대로 20세기가 심리학의 시대였다는 것이다. 전통적인 종교의 쇠퇴와 개인주의의 확산 속에서 심리학은 더욱 발전하게 되었다. 심리학의 시대를 열게 한 장본인은 심층심리학의 선구자인 프로이트다. 프로이트의 가장 큰 공헌은 무의식이라는 개념을 밝혀냈다는 데 있다. 그는 인간 본성을 네 가지 구성 요소, 즉 무의식, 억압, 유아성욕, 정신 삼분법(이드, 자아, 초자아)으로 설명하면서 무의식의 개념을 발전시켰다.

큰 나무를 베어 내고 그 밑동을 보면 그 나무의 과거를 이야기해 주는 나이테가 있듯이, 사람의 마음속에도 과거에 억압시킨 감정들이 그대로 남아 있다. 나이테가 나무의 살아 있는 역사 기록이듯이, 인간에게 있어 무의식은 그동안 살아오면서 느낀 감정과 욕망에 대한 기록이다. 우리의 행동을 결정하는 중요한 정신작용은 의식에 의해서 결정되는 것이 아니라 무의식적 과정에서 이루어지는 것이다.

무의식이라는 개념은 꿈을 관찰하는 과정에서 탄생했다. 프로이트가 자신의 가장 중요한 성과로 꼽은 것은 『꿈의 해석(Die Traumdeutung)』이었으며, 그는 여기서 꿈을 무의식으로 이르는 지름길로 보았다. 무의식은 우리의 일상을 통해서도 나타난다. 우리 마음속에는 평상시에 알아차리지 못하는 무수한 것들이 있다. 즉, 알지 못하는 곳에서 예상치 않게 떠오르는 기억의 한 조각이나 상상 같은 것들이 존재한다. 이러한 것들은 우리 내면의 어딘가에 오랫동안 간직되거나 축적되어 있다가 나타나는 것이다. 그렇다면 이 모든 것은 도대체 어디에 있었던 것인가? 바로 정신에서 의식의 경계를 넘는 미지의 영역인 무의식에서 비롯된 것이다. 무의식은 우리 내면에 있는, 보이지 않는 힘과 에너지로 구성된 경이로운 우주와 같은 곳이다. 우리는 의식하지 못하지만, 일상에서 드러나는 생각이나 감정 그리고 행동 대부분이 바로 이 무의식에서 나온다.

무의식은 의식보다 훨씬 큰 에너지 장으로, 융은 자아(ego), 즉 의식을 무의식의 거대한 바다에 떠 있는 코르크 마개로 비유할 수 있다고 말한다. 무의식은 해수면 위에 떠 있는 빙산의 일각으로 비유될 수도 있다. 거대한 빙산의 95%는 어둡고 차가운 바닷물 아래에 감추어져 있다. 빙산의 거의 대부분이 볼 수 없는 곳에 잠겨 있으며 단지 바닷물 위에 떠 있는 극히 일부만을 볼 수 있는 것처럼, 무의식도 우리 눈에 보이지 않는 곳에 있다. 의식할 수 없는 곳에 있는 무의식은 엄청난 힘을 갖고 있으며, 우리의 삶의 대부분은 이 무의식과 깊은 관련이 있다. 무의식 속에서 의식이 발달하고 성숙하고 확장됨으로써 내면에 잠재되어 있던 모든 것들을 의식으로 표현하게 된다. 융은 무의식이 우리 인간 의식 전체의 진정한 근원이라고 본다. 감정, 체계적인 사고와 이성을 느낄 수 있는 원천이 바로 이 무의식이다.

무의식이 의식과 연결되어 우리의 정신이 그 둘 사이를 자연스럽게 오갈 수 있는 방법이 두 가지 있는데, 그중 하나가 꿈이고 다른 하나가 상징이다. 꿈과 상징은 정신이 무의식과 의식 간의 대화와 협력을 위해서 고도로 발달시켜 온 정교한 소통 채널이다. 무의식은 상징의 언어로 스스로를 표현한다. 상징은 무의식을 표현해 주는 소통의 도구이며, 다양한 방식으로 의식에 말을 걸려고 시도한다. 심층심리학에 따르면, 우리 인간은 원시시대부터 지금까지 수많은 상징을 통해 의식을 표현해 왔다. 이러한 상징들은 문화, 예술, 종교 등 인간이 지나간 수많은 발자취 속에서 발견할 수 있다.

타오르는 불꽃이 자연히 열을 방출하듯이, 무의식은 본래부터 상징을 만들어 낸다. 상징체계는 무의식의 자연스러운 본성이다. 따라서 상징을 해석하는 방법을 배운다면 우리 내면에 간직한 가족 문제를 비롯한 수많은 갈등을 파악하고 이해하는 능력을 갖게 된다.

인형치료는 가족 구성원들이 인형이라는 상징을 통해 그들 안에 있는 무수한 감정, 욕구, 자각, 생각, 신념 등을 표현할 수 있도록 돕는다. 인형치료에서 사용되는 인형에는 동물인형과 가족인형 두 종류가 있다. 동물인형은 가족들의 무의식을 탐색하는 상징도구로 활용되며, 가족인형은 주로 드러난 무의식의 재료들을 의식 속에서 표현하고 통합하며, 그러한 재료들에 개입하는 데 사용된다.

내담자는 가족 안에서 경험한 수많은 무의식적인 재료들을 인형을 통해 표

[사진 4-1] 동물인형

👾 [사진 4-2] 가족인형

현한다. 인형은 내담자가 경험한 가족 무의식의 강력한 역동을 표현할 수 있는, 살아 있는 무의식의 모자이크다. 이 모자이크는 무의식 안에 있는 가족과 관련된 엄청난 에너지 체계, 상호작용, 갈등이나 움직임을 나타낸다. 인형은 가족의 이미지를 창조하고 또 발생한 이미지를 상징으로 이용하는 특별한 도구가 된다.

인형으로 표현되는 가족의 모습은 가족 무의식이 내면의 드라마를 투사하는 화면이 될 수 있다. 훈련을 통해 인형의 상징을 관찰하는 눈을 갖게 되면, 우리는 무의식에서 거의 쉼 없이 흘러나오는 수많은 에너지와 이미지의 흐름을 알아차리게 된다.

심층심리학에 따르면, 삶이 건강하다는 것은 의식과 무의식 사이의 균형이 잘 잡혀 있어서 상호관계를 잘 유지하고 있다는 것을 말한다. 건강한 삶이란 꿈, 환상, 상상, 의례 등과 같은 상징을 통해 의식과 무의식의 세계가 서로 만나 끊임없이 에너지를 교류하면서 상호작용을 원활하게 하고 있을 때 가능해진다. 그렇지 못하면 신경증을 비롯한 다양한 증상과 파편화된 느낌, 의미의 상실 등을 발생시킨다. 인형을 통해 우리는 가족에게 받은 트라우마를 의식 밖으로 끄집어낼 수 있는 기회를 얻게 되며, 이를 통해 무의식과 의식이 서로 소통하도록 하여 보다 균형 잡힌 삶을 누릴 수 있게 된다.

인형치료에서 의식과 무의식을 연결해 주는 도구로 사용되는 것 중 하나가 동물인형이다. 인형치료에서는 동물인형이 갖는 상징을 분석하고 해석만 하기보다는, 내담자에 의해 세워진 상징의 이미지의 흐름 속에서 관계적 차원을 살피고 주어진 맥락에서 이해한다.

2) 개인과 가족의 트라우마에 초점을 맞추는 치료

인형치료의 치료적 목표는 내담자의 개인 트라우마와 가족사의 트라우마를 다루는 것이 핵심적 주제다. '외상', 즉 트라우마는 심리학에서는 마음의 상처를 뜻하는 용어로 쓰인다. 그렇다고 마음의 상처를 모두 트라우마라고 하는 것은 아니다. 심리학에서 트라우마라고 할 때는 지속적이고 어쩌면 항구적일 수도 있는 마음의 깊은 상처를 가리킨다.

트라우마에는 빅 트라우마와 스몰 트라우마가 있다. 성폭행, 교통사고, 가족의 상실 등과 같은 충격적인 경우를 빅 트라우마라 한다. 스몰 트라우마는 다음과 같이 예를 들어 설명할 수 있다.

모녀가 도란도란 대화를 나눈다. 어머니는 알아서 공부도 열심히 하고 집안일도 잘 돕는 살가운 딸이 너무 예쁘고 고마워서 안 해도 될 옛 이야기까지 꺼낸다. "뜻하지 않게 임신이 되어 원래는 지우려고 했는데, 너를 낳은 것이 너무나 다행이다." 어머니는 현재를 말하려고 하였지만 딸은 과거만을 듣는다. 자신이 원래 환영받지 못한 존재라는 사실에 딸은 상처를 받는데 이것을 스몰 트라우마라 할 수 있다. 분명히 충격과 상처가 생기지만 빅 트라우마에 해당하는 사건들에 비하면 그 강도가 약하고 자신이 직접 겪었다기보다는 전해 들은 일로 인한 상처이기 때문이다. 그러나 무엇이 빅 트라우마이고 어디까지를 스몰 트라우마라고 할 수 있는지는 어디까지나 상대적인 개념일 뿐, 무를 자르듯이 나눌 수는 없다.

갈등과 문제를 안고 상담실의 문을 두드리는 내담자에게는 일정한 특징이 있다. 즉, 우울감, 불안, 자살하고 싶은 느낌, 대인관계 갈등, 미래에 대한 근심 등을 볼 수 있다. 이러한 문제를 가진 내담자와 상담을 하다 보면 그들이 과거에 경험한 트라우마를 만나게 된다. 내담자가 가진 트라우마는 대부분 가족 안에서 받은 상처들이다. 비록 가족 밖에서 발생한 경우라도 가족이 이것에 대해 어떻게 반응하는가에 따라 피해자가 경험하는 트라우마의 강도가 달라진다.

30대 주부인 C 씨는 초등학교 때 이웃에 사는 오빠에게 성추행을 당하였다. 너무 놀라서 어머니에게 벌어진 일을 말하였다. 그러나 어머니의 반응은 의외였다. "싸다, 싸. 어쩐지 공부 안 하고 동네를 돌더니만 그런 일을 당하지." C 씨는 많은 시간이 지났어도 그때 어머니에게 들었던 말이 늘 남아서 수치심과 분노에서 벗어날 수 없었다. 사실 C 씨를 괴롭힌 것은 성추행 자체보다 전혀 공감하지 않고 딸을 보호하려 하지도 않은 어머니의 냉정한 반응이었다.

역설적이게도 가족은 우리가 경험하는 트라우마의 원천이다. 가족 안에서 받은 트라우마는 우리의 삶에 깊은 영향을 미친다. 오늘날의 심리학은 어린 시절의 경험이 평생 동안 지속된다고 전제한다. 어린 시절 가족 안에서 받은 트라우마는 평생을 따라다니며 삶에 부정적인 그림자를 드리운다. 자존감은 파괴되고, 자기정체성은 망가지고, 인간관계의 근본적인 구조인 신뢰, 친밀감, 유대감, 헌신의 능력은 엉망이 되어 버린다. 상처받은 아동은 불행한 경험을 극복하려고 하기보다는 자포자기하는 심정이 되어 마음의 문을 닫아걸고 현실을 거부하려고 한다. 불신으로 가득 찬 눈으로 세상을 보고 아무도 믿을 수 없게 된다. 적대적인 세상으로부터 자기를 보호하려고 더욱 견고한 벽을 두껍게 쌓는다. 장벽이 점점 더 높이 두텁게 쌓여 올라갈수록 가족과 세상으로부터 스스로를 더욱 격리시킨다.

이와 같이 마음의 상처를 입은 사람은 표면적으로는 생존을 이어 가지만, 억압된 트라우마가 내면에 쌓여 자신을 격리하거나 반대로 세상에 나가 사람들로부터 인정과 애정을 애타게 갈구하게 된다. 어린 시절 가족에게서 받은 트라우마는 올바르게 현실을 인식하게 하는 능력, 자연스럽게 인간관계를 맺는 능력을 상실하게 하고 고통스러운 삶을 살도록 만든다. 따라서 어린 시절 가족에게서 받은 트라우마는 다시 현재의 가족관계에 부정적인 영향을 미침으로써 과거의 불행한 경험을 반복하도록 이끈다.

어린 시절에 경험한 트라우마는 과거의 불행한 경험으로 한정되지 않고 현재 속에서 그림자를 드리운다. 예를 들어, 어린 시절에 경험한 트라우마로 인해 내면에 표현되지 못한 공격성과 분노를 갖게 된 사람은 이런 감정을 현재 속에서 자기 주변의 가장 가까운 사람들에게 투사하여 그들을 괴롭히거나 자기 스스로를 고통스럽게 만든다. 즉, 과거의 트라우마가 현재에서 또 다른 트라우마를 만들어 낸다.

인형치료는 가족 안에서 발생하는 트라우마에 초점을 맞추어 해결을 시도한다. 이는 어린 시절에 경험한 트라우마가 현재에서 또 다른 트라우마를 만들어 내는 메커니즘을 밝히고 그동안 무의식적으로 반복해 오던 불행의 반복을 끊게 하는 데 그 목적이 있다.

[사진 4-3]은 초등학교 6학년 때 아버지에게 근친상간을 당한 후 평생 수치심, 무기력, 불안 속에서 살아오고 있는 30대 여성이 세운 인형이다. 그녀가 상담을 하게 된 동기는 대인관계 문제였다. 직장 동료들과 친밀감을 형성하지 못하고 늘 외톨이가 되고 있는 자신을 발견하고 상담을 요청하였다. 성적으로 트라우마를 경험하는 순간에 인간관계의 가장 복잡한 부분인 신뢰와 친밀감의 능력이 손상된다. 트라우마 중에서도 성적 충격이 신뢰와 친밀감에 미치는 손상만큼 강하게 작용하는 경우가 없을 것이다. 신뢰와 친밀감은 하루하루의 일상 속에서 겪어야 하는 문제이기에, 이 부분에서의 손상은 대인관계 능력 전반에 커다란 부정적 영향을 주게 되었다.

[사진 4-3] 어린 시절에 근친상간을 당한 피해자가 세운 인형

상담 과정에서 내담자는 직면을 통해 트라우마에 대한 재기억과 재경험을 하게 되었고, 여기서 [사진 4-3]의 내용을 표현하였다. 뱀이 그녀의 하체를 공격하고 있으며, 정작 본인은 아무런 저항도 하지 못하고 마비된 것 같이 서 있다. 내담자는 아버지의 성적 공격에 무방비 상태로 당했고, 이 경험은 오랫동안 스스로를 자책하고 수치스러워하게 만들었다. 내담자는 인형을 통해 자기의 무의식 속에 억압되어 오던 상처를 의식 밖으로 끄집어내어 표출할 수 있는 기회를 얻게 되었다.

[사진 4-4]는 아버지의 성적 학대로 인해 내담자가 어떤 고통을 겪었는지를 표현한 것이다. 아버지가 공격한 것은 자신의 하체이지만 그 공격 이후 자신이 어떻게 스스로 상처에 갇혀서 살아왔는지를 나타내고 있다. 내담자는 자신을 늘 괴롭혀 오던 모든 고통의 실체가 단지 아버지의 성적 학대에서만 비롯된 것이 아니며, 스스로의 불신 그리고 자신을 세상으로부터 보호하기 위해 쌓아 올린 장벽과도 무관하지 않음을 깨닫게 되었다.

⊛ **[사진 4-4]** 어린 시절에 근친상간을 당한 피해자가 두 번째로 세운 인형

[사진 4-5]는 어린 시절 이후 지속되어 온 아버지의 성적 학대를 상징하는 뱀을 자신의 뒤에 뒤집어 놓은 모습이다. 내담자는 인형을 통해 자기 내면에 억압되어 왔던 성적 학대를 표출하면서 그로 인한 트라우마와 직면하였다. 내담자는 성적 트라우마보다도 스스로를 보호하려고 만든 불신과 장벽이 자신을 오히려 더 힘들게 했음을 인식하였다. 이러한 과정을 통해서 내담자는 이 모든 것이 과거의 일이며, 지금은 안전하고 위험에 처해 있지 않으므로 두려워할 필요가 없다는 것을 받아들이게 되었다. 아울러 성적 학대를 받을 때 무기력했던 것에 대해 스스로를 자책하고 수치스러워하였는데, 이제 이 일에 대해 자신은 아무런 책임이 없고 잘못한 것이 없으며 따라서 죄책감을 느끼거나 부끄러워할 이유가 없다는 것을 인식하였다.

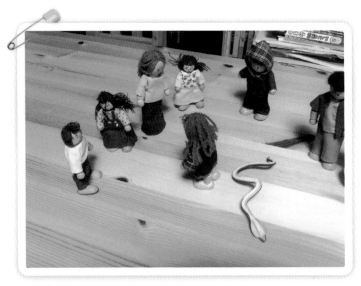

[사진 4-5] 어린 시절에 근친상간을 당한 피해자가 세 번째로 세운 인형

3) 자기치료과정으로서의 치료적 접근

　인형치료는 트라우마 중심의 치료적 접근을 시도하며, 이것은 어린 시절에 형성된 깊은 트라우마의 고통을 가진 내담자에게 유용하게 적용된다. 트라우마는 또 다른 트라우마를 만들어 낸다고 전제한다. 즉, 어린 시절에 경험한 상처는 또 다른 상처를 만들어 내는 원인이 된다. 트라우마를 경험한 사람은 자신의 가족들에 대해 건강한 신뢰와 친밀감을 형성하지 못한 채 성장하면서 원가족 안에서 깊은 갈등을 경험하게 된다. 어린 시절에 심각한 트라우마를 겪은 경우 자신을 분리함으로써 더 이상 아무것도 느낄 수 없게 자기의 감정을 차단한다. 이러한 감정의 차단은 살아남기 위해 자아가 무의식적으로 선택한 방어기제다. 이런 사람에게 자신의 감정을 다시 찾고 표현하라고 충고하는 것은 바람직하지 않다.

　내담자의 출생을 원치 않은 부모에게 거부당했거나 심하게 학대받은 상처를 다시 불러내는 것은 오히려 정신적 질환을 초래할 수 있을 정도로 위험하다. 자신의 감정을 차단해야만 살아남을 수 있었던 내담자를 치료하기 위해서는 따뜻함, 안전함, 인내심과 이해심을 보여 주면서 그들 스스로 길을 찾을 수 있도록 도와주어야 한다. 내담자가 경험한 트라우마를 인형 상징물을 통해 의식화하고 억압되거나 표출되지 못한 감정이 안전하게 드러날 수 있도록 도와야 한다. 내담자는 이러한 치료 과정을 통해 자기 자신을 객관적으로 관찰하게 된다. 그리고 자신의 트라우마에 대한 방어체계와 자기의 삶이 어떻게 트라우마에 의해 영향을 받았는지를 인식하게 된다. 내담자가 자기 인격을 새롭게 구성함으로써 건강한 내면의 기초를 형성할 수 있다. 치료 과정을 통해 내담자는 자신의 근본적인 변화를 경험하게 된다.

트라우마를 가진 사람은 삶 속에서 너무나 좁은 시각을 갖게 되고 지나친 편향성을 띠게 되며, 쉽게 경계선에서 일탈하여 갈등과 불안에 휩쓸리게 된다. 따라서 모든 고통의 원인이 되는 자신의 트라우마를 바라보는 관점의 변화가 필요하다. 개인의 세계관에 어떤 변화를 일으키기 위해서는 우선 더 이상 의미를 갖지 못하게 된 기존의 세계관을 해체해야만 한다. 한 인간의 세계상이 해체되고 트라우마를 바라보는 관점에 근본적인 변화를 가지기 위해서는 자아상, 자존감의 변화가 전제되어야 한다. 한 인간의 트라우마를 치료하기 위해서는 무엇보다도 트라우마를 바라보는 관점의 변화가 일어나야 하며, 이것은 바로 자아상, 자존감의 변화로 이어진다.

그러나 이러한 트라우마로부터의 회복은 상담사가 대신 이루어 줄 수 있는 것이 아니며, 오로지 내담자 스스로의 힘으로만 가능하다. 트라우마로부터 벗어날 수 있는 유일한 방법은 스스로 변화하려고 애쓰는 데 있다. 다른 사람을 탓하거나 다른 사람에 의지해서 벗어나려는 것이 아니라 스스로 책임을 떠맡고 자신의 삶을 살아가려는 데에서 회복은 시작된다. 새로운 세계관으로의 전환은 어린 시절의 트라우마와 그로 인해 나타나는 후유증과 자신의 한계를 인식하는 것에서부터 시작된다. 이를 통해 다른 사람을 탓하고 불가능한 것들을 요구하던 습관에서 벗어나 자신의 분노와 고통과 슬픔을 인식하게 되는 것이다.

부모를 비롯한 주변 가족들에게 받은 트라우마의 후유증은 보상받을 수 없다. 상처를 치유하기 위해 수십 년이 지난 지금에 와서 그들에게 사과를 받는 것은 별로 도움이 되지 않는다. 트라우마는 우리의 내면에 있는 것이기에 현재에서 어떤 위로와 보상을 받는 것은 별로 도움이 안 된다. 자신에 대해 성찰하고 감정을 솔직하게 표현하며 스스로 변화하려고 노력하고 행동하는 사람만이 트라우마의 반복성이라는 딜레마에서 벗어나 회복을 할 수 있다.

　　내담자는 스스로 변화하고 치유되는데, 여기서 치료 과정은 '자기치료과정(Selbstheilungsprozess)'이다. 즉, 내담자가 자신의 힘으로 낫게 되는 것이다. 내담자가 스스로 낫기 위해서는 무의식 속에 잠재되어 있는 자기치유의 능력이 활성화되어야 한다. 이것을 돕기 위해 상담사는 동물인형과 가족인형이라는 상징을 통해서 내담자의 자기치유 능력을 촉진한다. 상담사의 도움을 받아 내담자는 트라우마를 바라보던 기존의 관점에서 벗어나 자기의 한계를 수용하며 새로운 변화를 받아들이게 된다.

　　[사진 4-6]은 40세의 여성이 티라노사우루스로 남편을, 고개를 숙이고 있는

[사진 4-6] 남편이 두려웠던 내담자 1

말로 자신을 표현한 것이다. 내담자는 여러 종류의 말 인형 중에서 가장 작은 것을 선택하였다. 남편은 가장 공격성이 강한 존재(티라노사우루스)로 상징되었고, 부부의 관계에서 적당한 균형이 유지되지 못하고 있으며 부인이 남편에 비해 대단히 왜소한 존재인 동시에 위축된 역할을 하고 있다는 것을 암시하였다.

상담 과정을 통해 내담자가 남편에 비해 과도하게 약한 존재가 된 이유와 두려워하는 이유를 찾아낼 수 있었다. 내담자의 어머니는 처녀 시절에 유부남과 동거 생활을 하였고, 둘 사이에서 세 명의 자녀를 낳았지만 여전히 불안정한 동거 생활이었다. 내담자는 이 세 명의 자매 중에 막내로 태어났으며, 언제든지 아버지가 본처에게 다시 돌아갈 수 있다는 불안감에 시달렸다. 자신은 떳떳한 존재가 아닌 첩의 자식이라는 낮은 자존감을 형성하여 언제나 무기력하였고 불안해하였다. 남편과 결혼하였지만 여전히 어린 시절에 경험하였던 수치심, 죄책감, 무기력에서 벗어나지 못하였다. 자신을 낮게 평가하고 무가치하게 여기게 되니 상대적으로 남편의 역할과 위치가 높아지게 되었다. 내담자는 언제나 남편의 눈치를 살피고 남편의 말과 행동 하나하나에 그날의 기분과 감정이 결정될 정도가 되었다. 남편을 가장 공격성이 강한 존재로 묘사하였지만, 실제로 남편은 온순한 사람이었고 아내에게 폭언이나 폭력을 행사하는 사람이 아니었다. 화가 나면 가끔씩 잔소리가 심해질 정도였지 실제적으로 공격성이 높은 남편은 아니었다. 남편을 공격성이 강한 존재로 묘사한 것은 내담자의 주관적 경험에 따른 것이다. 내담자는 상담 과정을 통해 자기의 어린 시절에 있었던 트라우마를 다루게 되었고 자기 안에 있던 감정들을 인식하게 되었다. 이러한 변화를 통해 자기 자신을 통찰하게 되었다.

[사진 4-7]은 치료 과정이 종결될 때 다시 묘사된 내담자와 남편의 모습이다. 여기서 남편은 수탉으로, 내담자 자신은 캥거루로 묘사되었다. 내담자는 치료 과정 초기에 남편을 티라노사우루스로 묘사하였지만 종결 시에는 남편을 수탉으로 표현하였다. 이전에 고개를 숙인 작은 말이었던 내담자 자신은 종결 시에는 캥거루로 묘사되었다. 내가 내담자에게 캥거루의 의미를 물었을

때, 내담자는 "이 캥거루는 어머니를 상징해요."라고 대답하였다. 자녀를 책임지고 든든한 모성애를 갖고 자녀를 양육할 수 있는 엄마를 나타낸 것이었다.

치료 과정을 통해 내담자가 자기 자신과 남편을 바라보는 관점에 변화가 일어났다. 내담자는 부모로 인해 받은 심리적 후유증을 보게 되었고, 자신의 부정적인 경험으로 인해 남편에게 관계 문제의 책임을 돌리고 자신의 외부 상황만을 탓한 것을 알게 되었다. 내담자는 어린 시절의 소망과 실망, 불안을 남편에게 전이하는 행동을 중지하게 되었으며, 현재의 문제를 변화시킬 수 있는 사람은 남편이 아닌 자신임을 성찰하게 되었다.

이러한 변화는 내담자의 어린 시절의 트라우마를 다루고 그동안 내담자의 자존감과 인격을 형성하였던 트라우마를 현재의 삶 속에서 분리하고 객관화하는 작업을 통해서 이루어졌다.

2. 인형치료의 치료적 개입

1) 과거와 현재를 분리하는 치료

(1) 과거의 트라우마 영향과 현재

독일의 대표적인 사회학자인 루만(Luhmann)은 사랑은 소통이라고 말한다. 사랑은 단지 감정적 차원이 아니라 서로의 정서를 표현하고 공감하는 과정이라는 말이다. 우리는 친절한 눈빛, 인정해 주는 말 한마디, 다정한 포옹, 공감을 표시하는 신체 접촉과 같은 사랑의 표현을 통해서 삶의 행복을 느낀다.

어린아이에서 어른으로 성장하고, 정서적으로 성숙한 어른이 되기 위해, 그리고 자아를 실현하고 자기 삶의 의미를 형성하기 위해서는 사랑이 필요하다. 우리에게 사랑이 없는 인생은 상상할 수 없다. 어린 시절 충분한 사랑을 받지 못한 채 성장한 사람은 성인이 되어 사랑을 원하면서도 사랑으로부터 도망치려고 하고, 사랑을 거부하고, 자기를 사랑하는 사람에게 상처를 입힌다. 현재의 삶 속에서 열렬히 사랑을 원하지만 과거에 사랑받지 못한 경험은 그의 발목을 붙잡고 현재를 과거와 마찬가지로 고통스럽게 만든다.

독일의 심리학자인 마츠(2008)는 과거의 상처에 묶여 현재의 삶에서 고통스러워하는 사람들의 모습을 다음과 같이 설명한다.

- 스스로 결정하지 못하고 매사에 의존적인 사람
- 자기 내면의 부정적인 면을 인정하지 않기 위해서 다른 사람에게 적개심을 돌리는 사람
- 자신을 있는 그대로 인정하지 않고 다른 사람을 과도하게 숭배하는 사람
- 사랑하기보다는 사랑받으려고만 하는 사람
- 자신의 책임을 받아들이기보다는 다른 사람을 탓하는 사람

- 자신이 사랑받을 만한 가치가 있다는 확신이 없는 사람
- 다른 사람을 이해하기보다는 이해받기를 바라는 사람
- 자기 생각을 말하기보다는 끊임없이 질문을 해대는 사람
- 남의 말을 듣지 않고 자기 말만 하는 사람
- 자기 내면의 감정을 느끼지 않기 위해 즉각적으로 행동하는 사람
- 문제를 인식하지 않기 위하여 관심을 다른 곳으로 돌리고 쓸데없는 잡담만 하는 사람
- 자기 내면의 목소리에 귀를 기울지 않고 외부의 자극에만 움직이는 사람
- 다른 사람들과의 유대관계와 연대감 대신 경쟁과 투쟁에 목숨을 거는 사람
- 스스로 문제를 해결하려고 하기보다 타인에게만 기대는 사람

최근 심리생리학자들은 어린 시절의 트라우마 경험이 뇌 속의 생화학적 작용을 왜곡시킨다는 사실을 발견하였다. 그 결과 스트레스 호르몬이 과다하게 분비되고 점점 더 신경이 예민해진다. 그래서 성인이 되면 사소한 스트레스만 있어도 호르몬 방출 체계가 무너지고, 신체적인 경보 태세에 들어가게 되어 무기력해지고 점점 우울해진다. 이렇게 되면 우울증, 공포, 불안, 강박 등 여러 다른 스트레스성 질병에 노출될 수 있다.

남들보다 스트레스에 훨씬 민감하게 반응하는 사람이 있다. 이런 사람은 쉽게 스트레스를 받고 한번 받은 스트레스를 해소하는 데 시간이 많이 걸린다. 이런 사람은 어린 시절에 아주 강도 높은 스트레스를 받은 경우가 많다. 트라우마 경험은 스트레스에 민감하게 반응하는 체질로 바꾸어 놓는다. 트라우마가 많은 사람이 그만큼 상처에 단련되어 그런 경험이 적은 사람보다 상처를 더 잘 극복할 것 같지만, 실상은 그렇지 않다. 상처를 경험한 사람이 더 아프다. 어린 시절 트라우마를 많이 겪은 사람은 스트레스를 잘 해소하지 못하고 민감하게 반응하는데, 이들은 어린 시절에 스트레스 대처체계에 손상을 입은 것이다. 이들은 언제나 과거에 경험한 트라우마에 묶여서 현재를 살아가고 있는 것

이다.

인형치료는 현재의 갈등에서 과거의 불행한 경험을 분리시키는 작용을 한다. 현재의 갈등이 단지 현재에서 온 것이 아니라는 사실을 파악하고 과거의 영향을 객관적으로 볼 수 있도록 하는 데 인형은 좋은 도구가 된다. 동물인형과 가족인형을 통해서 표현하는 자기의 모습은 그동안 스스로 어떤 역할을 했는지 그리고 가족이 어떤 상호작용 패턴을 나타내고 있는지를 분명히 볼 수 있게 한다. 인형이라는 상징물을 통해 내담자는 한눈에 자기의 과거와 현재를 보고, 그 사이에 개재되어 있던 과거의 영향을 탐색하면서 현재의 삶을 직시할 수 있게 된다. 따라서 과거와 현재를 분리시키는 데 있어 핵심은 과거의 트라우마를 잊게 하거나 애써서 무시하도록 이끄는 것이 아니라 트라우마를 바라보는 관점의 변화다.

얼마 전 미국의 사회학자들이 갑자기 백만장자가 된 로또 당첨자들 그리고 사고를 당해 척추가 마비되고 갑자기 휠체어 신세가 된 사람들을 대상으로 삶에 대한 만족도 조사를 했다. 일반적으로는 백만장자들의 삶에 대한 만족도가 높아졌을 것이고, 반면에 갑자기 휠체어 신세가 된 사람은 차라리 죽는 게 나을 정도로 불행해졌을 것이라고 짐작할 것이다.

연구 결과, 백만장자의 갑작스러운 행운이 행복한 삶을 보장해 주지는 않았고, 휠체어에 의존하게 만든 척추마비 역시 삶의 만족도에 그다지 영향을 주지 못했다. 백만장자가 된 사람은 잠시 동안은 행복해했지만 시간이 지나자 모든 것들이 예전으로 돌아갔다. 소형차에서 고급 스포츠카로 바꾸어 타면서 처음에는 좋았지만 금방 익숙해지면서 더 비싼 최고급 스포츠카에 마음이 갔다. 휠체어 신세가 된 사람은 처음에는 고통스러웠지만 시간이 지나면서 타인에게 의지해야 하는 삶에 적응하면서 다시 예전으로 돌아갔다. 결과에 따르면, 삶의 만족에 영향을 주는 것은 물리적 환경이 아니라 삶에 대해 어떤 관점을 갖고 있는가다.

트라우마는 주관적인 성격을 갖는다. 어떤 트라우마를 겪었는가보다 자신의 트라우마를 어떤 시각으로 보는가가 더 중요하다. 상담 현장에서는 너무나 커다란 트라우마를 겪었던 사람들을 종종 보게 된다. 처음에는 그들의 트라우마가 한 사람이 감당하기에는 너무도 엄청난 것이기에 선입관을 갖고 무척 힘들었을 것으로 보았지만, 정작 본인은 타인들이 생각하는 것만큼 고통스럽게 느끼지 않았다. 반면에 어떤 사람은 누구나 겪게 마련인 대수롭지 않은 일에도 무척이나 힘들어한다. 트라우마는 그 자체보다는 어떻게 받아들이고 바라보는가에 따라 그 영향력이 결정된다.

트라우마가 상대적이라는 것은 결국 관점 또는 패러다임을 어떻게 세우느냐에 따라서 그것을 극복해 나갈 수도 또는 그것에 끌려다닐 수도 있음을 뜻한다. 몸에 난 외상은 약물이나 수술로 치료할 수 있고 의사가 그 과정을 담당하겠지만, 마음의 상처는 대처법이 다르다. 약물과 수술이 아니라 직면, 관점의 전환, 자아상의 정립이 필요한 것이다. 회피하지 않고 사실을 제대로 보는 것, 패러다임을 바꾸어 다른 시각을 통해 자기의 상처를 바라보는 것에서 회복이 시작될 수 있다.

(2) 트라우마의 기억과 현재

오늘날의 심리학은 어린 시절의 경험이 미래에 지속적인 영향을 미친다는 전제에서 출발한다. 그렇다면 어린 시절에 트라우마에 노출되어 가혹한 운명을 살아야 했던 사람들의 삶은 어떻게 되는 것인가? 분명히 과거의 트라우마는 현재의 삶에서 강력한 영향을 미치지만 피할 길은 분명히 존재한다. 어린 시절을 힘들게 보냈다고 반드시 인생이 불행해지거나, 우울증에 걸려 고통받거나, 인간관계의 어려움을 갖는 것은 아니다. 프랑스의 신경생리학자인 시릴 니크(2006)는 어린 시절의 트라우마가 놀라운 복원력을 통해 회복될 수 있다고 말한다. 트라우마가 있는지가 아니라, 우리가 트라우마를 어떻게 받아들이고 소화해 내는지가 훨씬 더 중요한 문제인 것이다.

네덜란드의 심리학자인 드라이스마(2006)는 기억은 마음 내키는 곳에 드러눕는 개와 같다고 말한다. 우리의 기억은 때로는 과장되고 왜곡되며 대부분 잊히게 된다. 과거의 기억은 PC에 저장되는 것처럼 고정되고 변하지 않는 것이 아니라 언제나 유동적이다. 기억은 과거에 일어난 사건을 기록해 두는 대뇌 활동이 아니라 매 순간 변하는 현재와 다가올 미래를 대비하기 위한 것이다. 따라서 현재의 상황이 바뀔 때마다 현재의 기억도 얼마든지 바뀔 수 있다. 과거의 트라우마에 대한 기억은 고정적으로 존재하는 것이 아닌, 현재에 의해 결정되고 변화될 수 있는 것이다. 사실상 과거의 트라우마에 대한 기억은 실제 과거와는 거의 관련이 없으며, 오히려 현재와 더 많은 관계가 있다. 우리는 과거의 트라우마의 기억을 불러낼 때마다 일종의 덧칠 작업을 한다. 다시 말해, 우리의 트라우마에 대한 모든 기억은 완전히 객관적일 수 없다.

트라우마의 기억 = 현재 일어난 사건 + 이전의 기억

우리에게 영향을 미치는 것은 과거 그 자체가 아니라, 그 과거와 관계를 맺는 방법이다. 과거의 고통스러운 트라우마에 대한 기억은 현재의 필요에 맞춰 스스로를 채색한다. 따라서 문제 해결을 위해 중요한 전제는 트라우마 자체의 기억을 도려내는 것이 아니라 언제든 편집될 수 있는 과거의 트라우마의 기억을 현재 속에서 재편집하고 가공하는 데 있다. 과거의 트라우마의 기억을 편집하기 위해 트라우마를 바라보는 관점의 변화, 시각의 변화가 필요하다. 기억은 과거를 위해 존재하는 것이 아니라 미래를 위해 존재하는 것이다. 우리의 트라우마에 대한 기억을 현재 속에서 미래를 위해 다시 재편집함으로써 트라우마의 고통과 아픔을 해결할 수 있다.

30대인 남성이 현재 아내에게 이혼을 요구하였다. 그러나 아내는 이혼을 원하고 있지 않았고, 아내의 요구에 의해 부부상담이 이루어졌다. 두 사람은 결혼한 지 2년이 되었다. 늦은 나이에 결혼하였고, 아이는 아직 없다. 남편은 아내가 자기의 삶을 바꾸려고 해서 너무나 귀찮고 힘들다고 한다. 그리고 자신은

[사진 4-8] 혼자가 되고 싶은 남편의 현가족 동물인형

혼자 사는 것이 더 편하고 아무런 간섭도 없이 살고 싶다고 하였다. 남편은 자기를 나타내는 상징으로 작은 소를 선택하였다([사진 4-8] 참조). 이 소는 느리고 별로 간섭이 없이 천천히 행동해도 되는 소다. 기껏 행동하는 것은 꼬리를 흔들거나 음매하고 우는 정도이며, 아무런 간섭 없이 살 수 있는 존재라고 하였다. 남편은 아내를 나타내는 상징으로 힘이 느껴지는 닭을 선택했다. 이 닭은 언제나 부산을 떨며 자기 주변을 돌아다니면서 자기에게 이래라저래라 요구를 하여 귀찮게 만든다고 하였다. 그리고 자신에게 계속 많은 것을 요구하고 변화를 강요하는 아내로부터 벗어나고 싶다고 하였다.

상담사는 남편이 아내에게 원하는 것을 알기 위해 질문하였다. 아내가 어떤 모습이었으면 편하겠냐고 물으면서, 그가 소망하는 아내의 모습을 선택하도록 하였다.

남편은 자기 옆에 불가사리를 세웠다([사진 4-9] 참조). 이 불가사리는 움직임도 느리지만 무엇보다 사는 곳이 달라서 서로에게 간섭하지 않을 수 있는 존재라고 하였다. 소는 육지에 살고, 불가사리는 물에 사니 서로 사는 곳이 다르

[사진 4-9] 혼자가 되고 싶은 남편이 부부관계에서 소망하는 바를 나타내는 동물인형

기에 각자 자기의 자리에 머물면서 아무런 간섭을 하지 않을 것이다. 남편은 아내가 불가사리처럼 자기에게 아무런 간섭도 하지 않고 서로의 위치를 그냥 존중해 주면서 살고 싶다고 하였다. 남편에게 그러면 이것은 부부가 아니라 어떤 소통도 없이 그냥 동거만 하는 관계가 아니냐고 묻자, 그렇다고 하였다. 남편은 강원도 산골짜기에 들어가서 아무도 없는 곳에서 혼자 살고 싶은 꿈이 있다고 말하였다. 아무에게도 간섭이 없는 곳, 아무도 신경 쓰지 않는 곳이 가장 원하는 곳이라고 하였다.

남편은 아내와 헤어지고 싶은 것이 아니라 혼자 있고 싶어 하였다. 어린 시절 부모는 늘 바빴고 알코올 중독에 가정 폭력까지 저질렀던 무능한 아버지와 가족을 지키려 했던 어머니 사이에서 언제나 방임되어 있었다.

남편은 아버지를 개구리로, 어머니를 줄무늬 영양으로, 동생들을 양과 말로, 자기는 개구리로 나타냈다([사진 4-10] 참조). 아버지는 밖을 보고 어머니는 자녀들을 보고 있다.

🔘 **[사진 4-10]** 혼자가 되고 싶은 남편의 원가족 동물인형

　그의 어머니는 3남매를 혼자서 키우느라 언제나 힘들어 자녀들을 따뜻하게 돌보거나 살펴 주지 못하였다. 그래서 어릴 때부터 항상 외로웠다. 그는 학창 시절에도 친구가 하나도 없었고 늘 혼자였다고 한다. 남편이 아내에서 벗어나려는 것은 아내가 싫어서가 아니라 자기의 익숙한 패턴인 혼자로 돌아가려는 것이었다. 그는 어린 시절에는 고통스러웠던 외로움에 어느새 적응하여 지금은 오히려 의도적으로 혼자가 되려고 하였다. "당신은 아내에게서 벗어나려는 것이 아니라 과거의 혼자로 돌아가려고 하는군요?"라고 말하자 남편은 놀라워하였다. 자기가 정말 원하는 것이 무엇인지를 알게 되었던 것이다. 외로움은 스스로 원해서 얻은 것이 아니었다. 어쩔 수 없는 어린 시절의 고통이었는데 자기도 모르게 혼자만의 상태로, 외로움으로 돌아가려고 하였던 것이다. 아내가 자기의 고독을 침해하자마자 불편해했고, 과거로 돌아가려고 하였던 것이다.

　남편은 동물인형을 통해 과거의 모습이 어떻게 현재에 영향을 미치고 있으며 현재의 삶에서 불편해했던 일들이 사실 과거의 영향 때문이라는 사실을 인식하면서 자기 문제에 대한 통찰을 얻게 되었다.

(3) 트라우마 치료를 위한 안전지대 구축

트라우마의 치료에서 내담자가 직면을 경험했을 경우 돌발적인 증상이 발생할 수 있다. 예를 들어, 근육경련이나 호흡곤란 등과 같은 신체화 증상이 일어나거나 극심한 불안감으로 인해 치료 과정이 제한될 수 있다. 따라서 트라우마의 치료에서 내담자를 위한 안전지대 구축은 중요한 작업이다. 내담자는 자신의 트라우마를 다루는 작업에서 충분히 보호받는 느낌을 경험하는 안전지대가 필요하다. 인형상징체계를 통해 만들어지는 안전지대 구축하기에서 내담자가 가진 자원은 유용한 도구가 될 수 있다. 긍정적 기억, 긍정적인 역할 모델, 사회적인 인정, 신뢰, 자존감, 안전감, 지지, 양육, 성취, 조언을 받은 경험(Parnell, 2008) 등이 자원이 될 수 있으며, 이러한 것들은 안전지대를 위한 자원이 된다. 내담자의 트라우마를 효과적으로 치료하기 위한 안전지대 구축하기는 트라우마의 정도가 심한 내담자에게는 필수적 사항이다. 내담자의 삶에서 긍정적 자원을 찾아내고 이것을 내담자가 재검토하도록 하는 작업 속에서 치료적 가능성으로 이끌 수 있다.

치료 중 불안감을 보이는 내담자는 미리 구축해 둔 안전지대로 가서 안전을 확보하게 된다. 안전지대는 내담자가 실제 알고 있는 곳일 수도 있고 상상한 곳일 수도 있다. 내담자와 상담사가 함께 안전하고 편안함을 느끼며 창조적으로 되고, 치유의 에너지가 충만해지는 그런 곳을 만드는 것이다. 특히 이것은 우울증이 있는 내담자에게 도움을 줄 수 있다. 상상 속에서 안전지대를 보호하는 보호막을 칠 수도 있다. 단, 과거의 아픔과 연관된 장면을 안전지대에서 제외하는 것이 좋다(Parnell, 2008). 안전지대를 찾지 못하면 상담사와 내담자의 관계나 상담사의 상담실을 안전지대로 사용할 수 있다. 특히 안전지대는 그림 또는 글쓰기 그리고 인형과 같은 상징체계를 통해 안전지대를 만들어 가는 것이 효과적이다.

2) 부부 · 가족 문제는 투사와 전이와 연결된다

부부의 갈등과 이혼의 위기에는 '1+1'이라는 일정한 갈등의 메커니즘이 존재한다. 대형마트 광고에서 흔히 보았던 말일 것이다. 1+1, 즉 하나 더 준다는 이 말은 우리의 소비 심리를 유혹한다. 그런데 힘든 부부와 가족에게도 이 말이 적용된다. 힘든 부부 생활을 하는 부부는 고통스러운 부부관계에 대한 책임을 서로에게 전가한다. 자신들의 성격은 너무 다르고, 잘못 만났고, 상대가 너무 이기적이고, 욕심이 많다는 식으로 상대에게 책임을 전가한다. 불행한 결혼의 '1'은 바로 상대방의 실망스러운 행동과 상처 주는 모습일 것이다.

그러나 이것만으로 현재의 힘든 부부 · 가족 생활을 다 설명할 수 없다. 여기에 '+1'이 더 있다. 그것은 각 배우자가 어린 시절에 지켜봤던 부모의 결혼 생활과 이때 겪은 트라우마 경험이다. 이 둘이 '1+1'을 이루어 현재의 고통스러운 부부 생활과 가족 생활을 느끼게 만든다. 건강하고 행복한 부부 생활, 가족 생활을 위해서는 상대방을 변화시키려고 애쓰고, 왜 상대방이 변화되어야 하는지 이유와 문제를 찾으려고만 하지 말고 다른 하나, 즉 내 지난날의 상처와 아픔을 보는 것이 필요하다. 문제를 해결하기 위해 상대방을 변화시키려고 모든 에너지를 사용하지 말고 내가 갖고 있는 나머지 '1'을 살피고 변화시키는 것이 더 효과적일 때가 있다.

두 남녀가 사랑에 빠지게 되면 자신도 모르게 상대방에게 자신이 원하는 소망을 투사하고, 자신의 환상 속에서 상대를 바라보게 된다. 하지만 어린 시절에 경험한 트라우마로 인해 심리적인 짐을 떠안은 채 사랑의 관계가 시작된다면 곧 위험한 상황에 처하게 된다. '+1'이 두 사람 사이에 끼어드는 것이다. 두 남녀는 자연스럽게 수많은 위기와 문제를 해결해야 한다.

여기서 부부갈등의 여러 가지 실제적인 문제가 발생한다. 이것이 부부, 가족 문제의 '1'이다. 그러나 여기에 '1'이 더해진다. 부부는 극복해야 할 실제적인 문제뿐만 아니라 과거에 두 사람이 각기 경험했던 트라우마의 후유증이 더

해져서 더 극심한 갈등을 경험하게 된다. 그래서 비극으로 끝난 사랑에 관한 무수한 이야기가 있다. 행복했던 두 부부의 사랑은 나락으로 떨어진다. 상대방에게서 느꼈던 사랑은 증오로 변하고, 아름다움은 혐오감과 역겨움으로 바뀐다. 두 남녀의 마음을 사로잡았던 사랑의 열정은 경멸과 멸시로 변한다.

하지만 이러한 사랑의 급격한 변화가 두 사람의 눈에 보이는 문제에 직면한 나머지 '+1'이 더해진 결과라는 사실을 모른다. 두 사람은 의식하지 못했지만 어린 시절 충족되지 못한 욕구와 갈망, 불안과 공포, 무기력과 슬픔이 무의식적으로 두 사람의 관계를 갈기갈기 찢어 놓는다. 두 사람은 원인에 대해 정확한 진단을 하기보다는 사랑했던 상대방에게 모든 책임을 전가하며 고통스러운 관계를 이어 간다.

현재 부부의 문제, 자녀와의 문제는 어린 시절 트라우마의 경험과 더불어 더 큰 갈등과 어려움으로 다가온다. 이제는 우리에게 고통을 주는 가족에게 불만과 원망만 할 것이 아니라 과거의 저편에 있지만 여전히 끊임없이 영향력을 미치고 있는 과거의 트라우마를 보아야 한다.

부부상담과 가족상담에는 치료의 기본 전제가 있다. 그것은 가족 모두가 입장을 바꾸어서 서로의 시각에서 바라보고 상대방도 힘들었을 것이라는 데 서로 공감하게 만드는 것이다. 부부가 서로의 어린 시절의 상처와 그것의 영향을 마음으로 공감하고 존중할 때 변화는 찾아오게 된다. 트라우마 가족치료 중 특히 인형치료는 가족의 수많은 갈등과 문제들 속에서 '1+1'의 차원을 파악하고 현재에서 과거의 영향을 분리시키는 작업을 한다.

건강한 부부관계 또는 가족관계를 유지하느냐 못하느냐는 원가족에서 받은 상처를 파트너 관계에서 나타내느냐, 아니면 나타나지 못하게 할 수 있느냐에 달려 있다. 원가족 안에서 받은 상처를 인식하고 이를 정서적으로 극복함으로써 행복한 부부·가족관계를 만들 수 있다. 원가족에서 받은 상처는 부정하고 외면한다고 해서 해결될 수 있는 것이 아니다. 부부는 가능한 한 서로에게 자신의 감정을 전이하지 않으며, 옛 상처의 경험을 반복하기 위해 상대 배우자를 악용하지 않아야 한다.

원가족 안에서 받은 트라우마가 클수록 그러한 트라우마를 현가족 안에서 해결하려고 한다. 그럴수록 배우자와 자녀들을 자기 상처를 해결하기 위해 이용하고자 한다. 부모 역할을 제대로 하지 못한 부모 대신에 배우자를 이상화시키고, 채우지 못한 원가족에서의 갈망을 배우자가 채워 주리라 기대한다. 어린 시절에 해소되지 못한 실망과 분노, 증오와 좌절을 배우자를 통하여 해소하려고 한다. 원가족에서 받은 환멸과 증오를 대신할 대상으로 배우자를 이용하는 것은 끝없이 지속될 수 있다. 어린 시절의 고통을 극복하는 것이 아니라, 대체된 대상에게 대리 해소를 한다. 부모에게 복수하기 위해 배우자와 자녀들에게 분노의 칼을 겨누면 부부 · 가족관계는 전쟁터가 되고 자녀들은 다시금 과거의 불행을 반복하게 된다.

어린 시절의 상처를 현가족이 해결할 수 없으며, 과거에 채워지지 않고 남아 있는 욕구를 배우자와 자녀가 충족시켜 주지 못한다. 건강하고 행복한 부부 · 가족관계는 부부 각자가 원가족에서 받은 상처를 분리하고 서로를 있는 그대로 바라봄으로써 과거의 부정적인 영향으로부터 가능한 한 멀어질 때 찾아올 수 있다.

어린 시절에 트라우마를 경험한 부부가 서로를 이용하려는 것은 분명히 그 속에서 안정감을 얻을 수 있기 때문이다. 예를 들어, 어린 시절에 상처를 경험한 사람의 내면에는 표현되지 못한 분노와 공격성이 있다. 이런 감정들을 표출하기 위해 유능하고 정서적으로 건강한 배우자보다는 무능하고 못된 배우자를 선택하기도 한다. 무능하고 언제나 비난받을 만한 행동을 하는 배우자를 향해 내면에 쌓여 있는 무수한 분노를 표출함으로써 마음속에서만 터트렸던 부모에 대한 비난을 배우자에게 전가할 수 있기 때문이다. 그리고 부모에게 요구할 수 없었던 것들을 배우자에게 요구하고 그것을 채우기 위해 배우자를 비난함으로써 어린 시절의 분노를 어느 정도 해소할 수 있기 때문이다.

그러나 배우자를 공격하고 비난한다고 문제가 해소되는 것은 아니며, 또 다른 갈등과 불행을 경험함으로써 어린 시절에 이어 현재의 삶까지 트라우마의 고통을 경험하게 된다. 내담자에게 필요한 것은 그의 내면에 남아 있는 트라우마의 기억과 그 영향, 해소되지 못한 감정을 해소하는 것 그리고 그의 내면에 있는 자존감을 회복하는 것이다. 내담자에게 상처를 남긴 그때의 기억을 직시하여 정서적으로 극복해 낼 때 내담자가 받은 상처는 해소되고 자존감이 회복될 수 있다.

3) 세대 간 전이

가족 안에서 발생하는 상처는 한 사람의 인생에 매우 치명적인 악영향을 미치며, 그 상처로 인해 그 이후의 삶도 더욱 꼬이고 불행이 삶의 일부가 된다. 가족 안에서 받은 상처는 언제나 후유증을 초래한다. 자기 상처의 경험이 일종의 프리즘이 되어 그 상처의 시각으로 세상을 보게 만들기 때문에 늘 고통스러운 인간관계와 불행한 삶을 반복하게 된다.

어린 시절에 가족에게 받은 상처에 지속적인 스트레스에 노출된 사람은 행복 호르몬인 옥시토신이 낮아지고 스트레스와 관련된 코르티솔 호르몬의 양이 높아진다. 코르티솔 호르몬에 자주 노출된 사람은 자기 인생을 통해 끊임없이 스트레스를 추구하는 경향을 보이기 쉽다. 스트레스를 받아 코르티솔 수치가 높아지면 스트레스를 해소하기 위해 역설적으로 오히려 스트레스를 더욱 가중시키게 된다. 어린 시절부터 늘 직면해야 했던 코르티솔로부터 자신을 보호하기 위해 몸이 알아서 자연의 마취 체계를 가동해 진정제를 배출하기 때문이다.

잔인하게도, 어린 시절부터 과도한 스트레스에 노출된 사람은 스트레스를 해소하기 위해서는 엄청난 스트레스 상태가 되어야 비로소 긴장이 완화되고 위안을 얻을 수 있다. 가족 안에서 늘 상처를 받은 사람은 스트레스를 극복하기 위해 역설적으로 더욱 높은 긴장과 갈등이 필요하기 때문에, 자기가 필요한 높은 스트레스 수치에 도달하기 위해 더욱 자기를 학대하고 주변 사람과 끊임없는 갈등을 야기하거나 자기를 외로움과 우울중에 고립시켜 고통의 수치를 높이려고 한다. 그렇게 함으로써 불행은 그를 유일하게 위로하고 치유할 수 있는 수단이 된다.

어린 시절의 고통을 반복한다는 개념은 정신분석의 핵심 가운데 하나다. 프로이트는 고통을 일부러 찾아다니는 듯한 환자들을 보게 되었다. 그들은 자기파멸적 관계나 파괴적 행동들을 계속 반복하였다. 이에 착안하여 프로이트는 사람에겐 자기파괴 행동을 반복하는 강박이 있다고 보았다. 이러한 강박은 어린 시절의 경험에서 비롯된 것이다. 프로이트는 이것을 반복강박이라고 불렀다. 반복강박은 어떤 이득을 얻지 못하면서도 과거의 경험과 상황을 반복하려는 무의식적이고 맹목적인 충동이다.

거의 대부분의 사람이 어린 시절의 부정적인 패턴을 반복한다. 이것이 바로 대부분의 상담사들이 맞닥뜨리게 되는 모순적 현실로 당혹스러운 현상이다. 왜 이런 식으로 행동하는가? 왜 고통을 재현하는가? 왜 과거의 패턴에서 벗어나 더 나은 인생으로 나가지 않는가? 왜 사람은 자기파괴적 행동과 상처, 불행한 인간관계, 고통스러운 가족관계를 반복하는가?

알코올 중독자 아버지를 둔 여성은 아버지처럼 술을 좋아하는 사람과는 결혼하지 않겠다고 결심하지만, 결국 알코올 중독자인 남자와 결혼하는 것에서 그 예를 볼 수가 있다. 이런 여성은 치료가 불가능했던 아버지와는 달리 남편은 변할 것이고 자기를 사랑해 줄 것이라고 믿는다. 이렇게 하여 무의식적으로 트라우마의 아픈 기억을 재현하여 갈등을 해소하려고 한다.

가족심리학자 험프리스(2011)는 30년 동안 수많은 역기능적 가족을 상담했는데, 고의로 자녀와 배우자를 해코지하려던 사람은 단 한 명도 보지 못하였다고 말한다. 자신도 모르게 자녀와 배우자에게 실수를 하고 상처를 가하여 가족을 커다란 위기와 갈등에 빠뜨리는 사람들이 대부분이다. 자신도 모르게 배우자와 아이를 자기 마음대로 부려 먹으려 하고, 자신의 욕구대로 이들을 조종하려 하며, 쉽게 짜증을 내고, 꾸짖으며, 무시하는 행동을 한다. 왜 이들은 배우자와 자녀에게 함부로 행동하고, 무시하고 지배하려고 하는가?

자신도 어린 시절에 그렇게 당하면서 자랐기 때문이다. 자신도 모르게 어린 시절에 경험한 고통을 다시 현가족들에게 돌려주려고 한다. 가족의 위기와 문제는 한 개인의 문제이기보다는 그 가족의 한계를 보여 주는 것이다. 가족의 한계는 바로 여러 세대를 걸쳐 일정한 문화와 규칙, 비밀과 신화를 반복하는 가족의 환경에 의해 만들어진 것이다. 위기에 처한 가족이 적절하게 자신들의 위기를 해결하지 못하는 것은 이러한 원가족의 한계성을 갖고 있기 때문이다.

부부는 어린 시절에 보아 온 부모의 잘못된 부부관계를 재현하려고 하며, 자신들이 당한 대로 자녀를 키우려고 하기 때문에 시간이 지나고 세대가 바뀌어도 뒤틀린 가족관계는 변함없이 마치 운명처럼 반복된다. 많이 배우고 전문 지식을 쌓은 사람들도 무의식적으로 자신의 가족 안에 흐르는 굴레에 무지하여 역시 뒤틀린 가족관계를 반복한다.

불행한 가족관계를 경험한 사람들은 자신도 모르게 성인이 되어 과거의 경험을 무의식적으로 재현한다. 그 시작은 대부분 자신의 발달을 가로막은 부모와 가장 닮은 사람과 결혼하는 것이다. 또는 마음대로 지배하고, 통제할 수 있기 위해 의존적인 상대와 결혼을 한다. 그렇게 하여 가족관계에서 고통스러웠던 것을 다시 재현하게 되는 환경을 만든다. 하지만 다른 것은 이제는 어른이고, 아버지나 어머니이기에 더 이상 무기력하게 당하지 않는다는 것이다. 어릴 적에 부모에게 억눌렸던 자기 욕구와 보상심리를 성취할 수 있는 기회를 배우자와 자녀를 통해 얻게 된다. 즉, 현가족이 원가족 안에서 이루지 못한 미해결 과제의 제물이 된다.

인간은 익숙하고 친숙한 것에 편안해하고 이끌린다. 그리고 이러한 익숙함을 통해 과거의 원가족 경험을 재현하고자 한다. 원가족에서의 경험이 긍정적이든 부정적이든, 우리는 종종 어린 시절에 경험했던 것과 비슷한 상황을 재현해 줄 사람을 선택한다. 이러한 관계 패턴을 '귀향증후군'이라고 부른다.

원가족은 애착과 안정감의 원천으로, 비록 그 안에 폭력, 무관심, 냉담, 갈등이 있었다고 하더라도 그곳은 내게 돌아가고 싶은 고향이 된다. 부모가 원가족 안에서 자신에게 무관심했다면 그는 가족에 대해 언제나 무관심으로 일관할 사람을 배우자로 선택할 가능성이 높다. 원가족 안에서 언제나 비난받고 무시당한 사람은 역시 언제나 자신을 무시하고 함부로 취급할 사람을 배우자로 선택하게 된다. 이러한 과정을 통해 우리는 원가족의 집(home)으로 돌아가고 있는 것이다.

왜 이런 원가족으로의 회귀를 통해 힘든 관계 패턴을 지속하는가? 원가족에서의 고통스러운 관계를 반복함으로써 어린 시절 풀지 못한 문제를 어른이 되어 다시 한번 풀고자 하는 무의식이 작용하기 때문이다. 또한 어른이 되어서도 여전히 해결하지 못한 유아적 의존성을 역기능적 관계 패턴의 반복을 통해 계속 유지하고자 하기 때문이다. 인형치료는 프로이트가 발견했던 불행의 반복성이 내담자가 겪는 고통의 기본적 틀(frame)이 될 수 있다고 전제하고, 내담자가 자신의 문제체계 속에서 반복성을 인식하게 하여 악순환의 고리에서 벗어나게 돕는다. 불행하게도 반복성은 한 사람의 인생에서 발생할 수 있으며 또한 한 가족 안에서 여러 세대를 통해 반복될 수 있는데, 이렇게 여러 세대를 통해 반복되는 것을 '세대 간 전이'라고 한다.

전이는 과거에 관계를 맺었던 사람에게 느꼈던 감정을 그에게 투사하는 것이다. 전이는 개인적 차원에서만 발생하는 것이 아닌 한 가족사의 역사 속에서도 발생할 수 있으며 이것을 '세대 간 전이'라고 한다. 삶의 고통스러운 문제와 해소하지 못한 감정이 한 세대에서 다음 세대로 이동하는 현상이다. 특히 트라우마가 발생했던 가족 안에서는 세대 간 전이가 빈번하게 일어난다.

우리는 가족이 있으며 부모와 조상과 어떻게든 얽혀서 살아가야 할 존재들이다. 가족 안에서 우리는 유전자만이 아닌 내면화된 세계관과 자아상을 형성하며, 가족에 의해 영향 받은 생각과 행동, 관계 패턴과 소통 방식을 수행한다. 우리는 가족 안에서 애착과 충성심을 통해 가족에 얽매이게 되고 이것은 수 세대에 걸쳐 관계의 단절이나 죽음에도 불구하고 지속적으로 이어진다. 헬링거 (1997)는 우리의 삶은 가족의 기대와 소망, 메시지, 가족이 부과한 역할의 짐을 갖고 출발한다고 말한다. 부모의 소망 목록만이 아닌 이전 세대의 미해결 과제인 선조들에게서 물려받은 짐까지 짊어지게 되면 우리의 삶은 버티기 힘들어진다. 특히 트라우마가 발생했던 가족 안에서는 세대 간 전이가 빈번하게 발생한다.

융(1996)은 이러한 세대 간 전이 현상에 대해 다음과 같이 말하였다.

> 나는 부모나 조부모 그리고 더 먼 조상들이 완성하지 못하거나 해결하지 못한 채 남겨 놓은 일들과 문제들의 영향을 받고 있음을 아주 강하게 느낀다. 부모로부터 아이들에게 넘겨진 카르마가 가족에게 존재한다는 생각이 자주 든다. 나는 조상들에게 숙명적으로 던져졌으나 아직 해답을 얻지 못한 물음에 대답해야 하며, 지나간 세대가 완성하지 못한 채 남긴 것을 완성하거나 계승해야만 할 것만 같다.

이렇게 자기의 인생, 현재의 삶 안에서 오지 않은 문제를 끌어안고 살아가는 사람들이 있다. 그들은 자기가 고통받고 있는 문제가 막연히 집안 내력이거나 과거의 조상과 연관이 될 수 있다고 하지만 정확하게 인지하지 못한 채 고통받고 살아간다. 우리는 인생을 독립적으로 살아가지 못한다. 우리의 인생 여정에서 가족의 기대와 소망, 메시지, 가족이 우리에게 부과하는 책무, 가족이 해결하지 못한 문제, 한과 같은 정서 등을 커다란 여행 가방처럼 끌고 다닌다. 부모의 이루지 못한 소망 목록뿐만 아니라, 선조의 정서적 짐까지 끌고 다닌다면 문제는 더욱 어려워진다. 우리가 가진 상처와 애정결핍 등과 같은 한계들은 태어나고 자란 가족의 환경에 의해 결정된 것이다. 위기에 처한 가족은 자신들도 모르게 이전 세대의 불행한 모습을 반복하려고 하며, 이를 통해 현가족 안에 이전 세대의 한계성을 갖게 될 수 있다. 가족의 한계는 세대전수의 흐름 속에서 분명히 볼 수 있다.

　정신분석적 가족치료사 지너와 사피로(Zinner & Shapiro, 1972)에 따르면, 가족 안에 현존하는 모든 관계는 '상호적 전이'하에서 이뤄진다. 모든 가족관계는 과거와 현재가 복잡하게 뒤엉켜 있으며 현재의 문제가 과거 문제의 연속이거나 반복일 경우가 빈번하다. 가족 문제를 가진 많은 사람은 스스로 의식하지 못하는 어떤 반복의 매듭에 구속되어 있거나, 자신을 잡아 주고 끌어 주는 것이 무엇인지 알지도, 이해하지도 못하는 탓에 삶을 공허하다고 느끼며 살고 있다. 정체성 위기, 관계의 어려움, 심리적 혹은 심신증적 질환 발병, 중독, 자살에 대한 생각 등은 많은 경우 이처럼 충족되지 못한 삶의 결과로 나타나는데, 사실 이와 같은 생활 패턴은 이미 여러 세대 전에 그 씨앗이 뿌려진 것이다. 가족사에 발생한 트라우마는 발생 당시 피해자가 한 명이지만 몇 세대에 걸쳐 나타나는 피해자는 여러 명으로 늘어날 수 있다. 가족 안에 발생한 트라우마는 마치 도미노처럼 전혀 생각지 못한 얽힘을 일으킨다. 따라서 가해자는 한 명이지만 피해자가 한 명이 아닌 여러 명이 될 수 있다. 즉, 원래의 피해자 외에도 생각지 못했던 여러 명의 피해자가 발생한다.

　우리는 가족이라는 무대에서 스스로 배역을 선택하고 찾아가는 것이 아닌, 부모에 의해 이미 결정되어 있는 일정한 역할을 수행해야 한다. 특히 부모가 어린 시절 자신의 가족 안에서 힘든 배역을 맡아서 수행한 경우, 자녀에게도 비슷하게 힘든 배역을 맡도록 한다. 부모가 부모로서 책임을 다하지 못할 때, 이른바 역할이 뒤바뀌어 자녀가 부모의 역할을 맡아 부모를 돌보는 경우가 있다. 성인이 된 자녀는 부모에게서 받아 보지 못한 사랑과 관심을 자녀로부터 받기를 원한다. 이로써 이런 부모의 자녀들은 정서적으로 목말라 있는 어머니를 돌봐야 하는 절망적이고 힘든 역할에 처하고 만다. 자녀는 어머니의 요구에 부응하기 위해 노력하게 된다. 그리고 그 과정에서 어쩔 수 없이 어머니의 충족되지 못한, 그리고 왜곡된 탓에 도가 지나칠 수밖에 없는 애정 욕구의 희생양이 된다.

역할 뒤바뀜은 종종 여러 세대에 걸쳐 부담이 전이된 결과라는 사실을 이해할 필요가 있다. 자녀에게 오랜 기간 정서적 관심을 충분히 쏟지 못하는 부모는 정신적으로 병이 들었거나 그 자신이 어린 시절에 충분한 관심을 받지 못하고 자란 경우가 대부분이다. 부모-자녀 관계에서의 이러한 장애는 나중 세대에게 극적인 영향을 미친다. 정서적으로 충분한 관심을 받지 못한 자녀는 훗날 어른이 되어 자신의 자녀들에게 정서적인 관심을 쏟기 힘들기 때문이다. 여러 세대에 걸친 이러한 작용력은 과거의 애착 경험을 통해 조종되고 있을 뿐만 아니라 의식의 영역에서 다루기 힘든 경우도 많기 때문에 해법을 찾기가 무척 어렵다. 그래서 정서적 관심 부족과 역할전도는 빈번하게 되풀이된다. 어릴 때 애정결핍에 시달린 이가 어른이 되면 자녀에게도 필요한 사랑과 보호를 제공할 수 없다. 한번도 사랑을 받아 본 경험이 없는 부모, 공감을 경험하지 못한 채 냉혹함과 무감각 · 무관심 · 무지에 부딪히며 유년기와 청소년기를 보냈던 부모는 자녀에게 애정을 선물할 줄 모른다. 애정이 무엇인지 모르는데 어떻게 사랑을 줄 수 있겠는가? 세대 간 전이를 일으키는 주요한 원인 중에 자살이 있다. 가족사의 비극 중에서 자살은 끔찍한 도미노 현상을 일으킨다. 자살은 거부감을 유발하는 동시에 매혹적이다. 자살은 가족 또는 공동체 안에 있는 사람들에게 모방의 욕구를 유발시킨다. 가족에게 자살은 극복하기 매우 힘들다. 슬픔, 상실감, 죄책감, 수치심, 분노, 실망의 감정들과 직면해야 하기 때문이다.

자살은 위기와 갈등에 건강하게 대처할 수단을 갖지 못한 가족 안에서 발생한다. 그리고 후손은 조상의 자살을 모방한다. 자살은 가족사 안에서 매우 치명적인 유혹이 된다.

가족사의 어느 시점에서 발생된 트라우마가 여러 세대에 걸쳐 전수되어 오다가 증상이 신체화로 나타난 사례가 있다. 독일의 가족치료사 콘라드(Konrad, 2013)는 질경련으로 고통받던 한 여성 내담자와 상담 작업을 했다.

20대 중반의 내담자는 자극적인 스킨십이나 육체적 성적 친밀감을 극도로 회피하였다. 이것은 자연스럽게 남자를 떠나게 만들었다. 그녀는 "제 아랫도리에 뭔가 문제가 있어요!"라고 호소하였다. 그녀는 성폭행이나 어떤 성적인 트라우마가 없었다. 별 어려움 없는 어린 시절을 보냈다. 그녀는 상담을 받으면서 어머니에게 가족사에서 힘든 일이 없었는지를 물었다. 그녀의 어머니는 자신이 아버지에게 근친상간을 당했다고 힘겹게 말했다. 그녀의 신체는 어머니가 겪었던 성폭행에 반응하여 굳게 닫힌 것이다. 할아버지는 자기 딸만이 아닌 손녀에게도 가해자가 되었다. 가족 안에서 트라우마가 발생하면 원래의 피해자만이 아닌 세대를 통해 또 다른 피해자가 발생한다. 그녀의 가족사 트라우마는 할아버지 때가 아닌 이전 세대에서 시작되었다. 증조모는 딸을 낳았지만 아이는 태어나자마자 사망하였다. 충격이 컸던 나머지 1년 후 다시 임신하였을 때 첫아이처럼 또 딸이 태어나 첫째 딸을 잃은 고통을 없애 주기를 바랐다. 그러나 아들이 태어났다. 증조모는 아들이 태어난 것을 받아들이지 못하고 딸처럼 키웠다. 여자 옷을 입으며 성장해야 했고 여자 옷을 입은 아들은 당연히 놀림감이 되었다. 할아버지는 자신의 어머니에게 정서적으로 학대받은 상처를 딸에게 복수하였다. 질경련으로 고통받던 그녀의 신체화 증상은 몇 세대에 걸쳐 발생하였던 것이다. 한 여성이 첫 아기를 잃고, 뒤이어 태어난 사내아이는 어머니에게 정서적 학대를 당하며 자랐고, 성 정체성의 혼란을 겪었다. 그리고 한 세대 뒤에 자기 딸을 성폭행함으로써 간접적으로 어머니에게 복수를 하였다. 이제 그녀는 어머니의 상처를 자기 몸 안에 받아들여 어머니와 같은 상처를 받지 않게 보호를 하였던 것이다. 과거를 의식하고 청산함으로 과거의 상처는 그 힘을 잃어버린다. 이로써 세대 간의 전이로부터 자유로워진다.

인형치료는 인형을 통해 객관적으로 자신의 삶, 부모와 조부모의 삶 사이에서 유사점을 발견하도록 하여 지금까지 무엇이 그들을 잘못된 길로 이끌었는지를 인식하도록 돕는다. 치료 과정에서는 대개 한 가족의 2세대 또는 3세대를 대상으로 작업을 진행하면서 가족을 해체시키는 개인적·가족적 상처들에 대한 깊은 통찰을 얻게 되며, 반대로 가족을 다시 봉합시키는 힘과 사랑도 알게 된다. 하지만 봉합에 앞서 언제나 과거를 발견하는 과정이 선행된다. 가족이 안고 있는 모든 비밀, 금기, 여러 세대에 걸친 반복들을 먼저 알아내야 한다. 어떤 방식으로 여러 세대에 걸친 전이를 알게 되든지 간에 중요한 것은 자기 가족의 과거를 더 많이 알고 이해할수록, 자신이 어떤 오래된 가족사에 연루되어 있는지를 많이 알수록 더 일찌감치 그 얽힘에서 벗어날 수 있다는 사실이다.

가족의 이전 역사는 각 개인에게 상당한 영향을 미친다. 그리고 아무런 상처도 없이 말끔히 과거로부터 벗어나기란 거의 불가능하다. 하지만 아무리 그렇다 하더라도 잘못된 가족의 고리를 무기력하게 계속 이어 가야만 하는 것은 아니다. 개인은 부모의 잘못과 실수가 되풀이되지 않도록 스스로 노력할 수 있다. 객관적으로 자기 어린 시절의 결핍을 잘 알수록, 그리고 부모와 경우에 따라서는 조부모의 인생 여정에 대한 정보까지도 많이 알면 알수록 부정적인 가족 전이를 더 잘 이해하게 되고 또 그로부터 벗어날 수 있다.

4) 관계질서

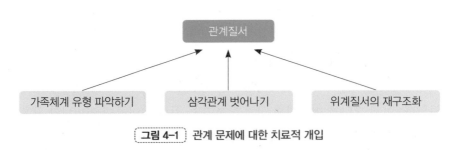

그림 4-1 관계 문제에 대한 치료적 개입

인형치료에서 관계 문제에 대한 치료적 개입에는 관계질서를 다루는 것이 목표다. 인형치료가 가족관계를 비롯한 관계의 문제를 바라보는 시각은 가족체계이론을 통한 체계론적 관점이다. 따라서 관계의 문제는 개인의 문제이기보다는 두 사람 이상의 상호작용 패턴의 문제로 본다. 이러한 관계 문제에 대한 시각은 관계의 문제를 가진 가족체계에 대한 파악을 통해 치료적 개입이 가능하다. 가족체계 유형에는 균형형, 부친고립형, 우회공격형, 우회보호형, 분열형, 이산형, 세대단절형, 밀착형 그리고 목적지향형 등이 있다(3장 '1. 가족체계이론' 참조). 인형치료에서 관계 문제를 다루는 경우 가족체계를 파악하고, 체계 안에서 작동하는 위계질서를 인식해야 한다. 이를 통해 가족관계를 기능적인 관계 형태인 균형형의 가족체계가 되도록 촉진시킨다. 가족체계의 변화를 위한 작업은 역기능적 가족체계인 부친고립형, 우회공격형, 우회보호형, 분열형, 이산형, 세대단절형, 밀착형 그리고 목적지향형에 작동되는 삼각관계로부터 벗어나도록 한다. 가족체계 안에서 작동하는 삼각관계가 무엇인지 그리고 그에 따르는 다른 삼각관계는 무엇이며, 이것들이 어떤 작용을 하는지에 대해서 인식하게 되면 가족 문제를 해결하기 위한 치료적 가능성이 만들어지게 된다.

인형치료는 관계의 문제를 다루기 위해 두 번째로 다루는 주제는 가족체계의 위계질서다. 가족 또는 학교, 직장 등과 같은 집단 안에는 일정한 위계질서가 존재하며, 가족 또는 집단의 구성원이 얼마나 건강하고 안정된 삶을 살 수 있을지는 바로 이러한 위계질서에 달려 있다. 가족 안에서 안정된 소속감을 갖기 위해 반드시 필요한 것이 위계질서의 안정이다. 위계질서의 법칙에 따르면, 가장 먼저 가족 안에 들어온 사람에게 가족 위계상의 우선권이 주어진다. 가족에서는 부부가 우선권을 지니며, 그다음에 부모가 따라온다. 자녀는 부모 아래에 있으며 태어난 순서에 따라 서열이 나누어진다. 가족 안에는 부부, 부모, 자녀 등이 존재하며, 조부모는 이러한 핵가족 밖에 있는 존재로 여겨진다.

가족 안에서의 서열과 위치는 각각의 가족 구성원들이 수행하고 있는 역할의 중요도에 의해 정해지지 않는다. 둘째가 가족 안에서 중요한 역할을 수행한다고 해서 장남이 될 수 없는 것처럼 각자의 서열과 위치는 태어남과 동시에 자동으로 얻게 되는 것이다. 가족의 건강을 위해서는 각 가족 구성원들의 서열, 즉 그들이 가족 안에서 위치한 자리가 분명해야 한다. 만일 어떤 가족 구성원의 서열이 무시되거나, 가족 안에서 불분명한 위치를 갖고 있을 경우 갈등과 문제가 발생한다. 그리고 이 문제는 소외되고 무시된 가족 구성원만의 문제가 아닌 가족 전체의 문제로 확산된다.

헬링거(1994)는 가족 내의 갈등과 문제는 가족 안에 존재해야 하는 관계의 질서가 무너졌을 때 발생한다고 보았다. 한 가족 구성원이 자기에게 주어지지 않은 위치를 부당하게 차지하거나 그에게 주어진 위치를 다른 가족 구성원에게 빼앗겼을 때 가족 안에서 병리적 증상과 갈등이 발생한다.

가족 안에서 누군가가 자기의 위치를 잃어버리는 사건은 동생이 형의 자리를 차지하거나, 자녀가 부모의 역할을 수행하거나, 부모가 무능해져서 부모의 역할을 수행하지 못하고 자녀를 의존하게 되거나, 자녀 하나가 가족을 지키기 위해서 자기를 희생하는 경우 등으로만 국한되지는 않는다. 가족 안에서 추방, 소외, 왕따, 불행한 죽음이 발생하게 되는 경우에도 가족 내에 필요한 관계의 질서가 왜곡된다.

이러한 경우 더 복잡한 형태의 증상이 발생할 수 있다. 가족 중 누군가가 불행한 죽음을 당하거나 추방이나 왕따를 당한 가족과 자신을 동일시해서 불행한 삶을 살았던 사람의 운명을 무의식적으로 흉내 내는 일이 발생한다. 이러한 동일시 과정을 헬링거는 얽힘이라고 부른다. 가족 안에는 분명한 위계질서가 작동되어야 하고 그 가운데 사랑의 질서가 이루어져야 하는데, 그렇지 못한 경우가 발생함으로써 피해를 보는 희생자가 생기면 이것은 당사자의 운명으로 끝나지 않고 다른 가족 구성원들에게 악영향을 미치게 된다. 따라서 누군가가 당사자의 감정과 운명을 마치 자기 어깨 위에 놓인 짐처럼 대신 짊어지고 살아가려고 하는 얽힘의 증상이 발생할 수 있다.

가족을 변화시키는 치료의 핵심은 가족 구성원들 각자의 서열과 위치를 바로잡아 주는 위계질서의 회복에 있다. 모든 가족 구성원이 자신의 올바른 자리를 차지하게 되면 가족 안에는 관계의 질서가 이루어진다. '관계질서'가 이루어지고 있는 가족 안에서는 가족 모두가 편안함과 안정감을 갖게 된다. 상담사는 가족 안에서 분명한 위계질서를 회복하고, 그리하여 가족 구성원들 모두가 각기 자기의 위치에서 동일하게 존중되고 수용되도록 한다.

미누친(1987)은 가족 안에서 각각의 구성원이 다양한 하위체계에 속하게 되고, 그 안에서 각기 다른 권력을 갖게 된다고 말한다. 예를 들어, 남자는 남편, 아버지, 아들, 조카, 동생 등이 될 수 있으며, 의사소통을 가능하게 하는 상호성을 이루기 위해 나름대로의 권력을 부여받게 된다. 헤일리(1962)는 체계로서의 가족은 가족관계를 통해 자연발생적인 위계질서를 갖는 것으로 본다. 자녀세대와 부모 세대 간에는 각각의 일정한 위계질서가 놓여 있으며 가족에 들어온 순서에 따라 서열을 갖게 된다. 위계질서가 건강하게 유지되어야만 가족의 건강과 행복을 지킬 수 있다. 헤일리는 모든 가족관계는 권력다툼의 결과이며, 권력다툼은 가족 간의 위계질서의 혼란을 불러온다고 보았다. 그에 따르면, 가족체계 안에서의 위계질서의 혼란은 가족의 갈등과 증상의 원인이 된다.

헤일리(1969)에 따르면, 가족체계 내에서의 의사소통 과정에는 전달자와 수용자가 있으며, 이 두 사람 간의 관계가 동등하다면 대칭관계이고 한쪽이 우위에 있으면 보완관계다. 대칭관계는 어느 한쪽이 우위에 있지 못하고 서로 힘이 균등한 관계를 말한다. 여기에는 대립과 경쟁이 공존한다. 한편 보완관계는 한쪽의 힘이 우세하고 다른 쪽은 상대편에 의존하는 관계이며 이 보완관계에는 경쟁이라는 말이 존재하지 않는다.

헤일리(1969)는 가족 구성원들이 가족체계 안에서 전달자와 수용자의 역할을 교환하고 서로를 통제하면서 힘겨루기를 한다고 본다. 가족 안에는 동맹과 연합이라는 관계 형태를 통해 가족 구성원들끼리 서로를 조정하고 통제하려는 시도가 존재한다. 다양한 관계 유형은 가족 안에서 더 많은 통제력을 소유하기 위한 권력 다툼과 연결된다. 전략적 가족치료는 가족 구성원들 간의 세력 균형과 역학 관계가 역기능적일 때 가족 안에서 권력 다툼이 더욱 빈번히 발생한다고 본다.

어느 청소년이 부모에게 "나를 그냥 내버려 둬. 이제 나는 더 이상 어린애가 아니야. 내가 알아서 하게 놔 둬."라고 말한다면, 이는 부모의 지배와 통제에 대한 저항과 반발을 나타낸 것이다. 그동안 유지해 온 부모와 자녀의 권력 체계에 대해 이 청소년은 거부를 통해 자기를 둘러싼 새로운 관계를 형성하려고 하는 것이다. 부모가 자녀를 더 이상 유아가 아닌 청소년으로 받아들이면 가족 안에는 새로운 관계체계가 나타나게 되지만, 부모가 자녀의 달라진 모습을 계속해서 거부하려고 하면 가족 안에는 계속 갈등이 발생하게 된다. 여기서 상담사의 치료적 개입은 가족 안에서 더 이상의 권력 다툼이 발생하지 않도록 가족 구성원들로 하여금 각자의 위계와 달라진 권력 체계를 받아들이게 하는 데 있다.

가족체계 유형을 파악하기 위한 기준

- 누가 선택하는가?
- 누가 결정하는가?
- 누가 따라 하는가?
- 누가 분위기를 보는가?
- 누가 불만을 갖는가?
- 누가 좋아하는가?
- 누가 무엇을 할 때 반대하는가?
- 누가 누구에게 지지하는가?

관계질서를 세우기 위한 제언

- 우리 가족의 질서는 어떤 모습인가?
  - 각각의 가족 구성원을 상징하는 서로 다른 동전 하나씩을 정해서 종이 위에 놓는다(예: 아버지는 500원, 어머니는 100원, 딸은 50원, 아들은 10원짜리 동전으로 표시).
  - 자신을 상징하는 동전을 중심으로 실제 가족들과의 거리감을 고려해서 각 동전을 배치한다. 그런 후에 각 동전 주위에 원을 그린 뒤 동전을 치우고 그 안에 해당하는 가족 구성원의 이름을 적는다. 그러면 가족의

질서를 나타내는 가족 세우기 배치도가 완성된다.

- 다음의 세 가지 기본 질서를 염두에 두고 살펴본다.
  - 접근성: 가족 구성원들 사이의 거리는 어떠한가? 부모-자녀 사이와 부부 사이의 거리는 어떠한가?
  - 경계선: 가족 구성원들 간의 경계는 어떠한가?
  - 친밀성: 가족 구성원들 사이의 친밀도는 어떠한가?
- 가족 안에서 질서의 왜곡이 있다면 다음의 답을 찾아보자.
  - 우리 가족의 질서는 어떠해야 하는가?
  - 우리 가족 안에 새로운 질서를 세우려면 어떠해야 하는가?

5) 의미 전환: 관점 바꾸기

(1) 게슈탈트 심리학

주로 독일에서 발전된 게슈탈트(Gestalt) 심리학은 '전체는 부분들을 모두 합친 것 이상이다.'라는 말을 기본 개념으로 삼고 있다. 게슈탈트는 '형태' '전체성'을 뜻하는 독일어에서 온 말이다. 인간은 사물을 지각할 때 사물의 각 부분을 따로 인식하지 않고 하나의 통합된 형태, 즉 게슈탈트로 파악한다. 예를 들어, 멜로디는 단음을 모아 놓은 것이지만 단순한 단음의 조합 이상이다. 멜로디는 결정적인 음들의 순서, 배열, 관계 등 하나로 통합된 형태, 즉 게슈탈트로 파악된다. 인간은 명확하고 정돈된, 의미가 분명하게 내포된 정보를 본능적으로 추구한다. 이것을 게슈탈트 심리학은 '명확성의 경향'이라고 말한다. 따라서 우리는 완벽하지 않은 희미한 윤곽을 보고도 그것을 실체와 상관없이 사람에 따라서 원형으로 인식하거나 또는 정육면체로 보게 되는 경우가 발생한다. 우리는 완벽하지 않은 정보들이 존재할 경우에 완벽하게 될 수 있도록 스스로 보충하게 되어 어떤 형태의 일부만을 인식하는 것이 아닌 전체로 인식하려는 특성을 갖고 있다.

[그림 4-2]의 왼쪽 원은 점선으로 이루어져 완전한 원을 형성하지 못하였음에도 불구하고, 우리는 원으로 인식하게 된다. 마찬가지로 우리는 '동화작용(assimilation)'의 원리에 의해 동일하지 않은 두 면적에 대해서도 같은 크기로 느끼게 된다. 따라서 밝은 회색에서 짙은 회색으로 전환하는 면적도 하나의 면적으로 인식하게 된다. 자극이 서로 가까이 있을 경우, 이들은 동일하게 여겨지며 하나의 형태로 인식된다. 또한 자극이 완벽하지 않더라도 완벽한 것으로 인식된다. 이렇게 게슈탈트 심리학은 우리가 보고 인식하고 지각하는 모든 것이 실체와 다를 수 있다는 것을 알려 준다.

게슈탈트 심리학에 따르면, 우리가 무엇을 인식하는 방법은 전체에 대한 관계, 즉 맥락에 의해 좌우된다. 여기서 중요한 부분은 '전경(Vordergrund)'이 되고 그 나머지는 '배경(Hintergrund)'이 된다. 마치 사진을 찍으면 인물은 전경이 되고, 주변 환경이 배경이 되는 것과 같다. 사진을 보는 사람의 눈은 자연스럽게 배경보다는 전경을 향해 먼저 눈길이 향하게 된다. 여기서 중요한 사실은 전경과 배경은 고정되어 있는 것이 아니라 유동적이며 서로 위치가 바뀔 수 있다는 것이다. 게슈탈트 심리학, 심층심리학, 실존주의를 결합하여 만들어진 게슈탈트 치료에서는, 전경과 배경은 언제나 유동적이며 우리의 삶이란 전경과 배경의 관계가 끊임없이 변화하는 과정이라고 말한다. 우리가 삶 속에서 겪게 되는 문제와 갈등 역시 전경과 배경의 원리로 이해될 수 있다. 우리가 위기에 처했을 때 우리의 눈과 인식이 먼저 향하는 전경은 고정불변의 실체가 아닌

그림 4-2 동화작용

대단히 주관적이며 유동적이라는 사실이다. 즉, 우리가 문제의 원인과 해법으로 인식한 것은 진실이 아니며, 무엇을 전경과 배경으로 보는가에 따라 상황은 달라질 수 있다는 것을 의미한다. 인형치료 안에서 삶의 게슈탈트를 바꾸는 것을 '의미 전환', 즉 '관점 바꾸기'라고 말한다.

(2) 원근법과 의미 전환

관점은 인류 역사 속에서 가장 위대한 발명 중에 하나인 원근법의 발견에서 시작되었다. 원근법은 그림을 바라보는 사람으로 하여금 눈이 어디를 향해야 하는지를 알려 주어 화가가 바라본 풍경을 그대로 따라서 보게 만든다. 여기서 중요한 것이 소실점이다. 화가는 한 지점을 소실점으로 정하고 그곳을 중심으로 풍경을 바라보게 만든다. 우리는 풍경 그 자체를 다 조망하는 것이 아닌 기준점을 정하고 그것을 중심으로 바라보게 된다. 그림의 전체 구도는 관점의 위치에 따라 달라지기에 객관적인 것은 존재하지 않는다. 동일한 풍경이라도 어디에 기준점을 찍고 바라보는가에 따라 전혀 달라질 수 있다. 바로 이 소실점은 우리가 세상을 바라보는 관점이다.

트라우마를 경험하게 되거나 위기에 처하게 되면 우리는 세상과 사람들을 바라보는 관점이 지나치게 자기중심적이며 부정적으로 변하거나 좁아지게 된다. 불신으로 가득한 눈으로 주변을 바라보고 스스로를 보호하고자 부정적인 관점을 더욱 강화하게 된다. 그러면 그럴수록 자신은 점점 고립되고 가족과 친구들로부터도 격리되어 혼자가 된다.

인형치료가 여기서 도움을 줄 수 있는 부분은 고통의 기억을 없애 주거나, 끔찍한 부정적 감정들을 해소시켜 주는 것이 아니다. 바로 문제를 바라보는 관점이 변화할 수 있도록 한다. 문제를 회피하지 않고 사실을 제대로 보는 것, 사고의 틀을 바꾸어 다른 시각을 통해 자기의 상처를 바라보는 것에서 회복은 시작될 수 있다. 어린 시절 너무나 아픈 트라우마를 가진 대표적 사례로 동화 작가 안데르센(Andersen)을 들 수 있다.

그는 1805년 매춘부의 아들로 태어났다. 포주는 외할머니였다. 그의 외할머니는 딸을 억지로 길거리로 내보내 돈을 벌게 했다. 딸이 안 가려고 하면 뺨을 때려 몸을 팔 것을 강요했다. 매춘 생활 중에 임신한 딸은 집을 뛰쳐나와서 한 남자와 만나 결혼을 하였다. 그러나 군인이었던 남편은 광기의 발작 속에서 자살하였으며, 어머니는 알코올 중독으로 사망하였다. 안데르센의 어린 시절은 중독, 폭력, 매춘, 가난으로 점철되었다. 한 인간의 출발점에서 이보다 더 불행한 조건을 갖춘 이가 또 있을까 싶다.

　　그러나 이런 암울한 조건에서 그는 자기 자신과 자기를 둘러싼 세계를 있는 그대로 보는 대신 다른 의미를 선택한다. 안데르센은 그의 힘든 어린 시절에만 머물지 않았다. 현실의 고통을 단순히 지워 버리고 싶은 기억으로만 치부하지 않고 행복으로 가기 위한 여정이라는 적극적 의미를 부여했다. 이렇게 자신의 트라우마와 불행을 바라보았기에 안데르센은 『성냥팔이 소녀』『미운 오리새끼』『왕자와 거지』 등의 슬프면서도 따뜻한, 깊은 여운을 남기는 명작 동화를 남겼다. 그리고 그가 죽은 뒤에도 전 세계의 아이들이 그의 동화를 들으며 잠이 든다. 안데르센이 자신의 불행에 긍정적인 의미를 부여한 것은 일종의 관점의 변화이자 가치관의 변화, 즉 패러다임(paradigm)의 변화다. 상처와 불행의 치유에는 이 패러다임의 변화가 꼭 필요하다.

　　상처와 아픔을 갖고 있는 내담자를 치료하기 위해서는 새로운 의미를 찾아내어 자신의 문제와 아픔을 바라보는 관점의 변화를 일으켜야 한다. 자신에 대한 새로운 의미를 찾게 되면 그때 비로소 문제를 바라보는 새로운 의식의 전환이 가능해진다. 한 인간이 변화하기 위해서는 자기 자신과 자신을 둘러싼 상황을 바라보는 관점에 변화가 일어나야 한다. 그러기 위해서는 기존의 의미체계를 해체하고 새로운 의미로 전환해야 한다. 의미 전환은 상담사와 내담자의 창조성을 필요로 하는 과정이므로 낡은 의미를 해체하여 새롭게 구성하고 창조할 수 있는 능력이 필요하다. 의미 전환은 내면에 있던 감정과 정서의 변화를 일으키고, 이것은 우리 몸의 변화로 이어진다.

의미 전환은 내담자가 자신의 고통과 갈등을 새로운 시각으로 볼 수 있게 해 준다. 내담자가 문제를 다른 방향으로 개념화하게 하는 데 있어 기본이 되고 문제의 새로운 해결 방안을 찾아낼 가능성을 높여 준다. 즉, 어떤 행동이나 사건이 지니는 부정적 의미, 고정관념, 사고, 판단의 준거 틀이 바뀜으로써 사실이 변화하지 않는 상태에서 의미와 가치 판단의 변화가 나타나게 되는 것이다. 의미 전환은 특정한 사건의 속성을 변화시키는 것이 아니라 이미 경험한 사실에 대한 관점, 감정 및 태도를 좀 더 구체화하고 긍정적으로 재규정함으로써 사건과 관련된 감정과 의미, 가치 판단을 변화시키는 것을 말한다.

　상담사는 가능한 한 내담자가 긍정적인 측면에서 상처의 의미를 발견하도록 돕는 동시에, 내담자가 자신과 자신을 둘러싼 상황을 객관적으로 볼 수 있도록 의미를 재구성하는 것을 도움으로써 증상에 새로운 의미를 부여할 수 있게 된다. 결과적으로 증상에 대하여 긍정적인 의미 전환을 하는 것은 내담자로 하여금 문제를 해결할 수 있다는 희망의 감정을 갖게 해 주고, 긍정적인 변화에 대한 기대 감정을 갖게 해 준다.

　이러한 의미 전환을 통하여 어떤 사건이나 문제 행동에 새로운 의미를 부여하게 되면 문제에 대한 개인의 관점뿐만 아니라 가족 전체의 견해도 변화하기 때문에 이러한 개입은 변화를 일으키는 매개체로서의 역할을 하게 된다. 의미 전환은 개인이나 그 개인의 문제를 좀 더 긍정적이고 적절하고 정상적인 것으로 재규정하는 것으로, 행동을 결정하는 데 영향을 주고 논리적 사고를 하도록 하며 문제에 대한 개인의 견해와 더불어 가족의 견해까지도 변화하게 한다.

　이러한 의미 전환은 간단한 것 같지만 감정, 행동 및 생각에 영향을 주는 내면의 판단 기준과 사고의 틀에 영향을 주는 것으로, 부정적 측면을 보던 것에서 긍정적 측면을 보고 느끼고 생각하고 행동함으로써 스스로 문제를 해결하는 효과적인 치료 과정이 된다.

　상담사는 내담자와의 작업을 통해 그들이 상처와 문제를 바라보는 새로운 의미체계를 발견하도록 도와주어야 한다. 그러나 이러한 작업은 상담사의 훈계와 충고가 아니라 내담자 스스로의 인식의 변화를 통해서만 가능하다. 의미를 찾아 주는 작업에서 상담사는 내담자 스스로 의미를 발견하도록 돕는 촉진자의 위치에 서야 한다.

(3) 심층심리학, 가족치료, 인지치료, 인형치료의 치료적 접근

40대 초반의 여성 내담자와 거의 1년 동안 개인상담과 부부상담을 진행하였다. 상담은 오랫동안 별로 진척되지 않았지만 내담자는 열심히 상담실을 방문하였다. 1년 가까이 진행된 상담 과정 속에서 상담사는 내담자에게 다음과 같은 피드백을 해 주었다.

"당신은 다른 사람들이 자신에 대해 관심 없거나 별로 좋아하지 않는 것에 대해 거의 초능력의 촉을 갖고 있습니다. 반면에 당신에 대해 관심을 갖거나 우호적인 사람들에 대해 거의 둔감할 정도로 보지 못하고 있습니다."

이러한 피드백은 거의 변하지 않을 것 같던 내담자의 변화를 이끌어 내었다. 상담사가 한 이 말은 사실 내담자 자신도 어렴풋이 알고 있었던 것인데 상담사가 말로 분명하게 표현하자 직면의 경험을 하게 되었다. 여기서 내담자의 본격적인 변화가 시작되었다.

내담자의 사고 패턴은 다음과 같았다.

자기를 좋아하지 않는 사람 vs. 자기를 좋아할 사람

자기를 좋아하지 않는 사람은 여러 부류로 좀 더 세분화되어 있었다. 나를 좋아하지 않는 사람, (지금은 나를 싫어하지 않지만) 앞으로 좋아하지 않을 사람, 겉으로 나를 싫어하는 사람, 속으로 싫어하는 사람 등 더욱 세분화되고 체계적으로 관리되었다.

내담자가 이렇게 살아온 것은 상처받지 않기 위함이었다. 그러다 보니 인간관계는 대단히 좁아지고 수동적이며 언제나 상대방의 눈치를 살피는 사람이 되었다. 이런 사람을 사람들이 호감 갖고 좋아하기는 어렵다. 내담자는 가족관계 안에서도 자녀들과 남편에게서도 시댁 식구들에게도 언제나 동일한 방식을 가졌다. 내담자는 따뜻한 친밀관계와 마음으로 주고받는 소통을 갖기 어려웠다. 늘 불안하고 외로웠다. 문제는 이러한 불안과 외로움을 자기를 좋아하지 않는 사람 탓으로 돌리고, 분노하고 원망하는 데 모든 에너지를 사용한다는 것이다.

이러한 내담자를 만나게 된 경우 대표적인 치료 모델인 심층심리학, 가족치료, 인지치료, 인형치료에서는 어떻게 치료적 접근을 시도할 것인가?

심층심리학은 콤플렉스로 해석을 한다.

심리적 정신장애의 특정한 결합인 콤플렉스에 붙들려 있는 사람은 건강한 삶을 살기 어렵다. 분석심리학에 의하면 인간이 가진 많은 콤플렉스 중에 어머니 콤플렉스와 아버지 콤플렉스가 있다. 예를 들어, 남자가 여자 친구에게서 어머니의 모습을 보려고 애를 쓰거나 아예 어머니 같은 여자를 얻으려고 한다면 그에게 어머니 콤플렉스가 있다고 볼 수 있다. 이것은 남자가 어머니와 적절한 애착관계를 갖지 못했고 분리되지 못하고 있음을 보여 주는 것이다. 어머니와의 불안한 애착관계를 여자 친구를 통해서 해결하려고 하는 것이다. 반면에 한 여성이 자기보다 훨씬 나이가 많은 남자를 좋아하거나, 아버지와 남편을 끊임없이 비교하고 아버지보다 부족한 남편을 원망한다면 아버지 콤플렉스가 있다고 할 수 있다.

이 내담자는 대표적인 콤플렉스인 열등감 콤플렉스와 관련이 있어 보였다. 자신이 근본적으로 열등하며 누구에게도 사랑받을 수 없다고 믿고 있었다. 부모나 형제들이 자신에게 그랬듯이, 다른 사람도 모두 마찬가지일 것이라고 여겼다. 내담자는 모든 상황 속에서 자기 자신을 인정하지 않고 다른 사람들에게 관심과 사랑받지 못할 것이라고 단단히 믿고 있었다. 심층심리학은 콤플렉스에서 벗어나서 독립적인 자아 찾기를 시도한다.

가족치료는 자존감의 문제로 해석하고 소통과 관계의 변화를 이끌어 낸다.

가족치료사 보웬(1990)은 이러한 내담자의 문제를 낮은 자아분화의 문제로 본다. 삼각관계의 희생양이었던 어린 시절 가족관계에서 만들어진 미분화된 내면과 관계 패턴을 탐색하고 변화를 시도한다. 내담자는 낮은 자존감을 갖고 있고, 이것은 왜곡된 소통의 문제와 관계의 어려움을 불러왔다. 사티어(1972) 는 내담자의 근본적인 문제를 자존감의 문제로 보고 소통의 방식과 관계의 패턴을 찾아내어 자존감의 변화를 시도하여 내담자의 문제를 변화시킨다.

인지치료는 인지적 문제, 즉 비합리적 사고 패턴으로 본다.

인지치료는 내담자를 힘들게 만드는 습관화된 부정적 사고와 역기능적 신념을 찾아내어 인지의 변화를 이끌어 내려고 한다. 문제체계를 유발하는 인지적 요인을 찾아내어 변화시키는 것을 목적으로 한다. 상담사는 내담자의 부적응적 행동을 변화시키기 위한 여러 가지 행동상담 기법을 함께 사용하여 치료의 효과를 극대화한다. 상담사는 내담자가 자기 자신과 삶에 대해 보다 더 현실적이고 유연한 태도를 갖도록 유도하여 위기를 유연하게 극복하고 현실에 효과적으로 적응할 수 있도록 돕는 것을 목표로 한다.

인형치료는 관점의 문제, 바로 내담자 시각의 문제로 해석한다.

상담은 내담자 스스로 왜곡된 시각의 패턴을 알게 되고 변화를 원했을 때 관점의 왜곡을 불러온 문제체계를 다루면서 변화를 시도한다. 내담자의 양극단의 부정적 시각은 단지 시각과 사고의 단순한 형태에서 온 것이 아니다. 과거의 상처받은 나를 만나고, 더 이상 상처받지 않으려고 만든 방어 전략을 수정함으로써 변화가 시작되었다. 불행에 대한 의미의 전환은 우리에게 상처를 바라보는 새로운 시선을 제공한다. 상처의 궁극적 도달 지점은 상처를 해결하는 것이 아닌 성장하는 것이다. 본인의 의지와는 상관없이 억지로 상처를 받았지만 그것에 대응하는 과정 속에서 뜻하지 않던 소중한 가치들을 얻게 된다. 문제와 갈등은 극복해야 할, 단지 적과 같은 존재이기보다 상처에 대응하면서 얻게 된 소중한 가치들을 발견하고 자기의 삶 속에 통합해야 할 존재다. 인형치료에서는 무의식이 작용하는 상징을 사용하여 내담자의 자기 인식을 돕고 자기를 객관화시킬 수 있는 가능성을 제공한다. 내담자는 상징을 통해 자신의 문제를 좀 더 안전하게 만나게 됨으로써 자기 자신과 자기를 둘러싼 문제체계에 대한 변화를 얻게 된다.

3. 인형치료에서 치료적 개입의 도구로서의 가족인형

인형치료는 트라우마를 우선적으로 다루는 치료적 개입 전략을 갖고 있다. 개인적 트라우마와 가족사 트라우마에 대한 치료적 개입은 관점을 바꾸는 작업을 통해서 가능하다. 여기서 치료적 개입을 위해 사용하는 인형은 주로 가족인형이다.

가족인형([사진 4-11] 참조)은 상담 현장 속에서 내담자의 의식적인 차원을 끌어낼 수 있는 도구로 활용될 수 있다. 인형치료 작업에서 상담사와 내담자는 생각하고 분석하는 것이 아니라 가슴으로, 직관으로 듣는 자세를 가져야 한다. 상담사는 세워진 인형 속에서 다양한 역동의 모습을 인식하고 해석할 수 있다. 내담자는 자신의 내면에 대한 하나의 표현수단인 인형을 통해 상담사와 소통을 나누며 자기 내면에 귀를 기울이고 그것을 신뢰하는 법을 배우게 된다.

보통의 경우 동물인형을 먼저 선택하게 하여 내담자의 무의식을 다루고 나서 가족인형을 사용한다. 그러나 이러한 순서는 뒤바뀔 수도 있으며, 동물인형과 가족인형을 혼용해서 동시에 사용하기도 한다. 선택된 가족인형과 동물인형의 모습을 통해 내담자는 자기가 인식하고 있는 가족의 모습을 드러내게 된다. 인형의 팔과 머리의 움직임, 서 있는 자세와 위치를 통해 가치 있는 해석이 가능하다. 상담사는 내담자가 선택한 가족인형들을 보고 치료적 개입을 시도하게 된

[사진 4-11] 가족인형

다. 상담사는 다음과 같은 기본적 치료전제를 통해 치료적 개입을 시도한다.

1) 가족인형의 기본적 치료전제

- 내담자 또는 가족이 현 상태를 지속하길 원하는가, 아니면 변화하길 원하는가?
- 원가족과 현가족체계의 유형은 무엇인가?
- 트라우마가 가족 안에서 발생했는가? (얽힘이 무엇인가?)
- 트라우마의 '1+1'은 어떻게 작용하는가? (얽힘이 어떻게 영향을 미치는가?)
- 가족의 경계선이 밀착되었는가, 아니면 경직되었는가?
- 의사소통 유형이 건강한가, 아니면 역기능적인가?
- 가족 안에 위계질서가 어떻게 작동되고 있는가?
- 가족의 주도권을 누가 잡고 있는가?
- 가족 안에 비밀과 신화가 있는가?

• 어떤 부모 역할을 수행하는가?

2) 가족인형의 기본 틀

[사진 4-12] 부부의 모습

[사진 4-13] 핵가족의 모습

[사진 4-14] 자녀들의 모습

[사진 4-15] 조부모의 모습

[사진 4-16] 3대가 있는 가족의 모습

[사진 4-17] 어머니 삼각관계의 모습

[사진 4-18] 아버지 삼각관계의 모습

[사진 4-19] 가족 희생양의 가족모습(중앙에 서 있는 자녀가 가족 희생양임)

3) 가족인형 세우기 작업

내담자는 선택할 수 있는 여러 인형 중에서 그 자신과 가족을 대신할 인형을 선택한다. 그리고 자신의 내적인 상에 따라 이러한 인형들을 책상 위에 즉흥적으로 배치한다.

가족인형 작업에서의 핵심은 내담자가 세우게 되는 인형들의 위치에 있다. 치료가 성공적으로 진행되기 위해서는 내담자가 자기 내면에 있는 가족의 이미지를 정확하게 표현할 수 있어야 한다. 내담자가 인형들을 세우는 위치는 내담자 가족의 실제 모습을 재현하는 현장이다. 상담사의 가장 중요한 과제는 어떻게 내담자로 하여금 이 위치를 정확하게 표현하게 하며 이를 통해 실제 가족의 모습을 정확하게 재현할 수 있는가에 있다. 위치를 정하는 작업이 가족인형 세우기가 성공적으로 진행될지, 아니면 적절한 길을 찾지 못하고 방향을 잃은 채 지루하게 진행될지를 결정한다.

가족인형 작업에 대해 전혀 알지 못하는 내담자는 인형들을 어떻게 세워야 할지 잘 알지 못한다. 그래서 종종 상담사가 인형들을 세우라고 하였을 때 정확하게 세우지 않고 대략적으로 두루뭉술하게 세울 때가 있다. 이러한 경우 가족인형 과정은 제대로 진행될 수 없다. 상담사는 이러한 경우 내담자에게 인형들의 자리와 자세 그리고 위치를 하나하나 물어보면서 정확하게 세우도록 돕는다. 가족인형 작업에서는 서 있는 위치의 미세한 변경만으로도 전혀 다른 감정과 반응을 얻을 수 있으므로 최초의 위치 세우기가 제대로 진행되어야 한다.

가족인형 작업에서 인형들의 위치를 정하는 것은 상담사에게 가장 중요한 과제다. 이것을 잘 진행시키려면 상담사 스스로 어떤 선입견과 경험에 의한 사전지식을 갖지 않고 호기심을 갖고 접근해야 한다. 헬링거(1994)는 이 과정을 '현상학적 인식'이라고 부른다.

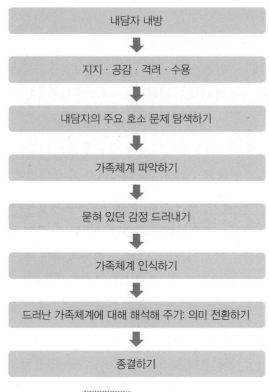

내담자 내방

⬇

지지 · 공감 · 격려 · 수용

⬇

내담자의 주요 호소 문제 탐색하기

⬇

가족체계 파악하기

⬇

묻혀 있던 감정 드러내기

⬇

가족체계 인식하기

⬇

드러난 가족체계에 대해 해석해 주기: 의미 전환하기

⬇

종결하기

그림 4-3 치료의 도식

(1) 내담자 내방

보통의 치료 과정은 내담자가 전화로 예약을 하고 정해진 시간에 찾아오는 것을 통해 시작된다. 우리는 일생을 통해 수많은 위기와 갈등을 경험한다. 우리는 수많은 문제들을 나름대로 극복하고 해결하면서 살아가고 있다. 그러나 어떤 문제에 대해서는 혼자서 극복하기 어려워 전문가의 도움을 받게 된다. 치료를 위해 내방하는 내담자는 일반적으로 다음과 같은 동기를 갖고 찾아온다.

- 자기 생애에서 발생한 트라우마를 해결하기 위해서 찾아온다.
- 개인적인 일상의 문제를 해결하기 위해서 찾아온다.
- 삶의 중요한 결정을 하는 데 도움을 받기 위해서 찾아온다.

- 자신이 행복하지 못하고 만족스러운 삶을 살지 못한다고 느껴서 찾아온다.
- 힘든 상황을 다루는 방법을 배우기 위해서 찾아온다.
- 위기를 겪는 동안에 도움과 위로, 지지를 받기 위해서 찾아온다.
- 공감적이고 지지적인 대화를 하기 위해서 찾아온다.
- 스스로에 대해서 잘 알기 위해서 찾아온다.

(2) 지지 · 공감 · 격려 · 수용

　인형치료에서 가장 중요한 상담사의 능력은 내담자에 대한 존중의 능력이다. 내담자는 상담사가 자신에게 대해 어떤 자세를 보이는지를 인식할 수 있는 안테나를 갖고 있다. 아픔과 상처를 갖고 찾아온 내담자가 마음의 문을 열고 상담사가 제시하는 길을 따라오기 위해서는 상담사를 마음으로 신뢰해야 한다. 이를 위해서는 무엇보다도 상담사가 내담자를 존중해야 한다. 내담자의 트라우마를 다루기 위해서는 직면이 필요하다. 가장 좋은 직면은 내담자에 대한 깊이 있는 존중과 지지에서 비롯된다.

　존중은 다양한 단계와 차원들로 구분지을 수 있다. 표면적으로, 존중을 '친절하다'는 말로 나타낼 수 있다. 이러한 친절함은 일반적인 관계 형태 안에서 나타나는데, 비용을 지불하고 시간을 상대에게 제공해 주는 치료에서도 이러한 친절함이 사용된다. 좀 더 심층적인 차원으로, 내담자에게 보여 주는 존중도 있다. 이러한 존중은 내담자의 원가족과 현가족, 그가 짊어지고 있는 짐, 그가 겪은 트라우마 등 내담자에 관한 모든 것을 포함한다. 이러한 존중은 계속해서 내담자를 깊이 공감하도록 이끈다.

　존중은 상담사에게 있어 기본적 자세다. 상담사가 내담자를 존중한다면 내담자는 그러한 존중을 감지한다. 존중의 표현은 치료 과정 속에서 언제나 중요한 작용을 한다.

　인간의 뇌가 가장 기쁨을 느낄 때는 자신을 존중하고 공감해 주는 사람과 소통을 나눌 때라고 한다. 뇌가 기뻐한다는 것은 화학적으로 보면 뇌가 활성화되어 도파민이라는 물질을 방출하는 것을 의미한다. 도파민이 분비되면 내담자는 행복감을 느낀다. 역으로, 내담자가 불행을 느끼는 것은 소통이 단절되고 누구와도 눈을 마주치고 소통하지 못하는 경우다.

내담자와 상담사 사이의 소통을 위한 첫걸음은 경청이다. 자신의 생각을 잘 전달하는 것이 아니라 내담자의 이야기를 듣는 것이 소통의 출발이다.

내담자와의 진정한 소통을 위해 중요한 또 다른 하나는 공감이다. 요즘 한창 농구를 배우는 필자의 아들은 자주 농구장에 같이 가자고 조른다. 우리 둘은 농구공을 골대에 넣기도 하고 서로 공을 주고받으면서 즐거운 시간을 보낸다. 두 사람 사이의 소통은 단지 말을 주고받는 것에 그치지 않는다. 소통이란 공을 주고받는 것과 같다. 공이 두 사람 사이에 오가는 것처럼 소통도 적절하게 오가야 한다. 공을 부드럽게 던지면서 상대를 배려하듯이 소통에서도 상대를 배려하면서 말을 해야 한다. 상대를 무시하고 일방적으로 공을 던지면 상대가 그 공을 놓치게 되고 게임이 중단된다.

소통을 위해서도 어느 한쪽이 일방적으로 말하는 것이 아니라 대화가 오가야 한다. 소통에서 제일 중요한 원리는 공감이다. 공감은 다른 사람이 느끼는 것을 느낄 수 있는 능력이다. 우리는 공감을 통해 다른 사람의 입장을 이해하고, 그의 의도와 느낌을 감지할 수 있다. 공감의 대화는 내담자가 갖고 있는 마음의 상처를 치유하고, 관계를 회복시켜 줄 수 있는 놀라운 치유의 힘을 갖고 있다.

(3) 내담자의 주요 호소 문제 탐색하기

치료를 진행하기 전에 내담자는 상담사에게 자기의 문제를 호소하게 된다. 여기서 내담자는 치료를 통해 무엇에 대한 도움을 받고 싶은지에 대해 진술하고 자기의 문제에 대하여 설명한다.

보통은 현가족을 먼저 표현하게 한다. 현가족이 드러나면 그다음에는 원가족을 탐색하면서 문제를 해결한다. 그러나 내담자의 호소 내용에 따라 상담사는 원가족(부모와 형제자매) 또는 현가족(배우자와 자녀)의 체계를 어떻게 나타낼지를 결정하게 된다.

직접적으로 원가족과 관계가 있는 호소 내용이 있다. 예를 들어, "나는 항상 아버지와의 관계에 어려움이 있었다." "나는 형제와 아무런 관계를 갖지 않았다." 등이 그것이다. 또는 오랫동안 원인도 모른 채 고통스러운 감정을 짊어진 채 살아온 것을 토로하기도 한다. 예를 들면, "나는 항상 이유 없는 죄책감을 느껴 왔다." "나는 종종 슬프고, 우울하다." "나는 막혀 있다." "나는 무언가에 움츠러든다." "나는 내 삶 속에서 내 자리를 발견하지 못하고 있으며, 어디에도 소속되지 못한다."와 같은 식이다. 현가족체계는 자신의 삶의 결과들과 관계에서 유래하는 의뢰 내용에 의해 확인된다. 호소하는 내용은 다음과 같다. "나의 배우자와의 관계는 깨어졌고, 그 후 나는 모든 것을 잃어버렸다."

종종 누군가는 완전히 실제적인 주제를 가지고 온다. "나는 배우자와 헤어질지 또는 계속 함께 살게 될지를 알지 못한다." "우리 자녀는 학교 안에서 요주의 인물인데 그것은 너무나 신경질적이며 거칠기 때문이다."

상담사는 이러한 내담자의 호소를 통해 원가족 또는 현가족 중에 무엇을 중심으로 치료 작업을 진행할지를 결정한다. 즉, 내담자의 의뢰 내용이 가족인형 작업의 방향을 좌우하는 것이다.

그러나 내담자가 의뢰하는 내용이 피상적인 수준에 그칠 경우 상담사는 내담자의 의뢰 내용을 뛰어넘어 다른 차원의 치료 작업을 진행하기도 한다. 가족인형 작업 안에서 호소는 치료 과정의 진행을 위한 방향타의 구실을 하지만, 종종 상담사는 내담자가 의뢰하는 내용 너머에 있는 본질적 문제를 볼 수 있어야 한다. 상담사는 내담자의 호소를 통해 내담자의 가족체계를 둘러싸고 있는 얽힘의 문제를 파악하고자 한다. 내담자와 그의 가족이 갖고 있는 얽힘의 부분이 무엇인지를 파악하기 위해 진술을 활용하며, 이를 통해 파악된 얽힘의 부분을 검증하고자 치료를 진행한다.

(4) 가족체계 파악하기

가족인형 작업에서 다루어지는 가족체계에는 원가족과 현가족이 있다. 대체로 먼저 현가족을 다루고 그다음에 원가족을 다룬다. 그러나 반드시 현가족을 먼저 다루는 것은 아니며, 상황에 따라서는 원가족을 먼저 다룰 수도 있다. 상담사는 내담자의 주요 호소에 집중해서 가족체계를 다루게 된다. 심각한 부부갈등을 겪고 있는 부부가 우선적으로 다루고 싶은 가족은 원가족보다는 현가족일 것이다. 그러나 부부갈등이 본격적으로 다루어지기 위해서는 부부의 원가족 탐색이 우선적으로 필요할 경우가 있다. 따라서 상담사는 가족인형 작업 속에서 원가족체계와 현가족체계를 따로따로 분리해서 생각해서는 안 된다. 종종 가족의 문제를 통해 두 세계가 한 공간 안에 나타날 수도 있다.

가족인형 작업의 기본 전제 중 하나는 원가족 안에서 문제가 해결되면 이것이 현가족에게 긍정적인 변화를 일으킨다는 것이다. 가족인형 작업에서 원가족체계와 현가족체계는 각기 다른 영역이기보다는 서로에게 영향을 미칠 수 있는 것이다. 따라서 상담사는 언제나 두 가지 가족체계를 통합적으로 인식하면서 가족의 현상을 바라보아야 한다.

(5) 묻혀 있던 감정 드러내기

대부분의 내담자는 위기와 갈등에서 비롯된 스트레스 때문에 감정체계의 손상을 경험한다. 내담자는 자신의 내부에 있는 감정을 적절하게 표현하기 힘들어하며, 종종 억압되거나 과장하여 표현하는 경우가 많다. 치료 과정에서 내담자가 자신의 진실한 감정을 표현하게 되면 자신의 문제를 바라보는 인식의 커다란 변화와 통찰을 얻을 수 있다. 여기서 필요한 기법이 반영과 공감이다. 상담사는 내담자가 말을 하는 도중에 나타내는 감정적·정서적 반응을 강조해 준다. 이를 통해 내담자가 가진 문제의 핵심적인 부분에 상담사가 초점을 맞출 수 있게 된다.

(6) 가족체계 인식하기

인형치료의 단계 중에서 가장 중요한 부분을 차지한다. 인형치료는 가족의 얽힘, 즉 역기능은 가족 질서를 다시 회복할 때 해결할 수 있다고 전제한다. 가족의 질서에 대한 전제는 다음과 같다.

- 가족의 모든 구성원은 동일하게 속하며, 그리고 동일하게 존중된다. 즉, 각각의 자질이 어떠하며 그의 운명이 어떠한가와 관계없이 모든 가족 구성원들은 가족에 속한다.
- 가장 먼저 가족에 들어온 사람은 첫 번째 자리를 차지하고, 그 후에 들어온 사람은 그 뒷자리를 차지한다. 오빠는 여동생보다 앞에 서 있다. 첫 번째 부인은 두 번째 부인보다 앞에 서 있다. 그러나 모두는 동일하게 존중된다.
- 가족 안에서 모든 구성원은 그의 운명을 짊어져야 한다. 그 운명이 나쁘고 또는 힘들다고 하더라도 마찬가지다. 가족 구성원 모두는 동일하게 짐을 지고, 각자의 불행을 감당해야 한다. 다른 가족의 불행과 아픔을 대신 지려고 해서는 안 된다. 가족 질서에 대한 전제를 통해 가족체계에 대한 인식 작업을 시도한다.

상담사는 세워져 있는 인형들을 보고 현 상태에서의 심리 상태, 느낌, 원하는 것 등을 솔직하게 표현하도록 한다. 인형들이 서 있는 위치에서 느끼는 감정과 욕구는 내담자 가족의 실상을 표현해 주는 도구가 된다. 여기서 내담자가 자신이 서 있는 위치에서 느끼는 감정과 욕구를 얼마나 잘 표현할 수 있느냐가 중요하다. 상담사는 가족인형들이 서 있는 위치에서 느껴지는 느낌과 욕구를 표현한 후에 이 가족인형들이 안정감을 갖고 또는 편안하게 서 있을 새로운 자리를 찾게 된다. 이때 상담사가 적극적으로 개입하여 가족들의 자리를 찾아 주거나 아니면 내담자의 의도에 따라 새로운 자리를 찾을 수 있다. 이러한 과정을 통해 내담자는 자기 가족 전체에 대한 이해가 생기며, 가족들 한 명 한 명에 대해 공감할 수 있는 자세가 만들어진다.

내담자는 상담사가 하는 말을 따라 말하면서 의식화 작업을 진행한다. 이 경우 매우 감정적인 작용이 일어나게 되는데, 의식화 작업에 활용되는 치유 고백은 일정한 틀을 가지고 있다. 의식화 작업이 마무리되고 내담자가 만족해할 새로운 자리가 세워지게 되면 내담자에게 피드백을 요청한다. 새로운 자리가 어떻게 느껴지는지를 내담자에게 묻고, 내담자의 느낌과 생각에 대한 이야기를 듣는다.

(7) 드러난 가족체계에 대해 해석해 주기: 의미 전환하기

가족체계 인식하기의 작업과 더불어 진행되는 것이 '드러난 가족체계에 대한 해석' 작업, 즉 의미 전환하기 작업이다. 이것은 내담자가 자신의 위기와 갈등의 문제를 새로운 관점으로 볼 수 있도록 해 주는 작업이다. 상담사는 의미 전환하기의 작업을 통해 어떤 행동이나 사건이 지니는 부정적 의미, 고정관념, 사고, 판단의 준거 틀을 변화시킴으로써 비록 사실이 변화하지 않은 상태라 하더라도 내담자의 문제의 의미와 가치체계를 변화하게 할 수 있다. 내담자는 상담사의 도움으로 자신의 문제를 보는 시선의 변화를 일으킴으로써 새로운 해결 방안을 찾아낼 가능성을 얻게 되며, 자신이 가진 문제 해결의 자원에 대해 새롭게 인식하게 된다. 의미 전환하기의 작업은 내담자에 대한 인식의 변화를 일으킴과 동시에 내담자가 가진 긍정의 자원에 대한 재발견과 촉진을 시도한다. 상담사는 이런 치료 과정을 통해 내담자가 가진 문제의 긍정적인 측면을 재발견하도록 이끌어 줌으로써 내담자가 새로운 긍정적인 차원에서 자신과 자신의 문제를 볼 수 있도록 한다.

(8) 종결하기

인형치료 과정을 통해 내담자는 자기 문제의 이야기를 어느 정도 거리를 둔 채 외부에서 관찰할 수 있었다. 지금 그는 새로운 상과 가족 각각의 자리에 대한 새로운 질서를 의식적으로 인식하게 되었다. 치료 과정의 종결 시점은 상담사가 결정하는데, 종결은 상담사가 갖고 있는 책임의 일부다. 치료 과정 중 가장 힘든 단계라고 할 수 있는 것이 종결일 것이다. 치료에서 완치라는 것은 존재하기 어렵다. 치료 과정은 내담자의 위기와 갈등을 완전히 한번에 해결해 주는 도구라기보다는 지속적인 변화와 새로운 도전의 가능성을 제시해 주는 삶의 과정이다. 치료가 종결된다는 것은 상담사의 도움 없이도 삶의 문제를 해결할 수 있는 가능성 그리고 생활 속에서 끊임없이 다가오는 다른 문제에 대한 대처 능력의 향상을 의미한다.

사례분석 "내 가족, 직장은 더 이상 작은 배가 아니에요."

내담자는 41세의 남성으로 조선소에서 일하고 있으며, 원가족에서는 2남 1녀 중 막내다. 현가족으로 아내와 딸(13세), 아들(10세)이 있다. 어린 시절 아버지, 어머니는 기억에 없고, 항상 할아버지가 생각난다. 가족 안에서 유일하게 관계를 맺을 수 있었던 사람은 할아버지였다. 내담자는 태어날 때 환영받지 못한 아이였다. 형과 누나가 있다는 이유로 태중에 있을 때 계속 유산시키라고 아버지가 종용하였다. 어머니는 조숙아로 태어난 내담자를 이불로 덮어 놓고 죽으라고 그냥 두었다고 한다. 그러나 죽지 않고 살아나서 부모를 비롯한 가족들에게 미움을 받으면서 살아왔다고 한다. 아버지는 무서운 분으로, 집에 가끔씩 들어오시는 마치 손님 같은 분이었다. 그래서인지 어머니와 아버지의 사이는 좋지 않았다. 내담자는 언제나 혼자였고 왕따였다. 늘 아버지에게 훈계를 듣고 야단을 맞았으며, 사춘기를 겪으면서 당구에 빠져들었고, 새벽에 집에 들어오고 야단맞기를 계속 반복하였다. 어린 시절 내담자에게 집이 항상 '무거운 곳' '기운 빠지는 곳'이었으며, '내가 없으면 좋은 곳인데 왜 내가 들어가서 피해를 줄까?'라는 생각을 늘 했다.

현재 자신의 호소 문제는 생활에 무기력증과 우울감을 갖고 있으며 대인관계에서 늘 혼자라고 느낀다는 것이다. 결혼하면서 본인이 많이 바뀌었지만 늘 머릿속에서는 혼자만의 생각이 많고, 아내에게 짜증을 낸다고 하였다. 어느 날부터 '이제 변해야겠다.'고 결심하였다고 말하였다.

원가족 표현하기

내담자에게 자기 원가족의 인형들을 선택하도록 하였다. 선택된 인형을 가지고 자기 원가족의 모습을 나타내 보라고 하였다.

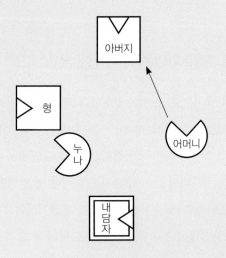

내담자에게 각각의 인형들에 대해 어떤 느낌이 생기는지 물었다.

- 내담자: 웅크리고 앉아서 보고 있다. 아무도 보이지 않고 나는 혼자다.
- 누나: 가족 안에서 존재감이 없고, 몸이 뒤로 끌려가는 것 같다.
- 형: 혼자 무엇인가를 하지도 못하고, 가족에 대한 애착이 없다.
- 아버지: 생활에 지쳐 있다. 겨우 버티고 있다.

● 어머니: 아무 생각이 없다.
● 내담자: 나는 소외당한 느낌이 들고, 점점 소극적으로 되는 것 같다.

치료자: (내담자의 웅크리고 쭈그려 앉아 있는 모습을 보고) 당신이 늘 쭈그리
고 앉아 있던 자리네요. 가족에게 시선을 보냈지만 누구도 당신에
게 시선을 주지 않네요. 어머니는 지쳐 있고, 아버지도 생활에 지쳐
있네요.

내담자: 잘 모르겠어요. 한숨이 나네요. (쓴웃음을 짓는다.)

치료자: 혼자 앉아 있는 당신은 어떻게 이 가족에서 버틸 수 있었나요?

내담자: 겨우 버티고 있고 그리고 지금은 이런 상태가 오히려 편해요.

치료자: 어떻게 보면 편하겠네요. 이 모습이, 현가족 안에도 있을 거예요.
아내와 아이는 이런 모습을 보면서 상처를 받았을 거예요. 당신도
모르게 이렇게 쭈그리고 혼자서 앉아 있는 모습을. 집에서나 가족
안에서, 직장에서도 이러고 있네요, 팔로 당신의 몸을 감싼 채. 누
구도 다가가기 힘들었을 겁니다. '다가오지 마! 나는 내가 지킬 거
야!'라고 몸으로 분명하게 말하고 있네요. 사람들이 왜 혼자만의 세
계 속에만 살려고 하느냐고 했던 말의 의미도 이제는 알 겁니다.

내담자: (크게 울기 시작한다.) 내가 이러려고 한 것은 아니잖아요…….

치료자: 그렇죠! 살려고 했던 거죠.

치료자가 내담자의 인형을 어머니 앞에 세운다.

내담자: 엄마, 저는 엄마의 아들이에요. 아들이라구……. (울음) 저도 아들
이에요. 너무나 힘들었어요. 겨우 살아났어요. 죽지 않고 겨우 살
았어요.

어머니: (치료자가 어머니가 되어 말한다.) 미안하다. 엄마가 너무 힘이 없어

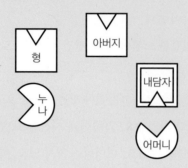

서, 너무 무기력했단다. 우린 너무 가난했었어. 너를 낳을 준비가
못 되어 있었어. 정말 미안하다. 너를 환영하지 못한 거 정말 미안
하다.

내담자: 잘 모르겠어요. 엄마의 말이 크게 와 닿지 않아요.

치료자: 맞아요. 들리지가 않아요. 지금 사과를 들을 수가 없죠. 당신은 겨
우 버티고 있잖아요. 겨우 살았어요. 어떻게 살아왔어요? 어떻게
버텨 냈어요? 혼자, 외롭게, 당신에겐 가족이 없었어요. 아버지도
엄마도 아무도 없었네요. 당신은 고아였던 겁니다, 마음으로는.

치료자는 세워진 인형을 다음의 사진과 같이 배열한다.

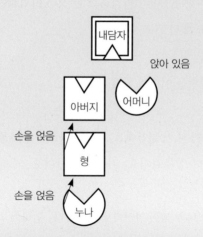

내담자는 자기 앞에 가족들이 서 있는 모습을 보았다. 아버지는 겨우 서 있고, 어머니는 지쳐서 무기력하게 앉아 있는 모습, 이러한 부모 뒤에 있는 형과 누나가 손을 얹고 지쳐 있는 부모에게 기대는 것을 보자마자 대성통곡을 하고 울기 시작하였다.

치료자: 아버지 어깨 위에 두 아이가 기대고 있네요. 옆에 무기력한 엄마가 있네요.

내담자: 이거였어요? 내가 태어났을 때 나를 버리려고 하고 환영하지 않았던 이유가 바로 이거였어요?

치료자: 네, 바로 이거네요.

아버지: (치료자가 아버지가 되어 말한다.) 미안하다. 너를 환영하지 못한 것, 살갑게 대하지 못한 것, 나를 용서할 수 없지만 우리는 살아야만 했다. 살아남아야만 했단다. 네가 싫어서가 아니야. 우리 가족이, 우리가 탄 배가 너무 비좁아서 너를 환영하지 못한 거지, 네가 이렇게 잘 자라 줄지 몰랐단다. 네가 멋있게 살아날 줄 몰랐단다. 정말 부족한 아버지를 용서해라. 정말 용서해 다오.

치료자: 상황이 최악이었네요. 배는 작은데 거기에 탄 사람은 너무 많았어요. (내담자의 직업이 배를 만드는 사람이었다.) 그래서 살기 위해서, 나빠서도 아니고, 못돼서도 아니었네요. 그러나 아이는 다행히 살아났네요. 가족들이 아이가 생존할 줄 몰랐죠. 그런데 살아났어요.

내담자: 그렇군요.

치료자: 살아날 줄 몰랐는데, 배가 너무 좁아서 어쩔 수 없는 선택이었네요. 용서할 수도 없고, 이해할 수 없지만 사랑이 없는 게 아니었네요. 배가 너무 좁았네요. 이런 상황 속에서 당신은 최대한 몸을 웅크리고 있네요. 덕분에 살아났어요. 이젠 더 이상 웅크릴 필요가 없어요. 내 가족, 직장은 더 이상 작은 배가 아니에요. 큰 유람선입니다.

그런데 여전히 당신은 이들 앞에 웅크리고 있네요.

내담자: 알고 싶었어요. 정말 내가 왜 그런지……. 하루도 안 답답한 날이 없었어요. 원인도 모르니깐 더 답답했어요.

치료자: 당신이 태어날 때 가족은 작은 어선이었어요. 공간이 비좁았지만, 지금은 그 작은 배가 아닌 큰 배인데 여전히 웅크리고 있네요.

어머니: (치료자가 어머니가 되어 말한다.) 미안하다. 변명이지만 어쩔 수 없었단다. 살아 줘서 고맙다. 너는 우리 집에 한 모퉁이에서 웅크리고 앉아 있었는데 이제는 자유롭게 되길 바란다. 이제는 더 이상 웅크릴 필요가 없다. 이제 조금씩 몸도 펴고 가족들을 보길 바란다. 너의 아내와 자식들을 보렴.

치료자는 내담자에게 현가족을 나타내 보라고 한다. 내담자는 다음의 사진과 같은 모습으로 인형을 세웠다.

내담자: 가족들에게 너무나 미안해요.

치료자: 가족은 미안하다는 말을 듣고 싶어 하지 않아요. 사랑한다는 말을 듣고 싶어 해요. 예전엔 작은 배였지만 이젠 큰 배입니다. 안아 주세요. 일어서서 당당히 얼굴을 보고, 아들과 딸을 안아 주세요.

내담자: (울면서 본인의 인형에다가 가족들의 인형을 하나씩 가져다가 안아 준다.)

치료자: 지금 마음이 어떤가요?

내담자: 나는 내 가족을 사랑합니다. 내 가족을.

치료자: 가족은 사랑한다는 말을 듣고 싶어 합니다. 미안하다는 말은 하지 마시고 어깨를 펴고 당당하게 다가가세요. 그 누구도 이곳이 좁다고 생각하지 않습니다. 내가 당당하면 내가 머무를 수 있습니다.

내담자: 이제는 사람들을 볼 수 있을 것 같아요, 사람을. 사람 눈이 제일 무서웠는데 이제는 볼 수 있을 것 같아요.

치료자: 싫어서도 아니고, 미워서도 아니에요. 배가 작아서입니다. 다 죽느니 다른 선택을 한 거죠. 이제는 당당해지세요. 아내에게 전화하세요.

치료자: 지금 어떠세요?

내담자: 가슴이 떨리네요. 무언가 마음 한구석에 있던 커다란 짐이 떨어져 나간 것 같아요.

치료자: 오늘의 이 작업을 생각하지 않으면 또다시 웅크리고 있을 겁니다. 계속 생각하시고 이제 자기의 당당한 인생을 사세요.

4. 인형을 통해 표현되는 대표적인 관계의 유형

1) 갈등적 모습

가족들 사이에서 서로 대립적인 갈등관계가 표출된다. 사납고 공격적인 동물인형들이 서로 공격하는 모습이 표현된다([사진 4-20] 참조). 사자, 호랑이, 하이에나 등의 사나운 동물들이 대립하고 있는 모습은 어느 한쪽도 밀리지 않고 팽팽한 갈등을 유지하고 있음을 나타낸다.

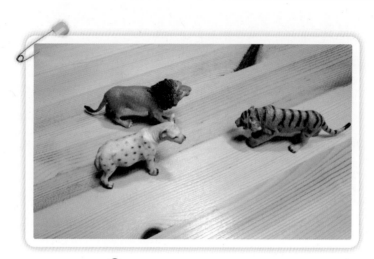

[사진 4-20] 서로 대립하는 모습

[사진 4-21]에서는 부모가 초식동물로 표현되어 있다. 젖소(어머니)와 고슴
도치(첫째 아들), 버팔로(아버지)와 꽃게(둘째 아들)가 서로 동맹관계를 형성하
고 있다. 두 부부 사이에는 팽팽한 긴장감이 흐르고 있다. 그러나 누군가가 일
방적으로 밀리지 않고 대립하는 모습이다.

[사진 4-21] 서로 대립하는 모습과 동맹관계

[사진 4-22]에서 청개구리(아내)와 뱀(남편)의 모습은 갈등 속에서 어느 한 쪽이 일방적으로 밀리는 모습을 표현하고 있다.

[사진 4-22] 한쪽이 밀리는 모습

2) 희생양의 모습

상담 현장에서 자주 볼 수 있는 내담자의 유형으로 가족 희생양이 있다. 가족 희생양은 가족의 갈등 속에서 가족을 중재하거나 문제를 해결하는 중재자의 역할을 수행하거나 가족이 심리적 불안과 갈등을 투사할 수 있는 대상이 되는 문제아의 역할을 수행한다. [사진 4-23]에서 꽃사슴으로 표현된 딸은 두 부모 사이에서 중재자의 역할을 수행하고 있는 모습을 보여 준다.

[사진 4-23] 가족 희생양

3) 소속감의 결여

[사진 4-24]에서 사자로 표현된 아버지는 가족으로부터 등을 돌리고 무관심한 모습이다. 어머니는 양으로 묘사되었으며, 오리와 닭으로 표현된 첫째와 둘째 자녀와 더불어 서 있다. 개구리로 표현된 셋째 자녀는 가족 어디에도 소속되지 못하고 외롭게 서 있는 것으로 드러난다.

가족 안에서 왕따로 전락하여 혼자서 고독한 모습을 표현할 때 개구리가 자주 등장한다. 이때 내담자는 소외감과 고독감에 힘들어하며 무엇보다 가족 안에서 소속감의 위기를 겪게 된다. 내담자는 소외감과 고독감보다는 사실 소속되지 못한 것으로 인해 더 고통을 받게 된다. 우리 모두가 공통적으로 소속감을 느끼게 되는 게 가족이다. 우리가 가족과 깊게 연결되어 애착을 잘 형성할 때 여기서 느끼는 소속감은 안정감의 원천이 된다. 내가 혼자가 아니라 가족에 속해 있고 그들도 나에게 속해 있다는 느낌은 자신의 정체성에 대해 분명하게 답을 주고 행복감을 제공한다. 그러나 혼자 있는 내담자는 대단히 고통스러운

[사진 4-24] 소속감의 결여를 나타내는 모습

상태에 놓이게 된다. 고독한 모습에는 이처럼 소속되지 못하고 혼자인 내담자가 있으며 아울러 자기 내면에 있는 혼자가 되고 싶은 무의식을 표현하기도 한다. 내면의 공허감이나 고독감, 홀로 있고 싶은 욕구 등을 표출하기도 한다.

4) 위계질서의 혼란을 보여 주는 모습

[사진 4-25]에서 토끼는 어머니, 개구리는 아버지, 코뿔소는 20대 대학생인 여성 내담자, 황소는 28세의 언니를 나타낸다. 이 가족에서 부모는 자녀들보다 정서적으로 약하며 부모로서의 역할을 당당하게 수행하지 못하고 있다. 대신 언니가 부모를 챙기고 돌보아야 하는 상황 속에서 내담자는 이런 가족의 모습을 외면하고 있다.

가족 안에는 위계질서가 존재한다. 건강한 가족이 되기 위해서는 위계질서가 적당히 유지되어야 한다. 그러나 자녀가 부모의 역할을 하거나, 동생이 손위 형제의 역할을 떠맡게 되면 가족 안에는 깊은 갈등이 흐르게 된다. 비록 어

🔘 **[사진 4-25]** 위계질서의 혼란을 나타내는 모습

쩔 수 없이 자녀가 부모의 역할을 한다고 하더라도 위계질서의 혼란은 발생하게 되며, 이것은 가족 안에 커다란 부담으로 작용하게 된다.

5) 혼란스러운 관계의 모습

[사진 4-26]에서 토끼는 부인이고, 고슴도치는 남편이다. 남편은 동성애자로 여성에게 전혀 성적인 관심을 갖지 못하는 사람이며, 부인 몰래 남자들과 연애를 하고 있는 상태다. 하지만 남편은 자기가 동성연애자라는 사실을 끝까지 부인하고 있었다. 부인이 표현한 모습에서 남편은 무언가 자기만의 비밀을 숨기고 있는 존재로 드러나며, 이 상황 속에서 무기력한 존재임을 암시하고 있다.

가족끼리 비밀이 있으며 경계선의 혼란이 발생한 경우에 이와 같은 모습이 자주 나타난다. 이러한 혼란은 표면적으로 나타날 수도 있지만 수면 아래로 은폐되어 나타날 수도 있다.

🔘 [사진 4-26] 관계의 혼란

6) 다양한 이미지의 모습

[사진 4-27]는 자기 자신을 의미하는 상징으로 한 개의 인형을 선택하지 않고 다섯 개의 인형을 선택한 경우다. 일부 내담자는 자기의 이미지에 맞는 인

🔘 [사진 4-27] 다양한 역할

형을 선택하는 데 어려움을 느끼며, 자기의 인형으로 적게는 두 개에서 많게는 일곱 개까지 다양한 인형을 선택한다. 샤갈의 그림 속에서 다양한 이미지가 겹쳐서 나오듯이, 한 사람을 여러 개의 이미지로 표현하는 경우가 있다. 이는 내담자가 가족 안에서 다양한 역할을 수행하기 때문에 어떤 이미지의 역할을 선택해야 할지 혼란스러운 상황을 의미한다.

7) 인형치료 속에서 볼 수 있는 원형의 모습

인형치료에서는 치료 현장에서 심층심리학 이론 중 융이 말한 집단 무의식을 발견할 수 있다. 성 학대를 당한 8세 여아가 자기를 학대한 아버지를 뱀으로 표현하는 것이나, 어린 시절 아버지에게 성적 학대를 당한 40대 중반의 여성이 아버지를 동일하게 뱀으로 표현하는 것을 보면서 우리 내면 안에는 원시시대에서 받아들여진 것들이 있다는 집단 무의식을 인식하게 되었다.

융은 어느 날 자신의 집이라고 여겨지는 집의 계단을 한 층 한 층 내려가는 꿈을 꾸었다. 아래층으로 내려가는 것은 과거로 여행하는 것과 같은 효과를 의미한다. 융은 꿈속에서 인류 역사가 시작되기 전까지 시간 여행을 하면서 고대의 유물을 발견하게 된다. 융이 발견한 것은 깊은 정신세계로 내려가는 원형적 단계였던 것이다.

융은 인간의 가장 깊은 심층에 존재하는 원형을 탐색하는 것을 통해 깊이 있는 치유가 가능하다고 말하였다. 융에게 있어서 무의식의 한 부분만이 개인적인 것이고 다른 부분은 모든 인간에게 공통적으로 공유하는 집단 무의식이었다. 융이 발견한 원형은 바로 집단 무의식의 영역이었다.

전 세계의 동화, 신화, 만담, 전설을 비교해 보면 일정한 공통점을 발견할 수 있다. 이야기의 구성과 발전 과정 이외에 사용된 일정한 스토리의 구성 요소들 속에서 유사점이 존재한다. 이러한 유사점은 인간이 공통적으로 그들의 무의식 속에 보관하고 있는 원형을 설명해 준다. 융에 따르면, 병리적 콤플렉스는 무의식 속에 남아 있는 원형에 지나치게 사로잡혀 있는 경우에 발생한다. 콤플렉스 자체는 병리적인 것이 아니지만 지나치게 사로잡히면 병적인 콤플렉스가 된다.

인형치료 현장 속에서 자주 발견되는 원형은 크게 위대한 어머니(great mother)와 현명한 아버지(wise old man), 아니마·아니무스, 그림자 등이다.

'위대한 어머니'([사진 4-28] 참조)는 대부분의 사람에게서 가장 흔하게 볼 수 있는 원형이다. 이것은 긍정적인 면과 부정적인 면 모두를 갖고 있으며 마더 콤플렉스를 일으키는 원인이 된다. 인형치료 속에서 주로 암소로 표현되고 또는 큰뿔사슴, 순록, 기린 등으로도 나타난다. 암소는 고대로부터 대지의 신, 풍요의 신을 상징하는 존재였으며, 번식과 자양분을 공급하는 여신으로 여겨져 왔다.

위대한 어머니의 원형을 갖는 사람들은 가족 안에서 어머니와 융합되어 있으며 분리되지 못한 정서를 갖고 있다. 이들은 어머니를 이상화하고 어머니는 내면에서 모신의 위치를 차지한다. 어머니가 가족 안에서 큰 역할을 수행하며

[사진 4-28] 위대한 어머니

희생과 헌신의 존재로 각인된 경우 더욱 위대한 어머니의 원형을 형성할 가능성이 높아진다.

그러나 위대한 어머니의 원형이 언제나 긍정적인 면만을 갖고 있는 것은 아니다. 어머니가 위대한 어머니로 표현되는 경우 자녀는 대체로 깊은 죄책감과 수치심을 갖고 있다. 어머니에 대한 죄책감으로 인해 자기 자신에 대한 낮은 자아상을 형성하게 되고 이는 어머니로부터 분리되거나 독립되는 것을 가로막는다. 자기는 언제나 어머니의 돌봄과 사랑을 필요로 하는 연약한 존재로 여겨진다. 이 경우 어머니와의 공생관계가 더욱 강화되고 성인으로서 독립과 자립을 형성하지 못하고 의존적인 사람이 되게 한다.

위대한 어머니 원형의 부정적인 뒷면에는 '끔찍한 어머니(terrible mother)'의 원형([사진 4-29] 참조)이 존재한다. 어머니가 언제나 긍정적인 이미지를 갖고 있는 것은 아니다. 자녀를 가장 고통스럽게 만드는 장본인이 바로 어머니인 경우도 많다. 인형치료에서 나타나는 이러한 어머니는 모든 것을 잡아먹고 삼켜 버리고 파괴하는, 죽음과 파멸을 일으키는 피의 여신이다. 어머니는 종종 사

[사진 4-29] 끔찍한 어머니

람들을 돌로 변하게 만드는 메두사이며, 자기 자녀를 잡아먹는 마녀일 수도 있다. 이러한 경우는 나르시시스트적인 성향을 보이는 어머니 또는 과도한 불안감으로 자녀와 불안정 애착을 형성하는 어머니에게서 볼 수 있다. 인형치료에서는 문어, 파괴적인 공룡, 호랑이, 사자, 하이에나 등으로 나타난다.

　'현명한 아버지' 원형([사진 4-30] 참조)은 지혜롭고 강한 힘을 갖고 있으며, 가족 안에서 통제, 권력, 경제력, 가족의 규칙을 조절할 수 있는 강한 역할을 하는 아버지다. 또한 강한 남성성을 상징하며, 책임감과 리더십을 갖고 있는 지도자를 상징한다. 하지만 이 원형에 지나치게 사로잡힌 사람은 유아로 영원히 남고자 하는 부정적인 면을 갖고 있다. 나이 들기를 거부하고 영원한 젊은 이로 남고 싶은 피터팬 증후군을 가지거나 부모에게 의존하는 캥거루족이 될 수 있다. 알코올 중독이나 약물중독 또는 삶의 무의미함으로 고통받는 사람들에게도 이런 원형을 발견하게 된다.

　이런 원형에 사로잡힌 사람들에게서 수소 신드롬(null-bock syndrom)을 볼 수 있다. 이것은 부모나 일반적인 사회 규율에 별 주의를 기울이지 않고 책임

🐾 [사진 4-30] 현명한 아버지

감도 없이 불안정하며 매사에 무관심한 사람들을 말한다. 이들은 책임감과 의무감에는 심드렁하고 자신의 즉각적인 욕구에만 눈을 반짝이는 사람들이다. 현명한 아버지의 원형에 지나치게 사로잡힌 사람들이 치료를 하러 오게 되면 대부분 비자발적인 내담자가 될 수 있다. 사실 이들은 내면 깊은 곳에 아버지에 대한 콤플렉스를 갖고 있지만 아버지처럼 되지 못하거나 아버지를 뛰어넘을 수 없는 것에 대한 무기력감을 갖고 있는 사람들이다.

　현명한 아버지 원형의 부정적인 뒷면에는 '내면의 재판관(inner judge)' 원형([사진 4-31] 참조)이 존재한다. '내면의 재판관'은 부정적인 아버지의 모습으로, 자기 힘을 이용해서 가족을 통제하는 것을 상징한다. 가족과 주변 사람들을 공격하거나 통제하려고 하며 사람들을 힘들게 하고 파괴시키는 무서운 힘을 가진 존재. 외도를 해서 가족을 괴롭히거나 언제나 냉정한 모습으로 가족과 주변 사람들을 힘들게 한다. 내면의 재판관 원형을 가진 아들은 아버지의 행동을 무의식적으로 따라 하게 되며 아버지의 역기능적인 모습을 반복하게 된다. 내면의 재판관 원형은 인형치료에서 고릴라, 코뿔소, 사자, 호랑이 등으

[사진 **4-31**] 내면의 재판관

로 표현된다.

부부갈등에 중요한 차원이 아니마와 아니무스의 갈등이다([사진 4-32] 참조). 아니마는 남성에게 숨겨져 있는 여성적인 모습, 아니무스는 여성에게 숨겨져 있는 남성적인 모습이다. 남자와 여자의 무의식에서 발생하는 아니마와 아니무스의 충돌로 인해 의사소통의 어려움이 발생할 수 있다. 여성의 남성적인 부분은 그녀가 가진 성격의 긍정적인 부분일 수 있으며, 또한 남자의 여성적인 부분도 긍정적일 수 있다.

그러나 여성 안에 있는 아니무스는 부정적인 부분도 갖고 있다. 아니무스는 둔하고 융통성이 없고, 인과론적 · 도덕적 판단을 내리고, 거칠고 상당히 불쾌한 공격성을 갖고 있다. 이와 같은 남성적인 면은 내부 깊숙이 있는 것으로 성격에 강한 영향을 미치는데, 무의식에서 의식 밖으로 뛰쳐나와 다른 사람과의 관계에 작용한다. 이런 경우 아니무스에 사로잡혀 원시 원형의 갈등에 휘말릴 수 있다.

마찬가지로, 아니마도 부정적인 부분을 갖고 있다. 우울하고, 뾰로통하게

[사진 4-32] 아니마, 아니무스

잘 토라지고, 열등감을 갖고 있으며, 골을 잘 내고, 주위에 있는 여러 사람에게 나쁜 영향을 미치는 면이 있다. 감상적인 여자처럼 행동하게 만들기도 한다. 이런 남자는 우울하게 보이며, 쉽게 객관성을 잃어버리고, 조그만 마음의 상처에도 아니마에 의해 과장되면 커다란 상처로 남게 되어 복수하려고 한다. 아니마의 무기는 기분, 감격성, 독한 말이며 그를 화나게 만든 사람에게 상처를 준다. 아니마가 다른 사람과의 관계에서 작용하면 상황을 어렵게 만든다. 상황을 과장하고, 상처를 크게 하며, 깨지거나 보복을 하게 만든다. 아니마와 아니무스가 싸울 때 언제나 소통의 문제가 일어난다.

한번은 30대 중반의 부부가 상담실을 찾아온 적이 있었다. 현재 결혼 생활 2년째로 이혼 위기에 놓여 있었다. 남편은 여성스러울 정도로 조용하고 얌전한 사람이고, 가능한 한 다른 사람에게 피해를 주고 싶어 하지 않는 모습을 보였다. 부인은 여성스러운 외모와 상반되게 남자처럼 씩씩한 모습을 보이며, 상담시간을 비롯한 약속을 스스로 결정하고 판단하였다. 두 부부는 이혼 직전에 놓여 있었다.

남편은 상담을 하면서 아내와의 이혼을 강력하게 원하고 있었다. 이혼을 원한다고 말하는 남편을 보고 있는 아내는 몹시 고통스러워하였다. 여성스럽기까지 한 남편이 그렇게 잔인한 말을 대놓고 아내 앞에서 할 수 있다는 것에 필자도 놀랐다. 한편, 부인은 남편에 대한 사랑 때문에 이혼을 망설이는 것이 아니라, 왜 자기가 여기까지 왔으며 남편에게 사랑받지 못하게 되었는지를 받아들일 수 없다고 하였다.

상담이 진행되면서 아주 중요한 사실을 다루게 되었다. 그동안 각자의 주장과 아픔을 서로 호소하였다면, 이번에는 그 갈등의 원인이 탐색되었다. 부인이 첫 회기부터 하던 이야기가 있었다. "나는 사랑받는 아내가 되고 싶다."는 말이었다. 그녀는 이것을 포기할 수 없으며 이것이 안 되면 다른 남자에게라도 사랑을 받고 싶다고 하였다.

그런데 여기서 반전이 이루어졌다. 남편이 아내에게 "당신을 사랑할 수 없어."라고 말한 적이 없다는 사실을 발견하게 된 것이다. 결혼 초에 남편은 아내에게 "자기만의 공간을 갖는 삶의 패턴을 당신이 존중해 주었으면 좋겠어."라고 요구하였다.

남편은 알코올 중독에 걸려서 가정 폭력을 행사하던 아버지와 힘들게 가정을 지켜야 했던 어머니 슬하에서 5남매 중 하나로 성장하였다. 가정 안에는 긴장과 갈등이 있었고, 어머니는 늘 힘들게 버티며 살았다. 여기서 그는 외롭고 방치된 채 살았다. 그런데 그는 방치와 외로움에 적응되어 오히려 이런 상태가 익숙해졌다. 다른 사람들이 간섭하지 않고 귀찮게 하지 않으며, 각자의 자리를 존중하는 이런 상태가 편했다. 비록 외롭기는 하지만 서로 간섭하지 않고 각자 알아서 살아가는 그런 방식이 좋았다. 결혼 후 아내에게 자기의 그런 방식을 이야기하였던 것이다. 그런데 아내는 남편의 이야기를 자기 식으로 해석해 버렸다. 즉, '나는 당신을 사랑할 수 없어.'라고 받아들인 것이다.

한편, 부인은 외동딸로 외롭게 자랐고 부모와 정서적으로 밀착한 채 성장하였다. 그래서 남편과는 달리 가족들과 밀착하는 것을 정상적인 것으로 받아들였다. 부인은 결혼하였을 때 남편하고도 역시 이렇게 밀착되어 서로의 비밀을 이야기하고, 서로 깊은 내용까지 공유하는 부부관계를 꿈꾸었다. 그런데 남편이 자신은 그녀가 원하는 밀착된 부부관계를 이루어 줄 수 없다고 말하자 이 말을 바로 사랑할 수 없다는 의미로 해석하였다. 즉, 두 부부는 서로 주파수가 전혀 맞지 않은 채 각자의 입장에서 소통을 한 것이다.

부인은 남편에게 실망을 느끼고 공격을 하였으며, 남편은 여기서 당황하고 자기가 무엇이 문제인지 갈등하고 아내의 공격과 비난에 지쳐 가기 시작하였다. 부부는 서로 상대방이 자기의 말을 받아들이지 않고 거부한다고 느끼면서 고통스러워했으며, 그 실망과 고통 속에서 서로를 공격하며 상처를 주고 있었다.

부부는 상담을 하면서 두 사람의 갈등이 서로 성격이 안 맞거나 서로 불의한 짓을 하거나 문제를 일으켜서가 아니라 소통의 실패에서 비롯되었다는 것에 대단히 놀라워하였다. 서로 각자의 방식으로 소통을 하였고, 서로 전혀 주파

수가 맞지 않는 소통을 하고 있음을 알게 되었다.

아내는 남편이 아무런 노력도 하지 않고 자기주장만을 늘어놓고 있다고 불평하였지만, 사실 남편은 자기 나름대로 아내의 요구를 들어 주기 위해 노력을 하였던 것이다. 그러나 늘 아내가 실망만 하자 자기를 이해해 주지 못하는 아내에게 지쳐서 이혼을 원했던 것이다.

두 부부의 문제가 소통의 문제라는 사실이 드러나자 남편은 대단히 밝아졌다. 그동안 아내의 주장처럼 자기가 나쁜 사람이기 때문에 힘들었다는 것이 아님이 판명되었다고 좋아하였다. 아내 역시 자기가 힘들었던 것은 남편에게 사랑받지 못하는 여자가 되었기 때문인데 자신이 남편에게 사랑받지 못하는 여자가 아니라는 사실을 알게 되어 좋다고 말하였다.

서로 힘들었던 것은 소통의 문제라는 사실을 통해 부부는 변화를 위해 노력해야 할 입장에 서게 되었다. 남편은 그동안 이혼하자는 생각이 정리된 것 같아서 좋았는데, 갑자기 마음이 편해지면서도(자기 문제가 아니라는 사실이 판명되어) 무거워진다(소통의 문제라면 이혼할 필요가 없다는 생각이 들어)고 하였다.

두 부부의 문제는 아니마와 아니무스의 갈등이다. 아니마와 아니무스가 만나 갈등을 하면 언제나 여기서 소통의 문제가 발생한다. 아니마와 아니무스는 융이 말하는 인간의 기본적 원형, 집단 무의식에 속하는 것이다. 우리가 건강한 삶을 살아가려면 지나치게 원형에 빠져 살면 안 된다. 무의식이 노예가 되어 원시적 원형에 사로잡혀 고통을 받지 않으려면, 적당히 균형을 이루며 원형을 유지해야 한다.

아니마와 아니무스의 특징은 남녀로 하여금 상대방이 가진 부정적인 아니마와 아니무스를 끌어내어 서로를 공격하게 만든다는 것이다. 여자가 갖고 있는 아니무스의 고집 세고 거친 말이 나오면 남자의 아니마는 격분하게 된다. 아니무스가 마치 여자 자체인 양 생각하고 대판 싸움을 벌인다. 이런 싸움 속에서 아니마는 독하고 격정적인 말을 무기로 사용하며 아니무스는 힘과 비판의 칼을 내민다. 남자가 아니마에, 여자가 아니무스에 함몰되어 버리면 두 관계는 끝장이 난다. 아니마와 아니무스가 만나면 격렬한 감정이 일어나서 어둡고 원형적인 분노가 나타난다. 남자와 여자라는 모습이 전혀 나타나지 않고 대신에 자기 내부의 아니마와 아니무스가 서로 만나 격렬한 싸움을 하게 된다. 이것은 남자와 여자의 자아가 패배했다는 것을 의미하며, 그 결과 의식과 분별력이 사라지고 입에 담을 수 없는 심한 말을 하거나 서로 싸워 몸에 상처를 주게 된다. 다시 말하면, 아니마와 아니무스가 싸우면 의사소통의 문제를 야기하여 두 사람의 관계는 끝나게 된다.

　아니마와 아니무스가 서로 싸우지 않도록 하기 위해서는 무엇보다 부부가 서로를 공감하고 이해하려는 노력이 필요하다. 서로 입장을 바꾸어 상대의 입장에서 생각하고 이해하는 노력이 필요하다. 아니마와 아니무스가 자극을 받고 격분하여 서로를 공격하면서 싸움을 일으키면 언제나 소통의 문제가 생긴다. 그러나 대부분의 부부는 소통의 문제로 생각하지 않고 자기를 무시하거나 거절하였다고 받아들인다. 그러면 여지없이 아니마와 아니무스가 싸움을 벌이게 된다. 부부는 자기의 진실한 감정과 생각을 분노와 몰이해로 포장하지 않고 있는 그대로 소통할 필요가 있다. 각자의 노력으로 서로 소통할 수 있는 주파수를 찾는 것이 우선이다. 이러한 노력 속에서 부정적인 아니마와 아니무스가 만나는 것이 아니라 긍정적인 아니마와 아니무스가 작동하여 서로를 더욱 공감하고 이해하도록 만들어야 한다. 아니마와 아니무스를 파악하기 위해서는 먼저 무의식의 가장 겉 표면에 존재하는 그림자를 탐색해야 한다. 그림자를 알아야만 우리는 정신의 다음 층인 아니마와 아니무스에 이를 수 있다. 융(1977)은 그림자는 개인 안에 존재하는 무의식적인 모든 것을 뜻한다고 말한다.

　융(1977)은 자기(self)가 자아(ego)와 그림자(shadow)로 이루어진다고 주장했다. 그는 우리의 내면에 시소 게임과 같은 심리적 대립이 존재한다는 것을 밝혔다. 우리 몸이 균형을 유지하기 위해 산과 알칼리의 비율을 조절하고, 나트륨은 칼륨과 더불어 체내 수분의 균형을 유지하게 하는 등 수많은 작용을 통해 몸의 균형이 유지되듯이 심리도 이와 같이 균형을 유지하고 있다. 마치 빛이 드러나기 위해서는 어둠이 깊어야 하듯이 심리적 시소를 형성한다. 심리적 균형에는 나 자신을 대표하는 '자아'가 있으며, 이와 더불어 반대되는 '그림자'가 있다. 원형 중 하나인 그림자는 한마디로 자아의 어두운 면이다. 자아의 기준으로 볼 때 우리 내면의 유쾌하지 않고, 수치스럽고, 받아들일 수 없는 부분들이다.

우리는 자아와 그림자라고 하는 두 대칭적인 축으로 양분되어 있다. 그리고 이 두 가지 축 사이에서 균형을 이루며 살아가게 된다. 그러나 너무 한쪽으로 기울어지게 되면 여기서 신경증을 비롯한 심리적인 문제가 발생한다. 그림자가 자아보다 더 많은 에너지를 갖게 되면 통제할 수 없는 분노에 사로잡히거나 무기력해지거나 우울증에 빠지게 된다.

자아와 그림자는 일종의 시소 게임을 한다. 너무 한쪽으로 지나치게 기울어지면 그 반대 행위로 시소의 균형을 맞춰 주어야 한다. 시소에 균형이 상실된 채 너무 한쪽으로 기울어지면 균형이 깨지게 되는데, 이 상태를 정신이상 혹은 신경쇠약이라고 한다. 융(1971)은 우리의 자아에서는 선 또는 악 자체보다 선과 악의 균형이 중요하다고 본다.

우리 자아의 특질이 더 강화될수록 반대편에 있는 그림자를 더 크게 만든다는 것이 융의 놀라운 통찰이다. 자아와 그림자는 마치 빛과 그림자처럼 같은 원천에서 만들어지고 서로 정확한 균형을 이루게 된다. 빛을 밝히는 것은 곧 그림자를 만드는 것이다. 우리가 극단적으로 한쪽으로 치우친 행위를 했다면 반대편에 놓일 수 있는 행위로 균형을 맞춰 주어야 한다. 성직자, 법관 그리고 경찰관의 자녀들이 문제아가 되고, 수많은 예술가들이 사생활에서 많은 어려움을 겪는 것이 그 예라고 할 수 있다. 창조성은 더 깊은 어둠, 즉 그림자를 불러내기 때문이다. 그림자가 우리 내면에 쌓이다 보면 이것을 해결하기 위해 '그림자 투사하기'라는 잘못된 방식으로 해결하게 된다.

우리 내면에 쌓인 그림자를 해결하는 방식 중 하나가 그림자 투사다. 융(1977)은 인류 역사의 비극은 그림자의 투사로 인해 발생한 것이라고 말한다.

남성이 여성에게, 나치는 유대인에게 투사를 해 왔고, 그 결과는 끔찍한 파괴로 나타났다. 우리는 모두 이런 투사에서 자유롭지 못하다. 누군가를 끝없이 자기 내면에 있는 그림자를 투사할 대상으로 간주하고 희생양을 만들어 낸다. 창조적이거나 매우 생산적인 남성의 아내와 자녀들이 그 그림자의 희생자가 된다.

그림자 투사하기의 전형적인 경우는 한 사람을 희생양으로 택하여 공동체의 그림자를 그에게 짊어지도록 하는 것이다. 사실 우리가 속한 집단에서도 무의식적으로 구성원 중 한 사람을 왕따로 만들어 공동체의 어두움을 혼자 감내하게 만든다. 그림자를 남에게 전가한 최악의 상태는 부모의 그림자를 자녀들에게 짊어지게 하는 것이다.

[사진 4-33]에서 아버지는 젖소와 뱀 두 가지 동물로 동시에 표현되었다. 어린 양은 딸, 고슴도치는 아들, 양은 어머니로 표현되었다. 고등학생인 아들이 자살을 시도하였고, 딸은 아버지에 대한 분노로 자기 몸을 망쳐 버린 남매가 상담을 하게 되었다. 아버지는 사회적으로도 크게 성공을 거두었고, 또한

[사진 4-33] 위선적인 아버지와 가족들

자선사업과 다양한 선한 일로 주변에서 칭찬이 자자한 사람이었다. 그런데 자녀들은 아버지를 극도로 미워하고 있었다. 아버지에 대한 분노를 자기 자신에게 돌려서 자기들의 삶을 파괴하고 있었다. 처음에는 왜 자녀들이 아버지를 미워하는지 몰랐다. 남매는 아버지는 늘 겉으로 신사적으로 행동하고 말하지만, 자근자근 괴롭히고 피를 말리는 사람이라고 하였다. 겉으로 드러난 아버지의 선한 이미지가 사실 더 고통스럽다고 호소하였다.

한편, 아버지는 어린 시절부터 선해야 하며 의로운 사람이 되어야 한다고 교육받았고 늘 그렇게 살려고 애를 썼다. 언제나 자기의 감정과 생각을 표현하지 못하고 부모가 시키는 대로 안전하게 묵묵히 살아갔지만, 그의 내면 깊은 곳에 표현되지 못한 엄청난 감정의 파도가 존재하였다. 그는 자기 내부에 있던 표현되지 않은 그림자를 건강하게 해소하거나 해서 심리적 시소의 균형을 맞추지 못하고 이를 자녀들에게 투사하였다. 자녀들과 끊임없이 싸웠고, 싸울 때마다 놀랍게도 알 수 없는 내면의 편안함이 밀려왔다. 그는 자기가 떠안고 있던 그림자를 스스로 해결하지 않고 자녀를 통해 자신의 그림자를 전가하였다.

자녀들에게 매일 그날 해야 할 과제를 내주었을 때 그 과제를 아이들이 수행하지 못하거나 아버지에게 부당함을 표시하면, 이는 아버지의 그림자 투사하기에 걸려드는 구실을 제공하는 것이었다. 아버지는 자녀들에게 과도한 화를 내면서, 자신 내면에 있던 분노와 원망, 증오의 감정들이 터져 나올 수 있는 합리적 구실을 얻게 된 것이었다.

그럼 어떻게 해야 심리적 시소의 균형을 잃지 않으면서 건강한 삶을 살 수 있을까? 필자가 프랑스 파리의 베르사유 궁전에 갔을 때 궁전 안에 농촌 마을이 만들어져 있는 것을 보고 놀란 적이 있다. 세상에서 가장 화려한 궁전에 농촌의 모습이 있다니! 그 의미가 궁금해졌다.

사치와 경솔한 행동으로 자멸을 자초한 인물인 마리 앙투아네트는 당시 세계에서 가장 화려한 궁정의 생활에 염증을 느꼈다. 어느 날 문득 놀라운 영감을 받은 그녀는 궁정의 생활과 완전히 반대되는 평범한 농부의 생활을 실현하기로 마음을 먹는다. 궁전 한편에 평범한 농촌의 집들을 지어 놓고 여기서 농부의 부인처럼 직접 소젖을 짜 보려고 했다. 왕비의 바람을 이루기 위해 프랑스 최고의 건축가들이 농촌 촌락과 외양간을 만들었다. 모든 준비가 끝난 어느 날 농촌 체험을 하려던 그녀의 마음이 갑자기 돌변해서 하녀에게 젖을 짜라고 명령하였다. 왕비의 명령은 자기의 심리적 시소의 균형을 잡아 주려던 놀라운 충동이었지만 그것이 실현되지는 못했다. 만일 그녀가 사치스러운 궁정의 생활과 더불어 농촌의 소박한 모습을 실천하여 균형을 이루었다면 아마도 그녀에게 덮쳤던 비극이 다른 식으로 비껴가거나 적어도 덜 비극적인 결과를 낳지 않았을까 생각해 본다. 마리 앙투아네트에게 일탈은 그녀의 소중한 모든 것을 지켜 줄 수 있었을 방편이었다.

우리는 삶의 균형을 이루기 위해서 일상으로부터의 채널 전환이 필요하다. 우리는 자기가 느낀 부정적 감정을 억누르고 무시하려고 애를 쓸수록 그 반대편의 그림자가 더 커지게 된다. 결국은 너무나 커진 그림자의 힘을 제어할 수 없는 지경에 다다르고 극단적인 탈출구에 의존함으로써 불만은 더 커지게 된다. 이때 채널 전환이 절실하게 필요하다. 삶의 채널을 바꾸어 줌으로써 주변 사람들에게 그림자를 투사하기보다 건강하고 균형 잡힌 삶을 가능하게 만들 수 있다.

인형치료의 주요한 상징적 도구

1. 손
2. 치료 공간
3. 피규어의 종류

🐻 꿈은 상징의 보물창고로 특별한 노력을 하지 않더라도 꿈속에서는 상징이 저절로 만들어진다. 그런데 융(1996)이 지적했듯이, 상징은 꿈에만 나타나는 것이 아니다. 인간의 심리적 표현이 드러나는 상징은 그 성질이나 기원에 있어 크게 개인적 상징과 집단적 상징으로 구분이 될 수 있다. 어떤 사람은 비를 보고 이별의 슬픔을 느낄 수 있지만, 또 다른 사람은 어린 시절 어머니가 비 오는 날마다 해 주시던 부침개를 떠올리며 따뜻함을 느낄 수 있다. 개인적 상징은 개개인마다의 경험에 따라 다양한 상징의 도구와 의미를 갖게 된다.

한편, 집단적 상징은 개인의 경험과는 상관없이 태곳적 인류가 공유했던 원형적 이미지와 관련이 되는 것으로 '집단표상(kollektive representation)'이다. '집단표상'은 의식과 무관하게 무의식을 통해 자연히 발생한 것으로서 결코 의도적으로 만들어진 것이 아니다. 집단표상은 원형적 이미지에 속하는 것으로 인류가 시대를 거듭해 천천히 성장하면서 인간 본성의 본질적 법칙뿐 아니라 이미지를 구성한 것이다. 대표적인 원형인 아니마와 아니무스 외에도 수많은 원형적 이미지가 존재한다.

인형치료는 원형적 이미지의 보물창고인 동물과 가족의 상징체계를 활용한다. 여기에 태곳적부터 자아의 표현 도구였던 스톤(stone)을 첨가하여 사용한다. 동물인형, 가족인형, 스톤의 피규어들은 자아를 상징하는 상징체계다. 다양한 피규어는 인간 본능의 여러 측면을 보여줌과 동시에 그 의미를 표현해 준다. 이러한 피규어들은 치료 공간 속에서 상담사와 내담자과 함께 의식과 무의식의 메시지를 탐색하고 치료적인 의미를 찾아낸다.

1. 손

  즐거움과 괴로움, 불안과 분노 그리고 사랑은 인간의 내면을 엄습하고 신체를 사로잡는다. 정서가 우리를 사로잡았다는 것을 의식하기 전에 몸이 반응하게 된다. 어떠한 유형의 정서든, 그 정서로 인해 신체는 여러 가지 반응을 보인다. 예를 들어, 한 사람이 불안 때문에 멍하고 뻣뻣하게 될 수 있다. 그러면 그의 몸은 경련을 일으키고 굳어지고 차가워지고 생기를 잃게 된다. 주변 사람들은 누구든지 이 사람이 불안하다는 것을 알게 된다. 그럼에도 막상 당사자는 이러한 현상과 원인에 대해 아무 말도 못하고 만다. 그에게 그 원인은 무의식적이기 때문에 자신에게 불안을 발생시켰던 것이 무엇이었는지 언어적으로 표현할 수 없다.

  우리의 몸은 마음과 정서의 모든 것을 그대로 비춰 주는 거울이다. 두통은 우리의 몸이 혹사당했다는 것을 나타내는 신호일 수 있다. 목의 통증은 누군가에게 또는 무엇인가에 대해 표현하지 못한 분노와 절망감을 나타낼 수 있다. 등의 통증은 불만족스러운 성생활에 대한 신호일 수 있다. 위의 통증은 숨겨진 불안감을 나타내는 것일 수 있다. 심장박동의 증가는 스트레스가 많은 생활방식과 관련될 수 있다. 그리고 관절의 불편함은 불만족스러운 인간관계를 나타낼 수 있다.

  신체심리치료의 선구자인 라이히(Reich, 1969)는 개인의 갈등은 호흡, 자세, 행동 등을 통해 드러난다고 말한다. 신체에는 억제된 감정과 경험이 있으며, 이는 고통스러운 경험으로부터 우리 자신을 보호한다. 라이히는 우리의 몸과 정신은 매우 밀접한 관계를 맺고 있기에 정신만을 다루기보다는 신체를 치료에 포함시켜야 한다고 말한다(Langer, 2006).

  이처럼 우리의 몸은 무의식적으로 마음과 정서의 갈등, 고통을 표현하는 역할을 한다. 그러나 우리가 이러한 갈등을 언어를 통해 표현하는 데는 한계가 있으며, 인형은 이러한 한계를 극복하는 한 가지 수단이 될 수 있다.

트라우마로 인해 정서와 감정이 우리 내면에 깊이 감추어져 있을수록 트라우마의 기억들은 무의식으로 깊이 들어가게 된다. 깊이 들어갈수록 말로 표현하기가 더욱 어려워진다. 그러나 이러한 상황에서도 우리는 우리의 몸을 통해 표현할 수 있는 가능성을 갖고 있다. 우리의 몸 중에 손은 우리의 내면과 외부 세계를 잇는 다리의 역할을 한다. 우리는 손으로 쓰다듬고 애무하거나 일을 할 수 있다. 손은 정신과 물질을 잇는 매개자이며, 내면적 표상과 구체적 창조에 이르게 하는 매개자다. 손을 통하여 무의식에 존재하던 에너지가 표현된다.

심층심리학에 따르면, 연금술은 정신과 물질을 잇는 중간 영역이 되는데, 치료 과정 속에서 손이 그러한 기능을 담당할 수 있다. 내면의 무의식에서 작용하는 에너지를 손을 통해 드러나게 할 수 있고, 손은 내면의 무의식과 의식을, 그리고 정신과 물질을 하나로 잇는다는 데에서 인형치료의 치료적 가능성을 찾을 수 있다. 말을 기반으로 하는 일반적 심리치료는 상담사와 내담자의 시선과 입으로 이루어져 있다. 인형치료는 여기서 손이 더 첨가되는데, 손을 통해 인형을 만지고 배치하고 옮긴다. 내담자는 손을 통해 내면의 상을 발견하거나 내면의 경험을 자극하기도 한다. 인형은 손을 통해 내면적 · 정신적 실재성과 물질적 실재성 간에 다리를 연결하게 된다. 손은 우리의 의식에 의해 움직이지만 언제나 의식에 통제를 받지는 않는다. 손의 움직임은 우리의 지각체계만이 아닌 심상으로 이루어진 표상체계와 연결되어 있으며 자기 나름대로의 의식에 따라 움직일 수 있다. 내담자가 인형을 선택하고 배치하고 옮기는 일련의 과정 속에서 스스로 지각하지 못하지만 내면과 연결된 표상을 드러내게 되고, 이것은 치료 작업의 중심 주제가 된다.

2. 치료 공간

모래놀이치료의 선구자인 칼프(1986)는 치료는 자유로우면서도 보호받는 공간이 전제되어야 한다고 말한다. 마찬가지로 인형치료는 내담자가 자신의 무의식적인 욕구와 감정을 자연스럽게 드러낼 수 있는 공간을 필요로 한다. 이것을 위해 상담사는 치료 공간 속에서 따뜻하고 신뢰할 만하고 지지적인 분위기를 만들어 내야 한다. 치료 공간 속에서는 내담자의 신체적·정신적·의식적·무의식적 힘이 함께 움직이고 있으며, 상담사의 인격도 무의식적으로 깊게 관여하고 있다.

문제와 갈등에 고통받는 대부분의 사람들이 갖는 공통점은 자기 삶의 주도권을 잃어버리고 우울과 무기력에 빠져 있다는 것이다. 겉보기에는 다른 문제 같으나 그 안으로 들어가면 주도권과 무기력의 갈등인 경우가 많다. 무기력은 '시달리고, 괴롭힘을 당하며, 박해받는 느낌'이다. 미국의 임상심리학자인 메이(2013)는 마음의 병을 가진 모든 사람에게는 한 가지 공통점이 있는데 그것은 바로 무기력이라고 말한다. 스스로 무기력하다는 자기 인식은 환경적으로 더욱 무기력한 상황을 불러오는 원인과 결과가 되어 지속적인 불안을 겪게 된다고 말한다. 삶의 주도권을 상실한 내담자와의 치료는 안전감과 보호감이라는 관계성으로 시작될 수 있다. 안전감과 보호감이 없이 성장하여 주도권을 잃어버린 내담자에게 자기현현과 자기표현의 기회는 회복을 위한 전제가 된다.

상담사(치료자)는 내담자와의 사이에 열려 있는, 비언어적이고 무의식적인 미묘한 채널을 통하여 내담자와 강하게 연결되어 있다. 그래서 인형치료는 내담자와 상담사 사이에 상호작용을 하는 장이 되고, 인형은 이런 특수한 상호작용을 눈으로 볼 수 있는 가능성을 제공한다. 이것은 단지 기법이 아니라 상담사의 인격이 영향을 미치는 공간이며, 상담사의 인격은 치료 공간을 무의식적으로 주조하는 기본 틀이 된다.

상담사와 내담자 사이에는 테이블이 있다. 상담사와 내담자는 테이블 위에서 서로 언어를 주고받으며 인형치료 작업을 하게 된다. 인형을 다루는 손과 언어를 통해 이루어지는 작업은 치료적 하모니를 만들어 낸다. 이를 통해 언어적 상담이 갖는 장황함과 난해함을 극복할 수 있으며, 언어와 인형을 동시에 사용함으로써 조화로운 치료적 분위기를 연출한다. 정신과 물질을 연결시키는 인형은 테이블 위에서 상담사와 내담자의 무의식이, 그리고 상담사와 내담자의 인격이 만나게 한다. 인형치료는 상담사와 내담자의 신뢰관계가 핵심이며, 인형은 단단한 신뢰관계를 돕고 유지하기 위한 도구인 셈이다.

3. 피규어의 종류

1) 동물인형: 무의식의 상징

동물인형은 크게 공격성이 있는 동물과 공격성이 없는 초식동물로 구분된다. 공격성이 있는 동물 중에서도 가장 공격적인 존재는 사자나 호랑이 혹은 공룡이라고 할 수 있다. 사자와 호랑이 같은 맹수와 더불어, 하이에나, 늑대, 치타, 상어, 문어, 뱀, 전갈 등의 동물들은 대체로 공격적이고, 어느 정도 힘을 가진 존재로 나타난다. 그러나 이 상징이 의미하는 것은 당사자 자체만이 아니라 관계에서 나타나는 특성임을 기억해야 한다.

융(1979)은 원시적인 동물일수록 보다 깊은 무의식의 자기를 표현한다고 말한다. 정신의 깊은 층에 있는 내용은 보편적인 의식성으로부터 멀리 떨어져 존재하며 이러한 것들은 뱀과 같은 원시적 동물로 표현된다. 인간에게 길들여진 동물인 개가 상징하는 무의식의 내용은 의식세계에 그만큼 편입시킬 수 있는 내용을 갖고 있지만 뱀, 공룡, 맹수류로 표현되는 동물은 인간의 깊은 무의식에 존재한다.

동물인형에 대한 상징성은 동물 자체가 가지는 자연적인 성품, 특성, 외모에 기반을 둔다. 동물인형은 크게 파충류를 포함한 육상동물, 조류, 어류를 포함한 해양동물, 곤충류로 나누어질 수 있다. 이러한 다양한 동물로 인간의 자아와 관계의 특징을 탐색할 수 있다. 곤충을 통해 인간의 무의식적인 거부감과 불쾌감과 같은 부정적인 정서가 표현되고, 해양동물은 인간의 무의식적 내용이 좀 더 표현될 수 있으며, 조류는 인간 무의식에 있는 소망과 열망을, 육상동물은 인간의 자아상과 관계구조 및 패턴을 표현하도록 사용될 수 있다.

　육상동물 중에 초식동물과 같은 동물은 비교적 온순하거나 힘이 없는 존재로 나타난다. 그러나 버팔로, 코뿔소, 고릴라, 소, 큰뿔사슴, 하마 등과 같은 동물은 맹수에 포함되지 않지만 강한 힘과 에너지를 상징한다.

(1) 인형치료 안에서의 대표적 동물상징체계

돼지

　돼지는 목축생활이 아닌 농경문화를 형성한 민족들에게 매우 중요한 단백질 공급원이었다. 전 세계적으로 1,000종이 넘는 돼지가 있다. 돼지는 인형치

[사진 5-1] 돼지 인형

료 과정 속에서 가장 많이 등장하는 상징물이다. 많이 사용되는 것만큼 그 상징의 의미가 다양하다.

① 지저분함

돼지는 일반적으로 지저분하고 남은 음식을 먹어치우는 더러운 동물로 인식된다. 제주도를 비롯한 오키나와 등지에서 돼지는 인간의 인분을 먹는 동물로 인식이 된다. 종종 돼지는 지저분하고 더러운 이미지와 함께 게으르고 나태한 이미지를 갖는다.

② 욕심

탐욕스럽고 이기적이며 자기 먹을 것만 아는 욕심쟁이, 자기 멋대로의 인물, 남을 착취하는 존재로 나타난다. 특히 욕심쟁이 동생을 의미하며, 자녀들을 착취하는 탐욕스러운 부모를 나타낸다.

③ 힘

돼지는 가축이지만 최강의 동물이다. 자연계에서 호랑이 외에는 천적이 없을 정도로 뛰어난 생존력을 갖는다. 자연에서 대부분의 맹수가 사라졌지만 여전히 멧돼지는 넘쳐나고 도시에 자주 출몰할 정도로 번성하고 있다. 조지 오웰(George Orwell)의 소설 『동물농장』에서도 농장을 지배하는 리더는 바로 돼지다. 종종 인형치료 안에서 돼지로 표현되는 사람은 힘을 가지고 있는 인물로, 상대를 마음대로 통제할 수 있는 힘을 가진 인물을 의미한다.

④ 다산의 모신

모신과 관련되어 풍요와 다산을 상징한다. 과거 우리나라에서 자손이 귀한 집에서 아들을 낳으면 열 살이 될 때까지 돼지라고 불렀다. 돼지가 여러 마리의 새끼를 낳는 것처럼 번성하고 생존하기를 바라는 마음이었다. 인형치료에

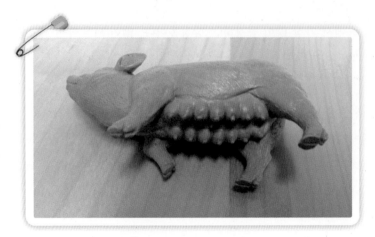

💿 **[사진 5-2]** 다산의 상징

서 돼지는 모신적 의미를 가진 어머니를 의미한다. 많은 자식을 주렁주렁 달고 먹여 살려야 하는 어머니를 상징한다.

⑤ 상처 입은 원한의 동물

사냥꾼의 화살에 맞아 부상당한 멧돼지는 통제 불능의 괴물이 된다. 미야자키 하야오(みやざき はやお)가 만든 〈원령공주〉 속의 괴물 멧돼지처럼 상처와 고통으로 주변 사람들에게 닥치는 대로 들이받고 마구 휘두르는 존재다. 자기가 받은 상처로 인해 주변 사람들을 힘들게 하고 정작 자신이 타인들에게 주는 상처를 보지 못하는 인물로 표현된다.

동양의 십이간지 동물 중에서 돼지띠는 뱀띠와 상극인 것으로 등장한다. 불과 물처럼 서로 천적인 것으로 나타난다. 인류학적으로 볼 때 오래전 돼지의 주거지가 변소 위이거나 변소와 가까이 있는 곳이었던 것은 인간의 오랜 공포의 대상인 뱀을 피하기 위해서라고 한다. 인간의 원시적 공포인 뱀이 몸속으로 기어들어오는 상황을 피하기 위해서라는 것이다. 그것은 뱀의 천적이 바로 돼지이기 때문이다. 인형치료에서 나타나는 돼지와 뱀은 서로 친밀하거나 융화될 수 없는 두 사람을 의미한다.

[사진 5-3] 멧돼지

뱀

[사진 5-4] 뱀

① 성기

인형치료 속에서 근친상간이나 성폭행, 성추행의 트라우마를 가진 여아나 여성들이 뱀을 성기로 표현한다. 고대부터 뱀은 생긴 모습이 남근을 상징하는 동물로 여겨졌는데 역시 인형치료 안에서 동일하게 성기의 상징으로 사용된다.

② 통제

동물 중에서 뱀만큼 인간의 원시적인 공포를 불러오는 동물은 없을 것이다. 뱀의 이빨, 몸, 미끈미끈한 몸 모든 것이 우리에게는 공포를 주게 된다. 뱀은 인형치료 안에서 무섭게 통제하고 상대방을 숨 막히게 하는 대상으로 표현된다. 공포스러운 통제를 의미한다. 특히 조현병과 같은 심각한 증상을 유발하게 하는 가정 안에서 어머니가 뱀으로 자주 등장한다. 이중구속을 통해 통제하는 어머니다.

[사진 5-5] 공포의 상징

③ 치유 또는 변환 과정

뱀이 허물을 벗고 다시 새롭게 태어나듯이, 오래전부터 뱀은 치유를 의미하였다. 꿈속에서 뱀을 본다는 것은 오랫동안 앓고 있던 병에서 치유되는 것을 의미한다. 가족 중 누군가 병들어 있는 경우, 인형치료 안에서 상대방이나 자신에 대해 장수를 의미하는 거북이 또는 뱀을 세우기도 한다.

뱀은 어른으로의 변환 과정이 심화된 경우, 사춘기에 자주 등장한다. 뱀이 껍질을 벗는 것은 무의식에서 준비되고 있는 신생을 의미한다. 그것은 생의 비밀을 불러 일깨운다. 칼프(1986)는 열두 살 소녀에게 똬리를 틀고 있는 뱀이 완전히 발달하지 않은 여성적 측면을 나타낼 수 있다고 해석한다.

[사진 5-6] 치유의 상징

④ 지혜

어둠 속에서 조용히 미끄러지듯이 지나가는 뱀의 능력과 불가사의한 눈빛은 지혜를 상징하였다. 성서에 뱀처럼 지혜로워야 한다는 말이 있으며, 이집트에서 뱀은 지혜를 상징한다. 인형치료 안에서 갈등하는 가족이나 조직 안에서 생존을 위해 현명하게 처신하기를 원하는 경우 자신을 뱀으로 표현한다.

⑤ 넘치는 정열과 욕망

뱀은 인간 내면에 도사리고 있는 뜨거운 정렬과 욕망을 상징한다. 자기의 꿈을 접어야 했던 사람이나 뜨거운 욕망을 감추고 살아야 하는 사람들 속에서 자기를 뱀으로 표현하고는 한다. 이것은 자신의 내면에 있는 내적인 힘인 동시에 표현하지 못하는 잠재된 욕망일 수 있다.

⑥ 우로보로스

우로보로스(Ouroboros)는 자기 꼬리를 물어서 원형을 나타내고 있는 뱀으로 순환하는 영속성을 나타낸다. 즉, 시간의 반복으로 끊임없이 지속되는 순환성을 의미한다. 순환적인 시간은 끊임없이 반복되므로 영원성의 요소를 포함한다. 인형치료 안에서는 끊임없이 갈등과 문제가 반복되는 악순환의 고리로 표현된다.

[사진 5-7] 우로보로스

(2) 동물인형의 상징적 의미

버팔로

버팔로는 초식동물이지만 강한 힘을 상징한다. 위험하고 강하며 두려움을 모르는 동물이다. 사자나 호랑이는 힘이 있고 상대방을 공격하나, 버팔로는 다른 사람을 공격하거나 괴롭히지는 않는다. 가족 안에서 통제, 권력, 경제력, 가족의 규칙을 조절할 수 있는 강한 역할을 하는 사람이다. 아버지를 버팔로로 나타내면 강한 힘과 남성성을 상징하며, 긍정적인 측면에서 책임감과 리더십을 상징한다. 부정적인 측면에서는 자기 힘을 이용해서 가족을 통제하는 것을 상징한다. 또는 무식하고 고집 센 이미지를 갖는다.

암소

여성성을 상징한다. 인도에서는 지금도 소를 숭배하고 있으며, 고대 근동에서 암소는 대지의 여신으로서 풍요와 다산, 풍작을 의미했다. 어머니를 나타내는 상징으로 암소를 선택하면 어머니가 모신 또는 여신과 같은 존재임을 의미한다. 어머니의 희생과 인내는 자녀로 하여금 어머니에 대한 죄책감을 느끼게 하고 더 나아가서 공생 관계를 느끼게 한다.

젖소

온순하고 상황에 적응하려고 애를 쓰고 주어진 상황에서 힘을 내고 적응할 수 있는 힘이 있다. 긍정의 이미지가 강하다. 가족을 공격하거나 비난하기보다는 수동적인 이미지가 강하다.

치타

　가벼운 뼈와 긴 팔다리를 가진 치타는 세상에서 가장 빠른 육지 동물이다. 최고 속력 시속 120km로 달리는 덕분에 먹잇감을 놓치지 않는다. 치타는 강한 순발력과 힘을 갖고 있지만 새끼 양육을 제외하고는 혼자 사냥하고 혼자 살며, 사자와 호랑이보다는 약한 육식성 동물이다. 긍정적인 측면에서 가족 안에서 치타는 자기를 보호할 수 있는 힘을 가지지만 다른 사람에게 그 힘을 사용하지는 않는다. 부정적으로 본다면, 가족 안에서 좀 더 고독한 존재다. 형제자매를 나타내는 경우가 많고, 스스로를 보호할 힘을 갖고는 있지만 가족의 일에는 관심 없는 독립적인 이미지를 갖는다.

코끼리

　코끼리는 가장 사교적인 동물이다. 가족끼리 무리를 지어 살면서 사회적 욕구를 충족시킨다. 대부분의 육식동물들이 공격할 수 없는 거대한 몸짓으로 인해 안전과 생존이 그리 문제가 되지 않는다. 모계를 중심으로 무리를 형성하여 서로 강한 결속감과 연대감을 유지한다. 공동체에 살 뿐 아니라 멀리서도 소통할 수 있는데, 곤란에 처한 코끼리는 그들만이 들을 수 있는 초저주파음을 이용해서 반경 30km까지 도움을 요청할 수 있다. 또한 힘도 있고 자신감도 있고 지능도 높은 편이다.

　가족 안에서 코끼리는 공동체를 형성할 수 있는 존재이며, 생계와 안전을 형성할 수 있는 강한 힘을 가진 존재다. 긍정적인 측면에서 힘을 갖고 있지만 상대를 공격하고 통제하려는 힘보다는 무리를 결속시키는 힘을 가진 존재. 부정적으로는 거대한 몸 때문에 다른 가족들과 거리감이 있는 존재일 수 있다. 특히 다른 가족들이 왜소한 몸을 가진 존재로 표현되었을 때는 다른 가족들과의 거리가 더욱 멀게 나타날 수 있고, 때로는 정서적 거리감이 나타나기도 한다.

기린

세상에서 가장 큰 포유류인 기린은 키 5.4m에 몸무게가 2,000kg까지 성장할 수 있다. 기린의 심장은 긴 목을 지나 머리까지 피를 끌어올릴 수 있을 만큼 큼직하다(긍정적인 의미 전환에 좋다). 기린은 가혹한 환경에서 뛰어난 적응력을 발휘해서, 다른 동물들이 닿지 못하는 나무 꼭대기의 가시 돋친 가지에 달린 잎도 먹을 수 있다. 50cm까지 자라는 긴 혀는 가시를 피해 영양가 있는 잎을 먹는 데 적합하다. 기린의 포식자는 사자밖에 없고 민첩한 발길질로 자기를 지킬 수 있다. 기린은 위엄 있고 잘난 동물이다.

기린은 가족 안에서 적응성과 융통성으로 자기 몫을 제대로 감당하는 존재다. 만일 막내가 기린인 경우 뛰어난 적응력으로 가족 안에서 자기의 자리를 분명히 차지할 수 있는 사람이다. 기린은 리더십이나 강한 힘과는 거리가 있지만 긍정적인 측면에서 자기 스스로의 안전과 주변 환경과의 적응력을 상징하기도 한다. 부정적으로는 다른 가족에게 무관심한 듯한 자세를 취할 수 있다. 가족 안에서는 긴 목으로 조망하듯이 관찰자의 역할을 하기도 한다. 가까이 다가가지 않고 가족을 지켜본다. 또한 현실에서 벗어나고 싶어서 먼 곳을 바라보고 다른 세계를 쳐다보는 것일 수도 있다.

악어

악어는 공포와 존경의 대상이다. 지구상에서 가장 위험한 동물이자 아주 쓸모가 많은 동물이다. 악어 가죽은 허리띠, 구두, 가방 같은 아름다운 물건의 재료가 된다. 고기는 닭고기보다 부드럽고 맛이 좋다. 악어는 대단히 인내심이 많은 동물이어서 허기질 때도 먹잇감이 다가올 때까지 기다릴 줄 안다. 이런 인내심 덕분에 장수하는 동물이기도 하다. 110년까지 살면서 5.4m까지 성장할 수 있는 악어는 수억 년 동안 생존해 온 동물이다.

악어는 가족 안에서 공포의 존재로 여겨진다. 힘을 사용하며 다른 가족을 위협하기 때문이다. 사자나 호랑이 같은 다른 육식동물과의 차이로는 악어의 튼튼한 가죽과 수많은 이빨이 상징하는 끈질긴 성격을 들 수 있다. 긍정적으로는 강하면서 끈질긴 성격을 보여 준다. 부정적으로는 강하고 무서운 존재이자 가족을 힘들게 하는 존재다. 끈질기게 물고 늘어지며 가족을 괴롭히는 성향을 보여 준다. 단단한 가죽으로 인해 완고한 성격을 표현하는 데 많이 활용된다(바늘도 안 들어간다). 멀리서 원가족과 현가족을 다 봐야 안심이 되고, 체크를 해야 하고, 파악이 안 되면 안심을 못하고 움직이지를 않는다. 절대로 튀는 행동을 하지 않는다. 한계에 부딪히면 기다리다가 물어 버린다. 내면의 힘이 없는 사람이 악어를 선택해서 공격과 복수의 이상을 투영하기도 한다.

얼룩영양

얼룩영양은 자기 영토를 돌아보는 왕처럼 꼿꼿하고 위엄이 있다. 1.8m까지 자라는 큰 뿔, 또렷한 흰 줄을 가진 얼룩영양은 영양류 중에서 두 번째로 키가 큰 동물이다. 영양은 위협을 받으면 보이지 않게 슬그머니 달아난다. 그럴 때면 5m가 넘는 장애물도 훌쩍 뛰어넘는다. 초식동물로 약한 존재지만, 얼룩영양은 가만히 서 있든 달아나든 힘차고 정복할 수 없을 것 같은 분위기를 발산한다.

영양은 가족 안에서의 자유를 나타낸다. 약하지만 결코 약하지 않으며 상대방의 통제에 쉽게 굴복당하지 않는 힘이 있다. 상대를 제압하거나 자기의 힘을 사용하지는 않지만 그 존재 자체만으로도 쉽게 굴복시킬 수 없는 존재다. 긍정적으로는 가족 안에서 자유롭고 결코 정복할 수 없는 당당한 존재로 여겨진다. 부정적으로는 자유롭고 당당하지만 다른 가족을 도와주거나 힘이 되어 줄 수 있는 존재는 아니다. 온순하지만 만만하지는 않은 동물로 보통 여성성을 상징한다.

큰뿔사슴

강한 힘을 가진 존재감을 가진다. 다른 사람을 공격하거나 통제하지는 않지만 자기의 힘만으로 주어진 역할을 수행하며, 가족에게 울타리를 제공할 수 있는 존재다. 성실한 가장의 모습을 상징하며 의지가 되고 믿을 수 있는 사람으로 표현된다.

양

온순하고 착한 존재다. 긍정적으로는 가족 안에서 언제나 착하며 한결같이 주어진 역할을 수행한다. 부정적으로는 너무나 약한 존재여서 무능하고 무기력하며, 다른 가족을 보호하거나 지키지 못하고, 수동적이며 약하다.

익룡

공룡의 시대에 하늘을 지배하던 하늘의 제왕이다. 단단한 몸과 날개로 자기를 보호할 수 있다. 강한 부리는 상대를 공격할 수 있는 도구가 되었고 하늘을 나는 민첩성은 뛰어난 생존력을 갖게 했다. 긴 날개를 가진 익룡은 상대를 포위하고 날개에 달린 손으로 상대를 제압할 수 있다.

가족 안에서 익룡은 다른 가족을 대단히 효과적으로 공격할 수 있는 힘을 가진 존재다. 예를 들어, 남편이 익룡으로, 아내가 청개구리로 표현되는 부부 사이에는 힘의 엄청난 불균형이 보인다. 아내는 남편의 힘에 완전히 눌려 있고, 남편이 절대적으로 부부관계를 좌지우지한다. 긍정적인 이미지보다는 부정적인 이미지를 많이 풍긴다. 긍정적으로는 강하고 상대를 제압할 수 있는 효과적인 무기를 가진 존재다. 부정적으로는 언제나 자기의 강한 힘과 다양한 도구와 수단을 사용해서 상대를 괴롭히거나 통제하는 존재다.

청개구리

동물들 중 가장 약한 동물로 토끼보다 더 약하다. 가장 낮은 자존감을 표현하며, 가족관계 안에서 자기 자리가 없었던 사람이 많이 선택한다. 가족 안에서 가장 나약하고 무기력한 존재로 표현된다.

하마

하마는 거대한 몸을 갖고 있으며 물속에서 주로 산다. 풀을 먹는 초식동물이지만 아프리카에서 가장 위험한 동물 중 하나다. 강한 이빨과 몸으로 자기를 보호하고 다른 동물이 조금만 위협을 하면 사정없이 공격할 수 있는 호전적인 동물이다.

가족 안에서 온순한 듯하지만 자기가 위협을 받으면 사정없이 공격할 수 있는 호전성을 가진 구성원을 나타낸다. 긍정적으로는 먼저 상대를 공격하지 않고 온순한 면이 있다. 부정적인 면으로는 자기가 손해를 보거나 위협을 받으면 대단히 호전적으로 변한다는 것을 들 수 있다. 사자, 호랑이, 익룡 등에 비하면 순한 편이지만, 숨겨진 호전성을 갖고 있다.

사자

사자는 체구가 크고 강하며 위험하다. 동물의 왕으로 사냥 솜씨와 생존 기술에서는 비교 대상이 없다. 무서운 힘과 동물 중에서 강한 리더십을 가진 존재다. 강한 힘과 더불어 무리생활을 한다. 무리는 수컷 한 마리와 암컷 몇 마리 그리고 그들의 새끼들로 이루어진다.

가족 안에서 사자는 강한 힘을 가진 사람을 상징한다. 상대방을 위협하고 괴롭히며 자기의 힘을 사용해서 상대를 통제하려고 한다. 대부분 부정적 이미지가 강하다. 긍정적으로는 힘을 갖고 있으며 만만한 상대가 아니다. 호랑이와 달리 무리를 지을 줄 알기에 호랑이보다는 가족과 더 잘 어울린다. 부정적으로는 가족을 힘들게 하며 힘을 사용해서 통제하려고 한다. 가족을 무섭고 힘들게 하는 사람이다. 말로 상대방을 제압하는 사람을 표현할 때도 사자를 선택하는 경우가 있다(포효).

호랑이

호랑이는 사자처럼 체구가 크고 강하며 위험하다. 사자와는 달리 혼자서 독립생활을 한다. 사자와 비슷한 특성을 가지지만 무리에서 혼자이며 잘 어울리지 않는 특성을 지닌 존재다. 사자처럼 가족 안에서 무서운 존재로 등장하지만 사자보다는 비사회적인 모습을 나타낸다.

(작은) 닭

닭은 다른 동물에 비해 작고 날지 못하는 새다. 인간의 도움이 없이는 생존할 수 없는 존재로, 약한 이미지를 갖는다.

날개를 가졌지만 날 수 없으며, 무기력하고 다른 사람의 보호가 필요한 존재를 상징한다. 긍정적으로는 온순하고 남을 공격하지 않는 존재다. 부정적으로는 벗어나고 싶지만 벗어날 수 없는 무기력을 상징하기도 한다. 날개가 있지만 날 수가 없는 새이므로 가족에서 벗어나고 싶지만 벗어날 수가 없는 모습을 드러내기도 한다.

수탉

자신감이 넘치고 남성성이 있다. 주로 자신감이 넘치는 사람을 상징하며, 부정적으로는 주변을 계속 맴돌면서 잔소리하고 귀찮게 구는 존재로도 표현된다.

고슴도치

고슴도치의 몸에는 적으로부터 자신을 보호하는 바늘이 잔뜩 나 있다. 어떤 바늘은 30cm까지 자라 포식자를 치명적으로 감염시키기도 한다. 고슴도치는 야행성 동물로 뿌리, 나무껍질, 작물, 과일을 먹고 산다. 공격적이지 않고 남을 해치려 하지 않는다. 하지만 공격을 받으면 자신을 보호하기 위해 반격한다. 고슴도치는 가족 안에서 위축되어 있는 사람을 나타낸다. 남을 공격하지는 않지만 자신을 감추면서 자기만의 비밀을 간직하고 있다. 긍정적으로는 가족 안에서 남을 공격하지 않는다. 부정적으로는 자기만의 비밀을 간직하고 있으며 다른 사람들과의 관계에서 수동적이고, 폐쇄적으로 움츠러들어 있다가 누군가 건드리면 피해를 꼭 주는 존재다. 예를 들어, 동성연애자인 남편, 의붓아버지와 살고 있는 아들, 우울증, 자폐아 등을 표현하는 데 많이 사용된다.

코뿔소

코뿔소는 좀처럼 영역 밖으로 나가지 않는 습관을 가진 동물이며, 이러한 습관 때문에 생존의 위협을 받는 동물이다. 코뿔소의 엄니가 약이나 최음제로 쓰이면서 멸종 위기에 놓이게 되었다. 코뿔소는 새끼를 키울 때를 제외하고 홀로 사는 습성이 있다.

가족 안에서 코뿔소는 강한 남성성을 상징한다. 이것이 남편에게 적용될 때는 가족 안에서 군림하며 남성성을 휘두르고 여러 여자들을 거느리는 존재로 등장한다. 긍정적으로는 안정감, 강한 존재감을 보이면서 자기를 스스로 보호하고 가족을 지킬 수 있는 존재이며, 가족 안에서 중요한 존재로 등장한다. 부정적으로는 마초적 성향을 보이며, 외도의 문제를 야기할 수 있는 존재다. 강한 힘이 있는 사람이나 막무가내인 아버지를 표현하는 데 사용된다.

개코원숭이

개코원숭이는 지능이 뛰어나고 사교적이며, 대규모로 무리를 지어서 산다. 입이 개처럼 생겼고 날카로운 이빨을 갖고 있다. 무리에는 명확한 위계질서가 존재하며, 구성원 중 누군가가 위험하거나 아프거나 하면 구하려고 달려간다. 서로 경쟁하기보다 포용하기 때문에 생존력이 가장 강한 동물이라고 할 수 있다.

가족 안에서는 다른 구성원을 힘으로 공격하거나 통제하지 않고 자기 역할을 수행한다. 가족의 위계질서 안에서 다른 가족과 잘 어울릴 수 있다. 긍정적으로는 가족 안에서 자기 위치와 역할을 잘 수행하고 잘 어울린다. 부정적으로는 자기의 것, 자기의 위계질서를 지키기 위해 사나워질 수 있다. 가족 안에서 마스코트의 역할을 수행하지만, 성질이 있고 함부로 대할 수 없다.

원숭이

광대 이미지이며, 개코원숭이와 비슷하다. 무리를 짓고 관계를 형성하지만 사나운 이미지가 있다.

고릴라

대단히 강한 남성성과 힘을 상징한다. 여러 여자를 거느리는 존재를 나타낸다. 가족 안에서 힘을 갖고 있으며 자기의 힘을 지키기 위해 가족을 공격할 수 있는 사람이다. 긍정적으로는 가족을 지킬 수 있는 힘을 가진 존재. 부정적으로는 마초적 성향을 가졌다. 외도를 하는 사람을 표현할 때 코뿔소와 더불어 자주 사용된다. 힘만 있고 무식한 사람을 상징한다.

하이에나

개과의 육식동물인 하이에나는 강한 생존력을 가진 동물이다. 달릴 때는 시속 65km의 속도로 지칠 줄 모르고 달리고 이빨과 턱이 강해서 뼈, 가죽을 씹을 수 있다. 덕분에 사바나의 쓰레기 청소부가 되었다. 하이에나는 다른 육식동물이 사냥한 먹잇감을 무리를 지어 빼앗아 먹는 습성을 갖는다.

가족 안에서 하이에나는 교활하고 탐욕스럽고 남의 것을 빼앗는 존재를 나타낸다. 긍정적 이미지보다는 부정적 이미지가 강하다. 가족 안에서 다른 사람들을 괴롭히고 힘들게 하는 존재다. 그리고 혼자서 생활하지 않으며 가족 안에 머물려고 하지만 가족을 괴롭히는 존재다.

아카시아 나무

아프리카 평원을 가장 독특하게 해 주는 것이 아카시아 나무다. 우산 모양의 나뭇가지가 아래까지 펼쳐져 수많은 크고 작은 동물들에게 그늘을 제공해 준다. 아카시아 그늘 아래에서 동물들은 평화로움과 조용한 휴식을 얻을 수 있다. 물이 별로 필요하지 않아서 긴 건기에도 살아남아 동물들에게 먹이와 그늘을 제공한다.

가족 안에서 아카시아 나무는 평온함과 고요함을 상징한다. 강한 생존력으로 가족에게 울타리가 되어 주며, 언제나 휴식을 제공하고, 변화가 없이 늘 한결같은 존재. 긍정적으로는 평온함과 휴식, 한결같은 모습을 제공해 준다. 부정적으로는 어떤 정서적 반응을 보이지 않고 딱딱하며 엄격한 존재다. 친밀감 형성이 어렵고, 상호작용이 되지 않는 존재다. 자신을 개구리로 표현했던 한 여성은 어머니를 나무로 표현했다. 그늘이 되어 주지만 어머니와의 정서적 상호작용은 별로 없었다. 상대방에게 무력감을 주거나 아무런 도움을 줄 수 없는 사람을 상징하기도 한다. 사람에 따라서 나무를 다양하게 표현하기 때문에 내담자가 생각하는 의미를 물어봐야 한다.

돼지

외모에서 풍기는 미련하고 어리석어 보이는 모습 때문에 욕심 많은 사람을 나타낸다. 반면에 가족 안에서 지혜롭고 대장 노릇을 하는 사람을 상징하기도 한다. 소설 『동물농장』에서 돼지는 무리를 이끄는 대장의 위치에 있다. 가족 안에서 돼지는 힘을 가진 우두머리의 역할을 한다. 지혜롭고 머리를 쓸 줄 아는 사람이다. 긍정적으로는 가족을 통솔하는 사람이며, 사나운 동물처럼 가족들을 공격하지는 않지만 강한 힘을 가졌다. 부정적으로는 대장이 되기 위해 가족을 통제하거나 괴롭힐 수 있는 존재다. 겉보기에는 연약한 것 같지만, 내적으로는 욕심도 많고, 수동공격을 하면서 힘을 사용하는 내담자가 많이 사용한다.

늑대

인간과 가장 유사한 사회성을 가진 동물이며, 대단히 강한 생존력을 갖고 있다. 수십 마리의 늑대가 지나가도 한 마리가 지나간 것과 같은 치밀함을 보여 주고, 위계질서를 가지고 있다. 이 위계질서 안에서 최고의 끈기와 효율성을 보인다.

늑대와 비슷한 동물로 개가 있다. 늑대는 개와 달리 한번 짝이 된 암컷과 평생의 관계를 이어 간다. 다른 암컷에게 기웃거리는 것은 늑대가 아닌 개에게만 해당된다. 개는 암컷을 먹여 살릴 능력이 부족하다. 너무나 오랫동안 주인의 사료에 길들여졌기 때문이다. 그러나 늑대는 평생을 독립적으로 살면서 암수가 동등하게 삶을 개척해 나갈 수 있다. 늑대 사회에서 암컷은 결코 수동적인 존재가 아니다. 무리의 미래를 결정하는 가장 중요한 역할을 할 때도 있다.

늑대는 가족 안에서 외로운 사람을 나타낸다. 다른 가족을 괴롭히거나 힘들게 하지는 않고 가족 안에서 잘 어울린다. 그러나 내면 깊은 곳에 외로움을 갖고 있다. 늑대는 패배자, 이기적이고 사납고 폭력을 휘두르다가 결국엔 몰락하는 이미지, 외로운 인간, 가족을 지키는 사람, 끝까지 포기하지 않는 이미지 등 다양한 모습을 나타낸다.

얼룩말

얼룩말은 말과 비슷하지만 절대로 인간에게 길들여질 수 없다. 자기만의 분명한 개성과 습성을 갖고 있다. 온순한 초식동물이지만 절대 밀리지 않는 힘을 가진 존재다. 강한 발로 자기를 보호하고 지킬 수 있으며 공격자로부터 달아날 수 있다.

가족 안에서 얼룩말은 언제든 가족 밖으로 뛰어나갈 수 있는 존재다. 긍정적으로는 온순하며 가족 안에서 당당히 자기 역할을 감당한다. 자기만의 개성을 갖고 힘든 가족 환경 속에서 버틸 수 있는 지구력을 가졌다. 부정적으로는 힘겨루기에서 밀리지 않으려 하고 싸움을 피하지 않는다. 누군가는 양보해야 하는 상황에서도 타협하지 않는다. 인형치료에서는 사자와 얼룩말을 동일하게 봐도 된다. 사자에게 맞설 수 있는 존재다.

줄무늬는 다가갈 수 없는 강한 힘, 자유로운 초원을 달리고자 하는 희망을 표현한다. 통제되고 억압된 사람들이 얼룩말을 고르는 경우가 있다. 확 뛰어나가려 하는 이미지를 가지며 힘 있는 대상, 자신감과 생동감이 넘치는 사람을 상징한다. 종종 여자친구, 성적인 파트너 등을 나타내기도 한다.

노새

얼룩말보다 힘이 없다. 개성과 자기주장이 약하다. 묵묵히 역할을 수행하지만 왠지 무기력한 모습을 나타낸다.

토끼

양과 비슷한 이미지를 나타낸다.

강아지

사랑하는 형제나 자녀를 표현하는 데 사용된다. 무기력하고 약한 이미지보다는 사랑스럽고 돌봐주고 싶은 이미지를 갖고 있다.

돌고래

시원하게 대양을 가로지르며 헤엄을 칠 수 있는 자유로운 동물이다.

가족 안에서 자유롭고 가족의 통제와 갈등으로부터 피해서 달아날 수 있는 존재다. 갈등 속에서 고통받기보다 자유롭게 자기만의 개성과 힘으로 헤쳐 나갈 수 있다. 긍정적으로는 자유롭고 갈등을 피할 수 있는 존재다. 부정적으로는 자기만의 자유를 고집하고, 다른 가족들을 보호하거나 지키려 하기보다는 가족 문제로부터 달아나려 하는 존재다. 사랑스러운 자녀, 귀엽고 영리한 자녀를 나타낼 때 많이 사용된다.

뱀

징그러운 이미지를 가졌으며 지혜롭고 건강함을 상징한다.

가족 안에서 이기적이고 사악하고 교활한 사람을 나타내며 종종 남근을 상징하기도 한다. 자신의 남근을 마음대로 휘두르는 대단히 마초적 성향을 가진다. 남편이나 아버지를 이것으로 세우면 성과 관련된 주제를 만나게 된다. 성폭행이나 근친상간을 당한 여성들이 성기를 상징하기 위해 자주 사용한다. 어머니를 뱀으로 표현하면 나르시시스트적인 성향의 어머니, 착취적이고 자녀를 이용하는 어머니를 의미한다. 또한 어머니와의 거리감을 표현할 수도 있다.

거미

가족 안에서 다른 사람들을 괴롭히고 자기의 힘을 이용하여 통제와 착취를 저지르는 무시무시한 존재다. 특히 시어머니와 나르시시스트적인 어머니 등을 나타내는 데 사용된다.

개미

날카로운 이빨과 더듬이를 갖고 있어서 만만한 존재가 아니며, 상대방을 제압할 수 있는 힘이 있다.

부지런하고 성실한 이미지를 갖고 있으며, 무리를 형성하고 가족을 지키려고도 한다. 다른 가족들과 분명한 거리감이 있다. 포유류와 함께 개미를 선택한다면 거리감, 가족과 동화되지 않는 것을 의미한다.

불가사리

전혀 반응을 하지 않으며 자신만의 세계에 빠져 있는 사람. 단지 가족 안에 있을 뿐이지 정서적인 반응도 없고 외계인 같은 존재를 의미한다.

돌

반응을 하지 않는다. 나무보다 딱딱하고 차가운 정서를 나타낸다. 가족과 상호작용하지 않고 늘 그곳에 있을 뿐 냉담하고 무관심하고 차가운, 마치 가족 안의 외계인과 같은 존재다.

쥐

종종 겸손을 상징하지만 교활하고 약하고 더럽고 역겨운 존재. 상종하고 싶지 않고, 생각도 하기 싫은 존재일 때 쥐로 표현하는 경우가 많다. 동서양에서 쥐는 생명을 갉아먹는 파괴의 이미지를 갖고 있는 반면에 '고양이 앞의 쥐'처럼 약한 존재를 나타내기도 한다. 긍정적으로는 지혜로움, 영리함,

부지런함, 민첩함을 가진 존재, 혹은 자신의 것을 잘 챙기는 존재로 등장하며 번식력과 생명력을 상징하기도 한다.

꽃사슴

사랑스러운 형제 또는 자녀를 상징하는 데 많이 사용되며, 자신을 이것으로 표현할 때는 약한 자아상, 가족 희생양의 의미를 나타낸다. 살기 위해서 힘겹게 가족 희생양 역할을 하면서 가족중재자 역할까지 수행하는 존재로 등장한다.

전갈

치명적인 독으로 상대를 제압할 수 있는 힘을 가진 존재, 공격을 하는 존재다. 가족 안에서 독한 사람을 나타내는 데 사용되며 대부분 부정적인 이미지가 강하다. 특히 부정적인 시댁식구들을 나타낼 때 주로 사용된다.

벌

가족에게서 달아나려 하거나 달아날 수 있는 존재를 나타낸다. 독침을 갖고 있어서 결코 만만한 상대는 아니다. 어머니를 벌로 표현했을 경우 어머니가 자기로부터 달아날까 봐 두려워하고 불안해하는 마음이 표현되기도 한다.

여왕벌의 이미지를 나타내기도 하는데, 여왕벌은 알만 낳고 그 알에서 태어난 애벌레는 일벌이 기른다. 따라서 여왕벌은 아이들을 돌보지 않는 어머니를 상징한다.

나비

트라우마가 많은 사람을 상담할 때 새로운 시작을 의미하는 상징물로 사용된다. 고치에서 가장 아름다운 생명이 시작되며 새로운 생명과 변화의 상징물이다. 성폭력이나 힘든 어린 시절을 보냈던 사람이 나비를 선택하기도 한다. 트라우마가 많은 사람들, 성폭력, 근친상간 등 힘든 어린 시절을 보냈던 사람들이 자신을 새롭게 표현하기 위해서 사용한다.

여우

외도의 대상이 되는 사람으로 등장하며, 밉살스럽고 얄미운 동생의 이미지를 갖는다. 자기만을 아는, 이기적이며 혼자서 생활하는 이미지로 등장한다. 긍정적인 의미로 지혜롭고 사랑스러운 아내, 여자 친구로도 표현될 수 있다.

흑곰

우직함, 인내심, 무식함, 우둔함, 어리석음 등을 나타낸다.

무당벌레

외양이 화려한 사람을 나타내기도 하고, 탐욕스러운 존재를 나타내기도 한다.

문어

욕심이 많고 탐욕스러우며, 가족 안에서 영향력을 행사하고 싶어 하는 사람을 상징한다. 여러 개의 발로 가족 한 명 한 명을 통제하고 여러 가지 영향력을 행사하려는 사람으로 등장한다. 욕심 많은 시어머니, 자기애적 성격장애를 가진 어머니, 통제하려는 아버지를 표현하는 데 사용된다.

고양이

고양이는 자유로운 삶의 태도로 자유로운 모습을 나타내며, 도도함, 깔끔함, 사랑스러운 존재(딸, 아들, 아내) 등을 상징한다. 자기 색깔이 분명하며 뭔가를 해결해 주지 않으려고 한다. 남을 돌봐 주는 존재가 아니고 자기만의 경계가 있다. 가족 안에서 많은 역할을 수행하기보다는 경계선을 긋고 자기 자신에게 몰두하는 모습이다. 동양에서 고양이는 사악한 기운을 내쫓을 수 있는 능력을 가진 신비로운 존재로 여겨졌으며, 반면 서양에서는 어둠과 사탄의 세상과 연결되어 있는 특별한 존재로 여겼다. 이런 특징으로 고양이는 다른 동물들에 비해 영적인 이미지를 가지며, 다른 세계를 오고 갈 수 있는 특별한 힘을 갖는 존재로 사용된다.

캥거루

무언가로부터 달아나고자 하는 소망을 나타낸다. 그러나 무엇보다 자녀를 헌신적으로 키우는 어머니를 나타내는 경우가 많다.

백조

날아가고 싶어 하는, 고고하고 우아한 사람을 상징한다. 우월감을 느끼게 하는 대상으로 등장한다.

카멜레온

겉과 속이 틀린 사람. 변신의 귀재. 여러 가지 얼굴을 가진 사람. 역할의 가면이 다양한 사람. 정체성의 혼란이 있는 사람을 나타낸다.

공작

남자의 경우 가족을 지키는 이미지를 나타낸다. 하지만 뭔가 알 수 없는 혼자만의 세계를 지닌 사람, 화려하고 아름다운 사람으로 표현되기도 한다. 어머니를 상징할 때는 자기애적 성격장애를 가진 모습으로 등장하는 경우가 많다. 자기과시적이고 이기적이며 자기의 감정과 생각에 빠져서 다른 가족들을 힘들게 하는, 조종과 통제를 사용하는 어머니로 표현된다.

거북이

자기만의 보호막을 갖고 있지만 가족 안에서 어느 정도 동떨어진 사람으로 표현된다.

아기백곰

강아지와 비슷한 긍정적 이미지를 가졌으며 사랑스럽고 귀여운 사람을 표현하는 데 사용된다.

2) 인형치료에서의 스톤:
깊은 무의식을 표현하기 위한 상징체계

『인간과 상징』(Jung, 1996)에서는 상징의 역사에서 가장 대표적인 상징물이 돌과 동물과 원이라고 말한다. 돌은 오랜 인류가 사냥과 음식을 위한 도구로서 사용하였으며, 동시에 오락거리와 정서적 투사의 도구로 사용되어 왔다. 우리 역시 어린 시절 개울가에서 놀 때 주변에 흔한 다양한 크기와 색깔을 가진 자갈을 갖고 놀았던 기억이 있을 것이다. 별다른 놀잇감이 없던 과거 시대에 개울가에 널려 있는 다양한 색깔의 크고 작은 자갈은 훌륭한 놀잇감이 되었다.

융(1977)은 그의 자서전에서 프로이트와 결별하고 극심한 내적인 갈등에 휩싸였을 때 자주 자갈을 가지고 자신의 마음 상태를 표현한 적이 있었다고 말한다. 던(Dunne, 2013)은 융이 볼링겐에서 스트레스를 받을 때마다 돌을 가지고 작업을 했으며, 석조 작업을 할 때마다 융은 그의 조상들과 연결된다는 느낌을 받았다고 말한다. 융을 비롯해서 많은 사람에게 돌은 우리의 심리적·정서적 투사의 도구로 사용되었다.

스톤이 인간의 심리적 치료를 위해 사용된 최초의 기록은 12세기 독일의 성녀 힐데가르트(Hildegard)가 심리적·신체적 질병을 치료하기 위해 스톤을 사

[사진 5-8] 울산 반구대 암벽화

용하였던 것에 있다. 그녀는 24가지 종류의 스톤이 의학적 효과를 갖고 있다고 믿었다. 예를 들어, 혈석이 사람의 정서를 다스릴 수 있으며 특히 흥분, 난폭성, 성급함을 완화시킬 수 있다고 보았다. 오늘날도 주로 혈석은 마사지석으로 활용하고 있다. 현대 시대를 살아가는 우리는 힐데가르트처럼 스톤의 치료적 효능을 믿지는 않지만, 스톤이 우리의 내면을 표현해 줄 수 있는 심리적 투사의 도구로서는 여전히 가능성이 존재한다고 믿는다.

[사진 5-9] 스톤 만다라 1

인형치료에서는 인공적으로 만든 피규어를 거부하는 내담자에게 스톤을 사용한다. 심리적 도구로 사용하는 스톤은 자연이 만든 피규어로, 인형치료에서 사용하는 스톤은 주로 자갈 크기의 다양한 11개 종류의 스톤을 사용한다.

(1) 스톤과 만다라

상징의 역사에 대한 야페의 말처럼, 돌과 원은 원시인류로부터 오늘날에 이르기까지 밀접한 연결성을 갖는다. 한국의 고대인들 중에 돌 위에 원을 새겨넣은 것들이 존재한다. 이것은 일종의 만다라적 의미를 갖는다.

스톤과 원은 인형치료 안에서 자주 관찰되며 만다라는 스톤을 사용한 인형치료의 핵심 주제가 된다. [사진 5-10]을 만든 내담자는 미래를 위해 중요한 결정을 앞둔 상태였고, 심한 갈등 속에서 자기의 자아를 크고 작은 두 개의 만다라로 표현한 사례다.

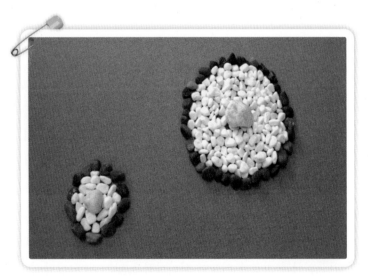

[사진 5-10] 스톤 만다라 2

[사진 5-11]은 두 부부가 완성한 만다라로, 검은색 자갈로 별을 만든 것은 아내이고 남편은 아내가 만든 별 위에 흰 자갈로 원형의 테두리를 완성하였다. 성격 차이로 부부상담을 하였고 종결할 무렵 부부는 스톤을 통해 각자의 인격적 차이와 갈등이 어떻게 서로 보완되고 완성될 수 있었는지를 표현하게 되었다.

[사진 5-11] 스톤 만다라 3

(2) 스톤치료의 사례

22세 대학생이 가족과 함께 상담실을 찾아왔다. 대학에서 친구들을 거의 사귀지 못하는 대인관계의 문제를 갖고 있었고, 가족과 갈등상태에 있었다. 특히 어머니와 심한 갈등관계를 갖고 있었다. 최근 심각한 우울과 무기력에 빠져 학교에도 가지 않고 은둔형 외톨이로 생활하고 있었다. 가족은 이런 내담자를 상담실에 데리고 왔다. 이미 내담자는 정신건강의학과에서 약물치료 중이었으며, 정신건강의학과 치료와 더불어 심리상담을 받기 위해 상담실을 내방한 것이다.

내담자는 삼형제 중 둘째였으며, 부모 면담을 통해 오랫동안 부부갈등이 심하였다는 것을 파악하였다. 내담자는 상담사가 질문을 하면 단답형으로 간단하게 대답을 하는 등 대화를 이어 가기가 매우 어려웠다. 언어적으로 상담이 어려운 상황에서 동물인형으로 가족인형 세우기를 하였다([사진 5-12] 참조).

🔘 **[사진 5-12]** 현가족 세우기 1

- ● 아버지: 사자
- ● 형: 얼룩말
- ● 동생: 새끼 곰
- ● 어머니: 뱀
- ● 내담자: 어린 양

　내담자는 뱀으로 표현된 어머니 뒤에 자신을 위치시켰다. 표현된 인형을 통해 내담자의 문제가 무엇인지가 드러났다. 여기서 뱀으로 표현된 어머니는 통제의 의미로 해석할 수 있다. 어머니는 아들에 대해 집요한 통제를 시도하는 존재로 나타난다. 어머니의 통제로 힘들었겠다는 상담사의 공감의 말에 내담자는 많은 말을 쏟아내었다. 게임에 재능이 있었던 내담자가 프로게이머가 되기 위해 한 기업과 계약을 체결할 무렵에도 어머니는 계속해서 게임하지 말고 공부하라고 잔소리하였다. 어머니는 프로게이머로서의 실력을 가진 내담자의 뛰어난 재능을 무시하고 일방적으로 게임은 안 좋다는 식으로 무지에 가까운 완고함으로 아들을 통제하였다. 뱀인 어머니는 집요한 통제와 완고함, 융통성 없는 존재를 상징하였다. 내담자는 자신을 어머니의 지나친 통제로 인한 희생 자라고 말로 분명하게 표현하였다. 내담자의 적극적인 진술에 상담사는 아들 과 어머니의 인형의 구도를 조금 변형시켰다.

뱀인 어머니가 아들을 휘감고 있는 모습으로 세웠다([사진 5-13] 참조). 그러자 내담자는 이런 상황이 더 정확하다고 하면서 자신의 입장과 상태에 대해 누군가 공감해 준 것에 표정이 밝아졌다. 어머니는 센 형을 함부로 다룰 수 없었고, 너무나 귀여운 동생에게는 잔소리하지 않았다. 심각한 부부갈등 속에서 불안함과 도저히 통제가 안 되는 남편과의 관계에서 어머니는 둘째를 자기 감정을 투사하는 도구로 사용하였던 것이다. 즉, 어머니는 자기의 불안과 통제 욕구를 오직 둘째에게만 발산하였다. 내담자는 그런 어머니에게 단 한 번도 반항하지 못한 착한 아들이었다. 면접 상담 후 어머니는 기도원에 가서 기도하는 것이 상담받는 것보다 더 좋을 것이라고 주장했으나 내담자는 기도원에 가자는 어머니의 말을 거부하고 계속해서 심리상담을 받겠다고 주장하며 적극적

[사진 5-13] 현가족 세우기 2

으로 상담 예약을 하였다. 가족들은 내담자가 자기의 욕구를 이렇게 강하게 주장하는 모습이 드문 일이라고 말하였다. 그만큼 인형을 통한 작업이 내담자에게 상담의 동기가 되었다. 내담자는 일반적인 내담자보다 더욱 자기표현의 문제를 갖고 있었다. 자기의 생각과 욕구를 표현하는 데 어려움이 있었기에 스톤으로 자기표현을 촉진하고자 하였다.

내담자에게 스톤을 통해서 자기의 내면을 표현하게 하였다. '나와 내 주변 세상'을 표현하라고 하였고, 내담자는 스톤을 통해 자기의 마음과 주변 세상을 표현했다.

[사진 5-14]는 내담자가 스톤으로 표현한 첫 장면이다. 내담자는 자신이 만든 돌의 형상이 자기와 주변 세상을 표현한 것이며, 여기에 드러난 세상은 각각의 층으로 둘러싸여 있다고 말하였다. 각각의 층은 경계를 갖고 있는데, 여기에는 각 층을 함부로 허물고 새로운 경계를 정할 수 있는 절대적인 존재가 있다. 각 층들은 서로 교류가 되지 않고 있다. 그러나 경계를 허물 수 있는 존재에 의해 경계가 허물어지고 교류가 일어날 수 있다. 경계의 안쪽에는 봉인된

[사진 5-14] 자기와 주변 세상

것이 있다. 봉인된 것 밑에 진정한 자신이 있다. 가운데 있는 커다란 돌 밑에는 봉인된 자기의 자아가 있다. 봉인을 풀어 주고 경계선을 새로 만들 수 있는 것은 사랑이다. 밖에 커다란 돌은 더욱 단단하고 교류가 안 된다. 약한 내부를 숨기기 위해 안으로 갈수록 교류가 활발하고 자유롭다. 가운데 작은 돌은 자유로운 활동과 교류를 의미하며 봉인이 풀려 자신의 자아가 풀려나면 경계가 없어진다. 경계가 풀리면 조화롭고 화목해진다. 상담사는 "구체적으로 경계를 어떨 때 느끼나요?"라고 물었다. 내담자는 거의 모든 상황에서 느낀다고 하였다. 이에 상담사는 "경계를 풀기 위해서는 사랑이 있어야 합니다."라고 말하였다.

상담사는 "그럼 이 세상에 이름을 붙이면 무엇인가요?"라고 물었다. 내담자는 카오스+코스모스(우주의 질서)를 상징하는 '카오스모스'라고 하였다. 가족들의 진술에 따르면, 내담자는 지나치게 여러 종교와 철학에 심취하였다고 하였다. 내담자가 스톤으로 표현한 세상은 대단히 추상적이고 종교적이며 철학적이었다.

[사진 5-15]는 내담자가 두 번째로 만든 스톤의 모습이다. 세상은 이렇게 경

[사진 5-15] 경계가 허물어진 자기와 세상

계가 허물어진 세상이 될 것이라고 하였다. 이것은 엄격하게 구분된 층과 경계가 사라진 세상이다. 언젠가는 이렇게 엄격한 경계와 구분이 사라질 것이라고 하였다. 맨 먼저 스톤으로 표현된 자신의 자아 모습은 엄격하게 구분되고 경계선으로 경직되어 있다. 내담자는 자기 안에 있는 페르소나를 상징하는 것으로 해석될 수 있다. 내담자는 가족 안에서 엄격한 역할의 가면이 요구되고 있었다. 자기 스스로 선택하거나 자신의 욕구를 드러낼 수 없는 상황을 나타낸다. 두 번째 스톤의 모습을 통해 내담자는 언젠가는 자기에게 요구되는 엄격한 요구가 사라지고, 경직된 페르소나가 느슨해질 수 있다고 말한 것이다.

[사진 5-16]은 내담자가 세 번째로 표현한 스톤의 모습이다. 내담자는 모든 경계가 사라진 세상이 다시 하나로 압축되는 것을 표현한다고 말하였다. 자신에게 요구되는 엄격한 페르소나의 역할이 느슨해지고 경계가 풀어지지만 언젠가는 반작용으로 더 심하게 자신이 억압받게 될 수 있다는 것을 표현한다. 세 번째 스톤의 모습은 가족 안에서 지속되어 왔던 반복적 패턴을 상징할 수 있다. 어머니의 집요한 통제와 조정이 어느 순간 느슨해지고 엄격하지 않았다

[사진 5-16] 압축된 자기와 세상

가 어느 순간 반작용으로 이전보다 더 강하게 자기에게 가해지던 엄격한 상황을 표현할 수 있다.

[사진 5-17]은 내담자가 네 번째로 표현한 스톤의 모습이다. 내담자는 여기서 '빅뱅'이라는 말을 사용하였다. 압축한 모든 것들이 자유롭게 흩어진다. 보기엔 혼돈이지만 각기 어울려져 전체가 통하며, 부분은 혼돈이지만 전체는 질서라고 하였다.

스톤을 통한 치료 과정에서 내담자는 자유롭고 풍부한 자기표현의 기회를 얻게 되었다. 내담자는 오랫동안 아버지의 방임과 어머니의 지나친 통제와 조정의 희생양이었다. 내담자는 자기의 욕구와 생각을 표할 수 없었으며, 어머니가 요구하는 '완벽하게 통제당하는 아들'이라는 요구에 순응해야 했다. 이제 내담자는 스톤이라는 무의식적 상징체계의 도움으로 자기의 무의식 속에 있는 욕구와 생각을 안전하게 드러낼 수 있었다. 네 번째 스톤의 모습은 내담자가 치료 속에서 드디어 자기에게 요구되던 역할을 해체시키게 되었음을 상징할 수 있다.

🌐 **[사진 5-17]** 혼돈과 질서가 공존하는 자기와 세상

내담자는 네 번째 스톤에 이름을 붙이면 '아름다움, 절대 미'라고 하였다. 여기서 내담자의 자아는 전체일 수 있고, 하나의 작은 돌일 수 있다. 작은 스톤은 모여서 전체를 이룬다. 내담자는 첫 면접 상담 때 스스로를 '희생양'으로 자각할 정도로 엄격한 통제와 조정의 요구에 시달려야 했다고 말했다. 네 번째 스톤을 할 때 내담자의 얼굴은 상기될 정도로 흥분되었으며 자기를 둘러싼 문제가 해체되고 자신이 문제로부터 벗어날 수 있다는 가능성을 표현한 것이다.

　상담사는 "빅뱅으로 가기 위한 여정에 '사랑의 에너지'가 필요한데 그것을 구체적으로 표현하면 무엇인가요?"라고 물었다. 내담자는 "나와 다르더라도 존중하고 인정해 주는 거예요."라고 말하였다. 여기서 상담사는 스톤으로 표현된 내부적 세계를 현실의 것으로 옮기는 작업을 시도한 것이다. 어머니의 조정과 통제로부터 벗어나기 위해서 필요한 것은 바로 어머니의 생각과 다르더라도 상대방을 존중하고 인정해 준다는 것임을 표현하였다.

　[사진 5-18]은 내담자가 다섯 번째로 표현한 스톤의 모습이다. 여기에는 검은 돌과 흰 돌이 있다. 어머니는 자신이 검은 돌인데 흰 돌이 되라고 한다고 말

[사진 5-18] 자기로 표현된 스톤

하였다. 어머니가 검은색을 인정하지 않고 억지로 흰 돌이 되라고 하는 것이 너무나 힘들었다고 말하였다. 이제 어머니가 자기를 조금만이라도 존중해 주기를 바란다고 하였다.

스톤을 통한 치료를 통해 내담자는 어머니와 자기와의 문제를 마치 무질서로 인식하던 상태에서 이제 질서로 인식하게 되어, 분명히 자신의 언어로 명확하게 표현하게 되었다. 내담자는 스톤을 통해서 자유롭게 자기를 표현할 수 있었고, 이것은 그의 혼동된 욕구를 무의식 속으로부터 의식으로 끌어올리게 하는 작용을 하였다. 스톤으로 표현할 때마다 내담자는 세세하게 자기의 욕구와 생각들을 표현하고 설명하게 됨으로써 조금씩 자아의 기능이 회복될 수 있는 가능성을 얻게 되었다.

인형치료 사례

사례 1. 아내 눈치를 보는 것이 힘들어요

내담자는 38세의 남성이며, 아내와 아들(4세)과 딸(2세)을 두고 있다. 내담자의 주요 호소 문제는 매사에 아내의 요구를 따라야 하는 상황이 처음에는 좋았으나 이제는 지쳐 간다는 것이었다. 자신의 의지와 요구에 따라 행동하는 것이 아니라 언제나 아내의 눈치를 보아야 하는 상황이 싫다고 하였다. 아이들도 엄마보다는 아빠와 같이 있으려고 하고, 아내가 직장에 출근할 때도 아이들은 엄마가 없다는 사실에 별로 개의치 않을 정도로 아이들과 아내의 관계는 소원하다고 호소하였다.

> 치료자: 현가족을 동물인형으로 표현해 보세요. 소망이 아니라 현실의 가족을 표현해 보세요.

내담자는 현가족에 대해 다음과 같은 동물인형을 표현했다.

- 내담자: 늑대
- 아내: 개미
- 아들(4세): 작은 강아지
- 딸(2세): 작은 양

> 치료자: 가족은 어디를 보고 있으며, 거리는 어떤지를 나타내 보세요.

동물인형 세우기

[사진 6-1] 동물인형 현가족 세우기

치료자: 부인은 아이들을 바라보지만 아이들은 엄마를 보고 있지 않고 아빠
　　　　옆에서 아빠를 보고 있네요. 본인이 왜 늑대인가요?

내담자: 외롭기 때문이에요. 저는 가족 안에서 언제나 외로워요. 아내는 나
　　　　를 보고 있지 않습니다.

치료자: 앞에 두 아이가 있지만 선생님은 외롭네요. 부인은 선생님 옆에 있
　　　　지만 선생님과 부인은 서로를 보고 있지 않네요.

내담자: 아내는 만만치 않아요. 늘 내가 포기하고 맞춰 주어야 편했죠. 모든
　　　　것이 아내 중심으로 이루어져야 했습니다. 그렇지만 아내는 내가
　　　　자기에게 맞춰 주고 있다는 사실을 모르고 있어요. 아내도 직장 생
　　　　활한다고 자기도 힘들다고 말하죠.

치료자: 두 부부는 서로 희생한다고 생각하네요. 서로 상대방의 감정을 읽
　　　　어 주지 않네요. 같은 공간 안에 있지만 선생님과 부인은 이 가족에

서 이방인이네요.

내담자: 그래도 나에게는 아이들이 있어요. 아이들이 아빠를 떠나지 않고 아빠와 뭐든지 같이 하려고 하니까요. 아내는 아이들을 사랑하지 만 관심을 주지는 못합니다.

치료자: 부인은 가족 안에서 진짜 이방인이네요. 선생님은 아내 역할을 하고, 아내는 가장 역할을 하는 것 같아요.

내담자: 아내의 수입이 나보다 훨씬 많아요. 아내는 밖에서 열심히 일하니까 집에서는 쉬고 싶어 했죠. 너무나 힘들어서 직장을 그만두고 싶다는 이야기를 합니다.

치료자: 그렇군요. 부인이 이방인처럼 느끼는 것은 역할이 바뀌었기 때문이 군요. 부인이 그동안 가장의 역할을 했네요.

내담자: 아내는 자신이 왜 이렇게 힘들게 살아야 하는지 모르겠다고 자주 불평합니다. 아내는 수입은 좋지만 직장에서 많이 힘들어하고 있어요. 늘 지쳐서 퇴근하고 집에서는 쓰러져 있죠. 그러니 아이들이 아빠를 찾을 수밖에 없어요.

치료자: 선생님은 외로운 늑대지만 부인 역시 외로웠을 것 같아요. 아무도 부인을 배려해 주는 사람이 없었으니까요.

내담자: 아내는 주중에는 직장에 나가서 일하고, 주말에는 내가 봉사활동을 하는 게 있어서 주말에는 하루 종일 아이들을 돌봐야 했어요. 주말 에도 쉬지 못하고 일을 해야 했고 주말마다 집을 비우는 저 때문에 더 서운해했어요. 아내는 늘 입으로 힘들다고 말했지만 정작 쉴 수 있는 시간과 공간이 없었던 것 같아요.

치료자: 부인이 집에 들어왔을 때 선생님과 아이들에게 원하는 것은 뭘까요?

내담자: 우리 집에서 이방인 같은 사람이라고 비난하지 않고, 같이 어울릴 수 있도록 배려해 주는 것이겠죠. 또한 수고했다고 인정해 주는 것, 아마도 이것을 아내가 가장 원할 것 같아요.

가족인형 세우기

👤 [사진 6-2] 가족인형 현가족 세우기

동물로 표현된 현가족을 가족인형으로 그대로 바꾼다.

> 치료자: 선생님은 아이들을 보고 있지만 곁눈질로 부인의 눈치를 보았습니
> 다. 그것이 힘들었을 겁니다.
> 내담자: 정말 그래요. 아이들은 아빠를 늘 찾지만 나는 언제나 아내의 눈치
> 를 살펴야 했죠. 아내가 힘들다고 말할 때마다 무능한 남편을 비난
> 하는 소리로 들렸어요. 아내가 직장을 그만두면 생활에 큰 어려움
> 이 있어요. 그래서 자연히 나는 언제나 아내의 눈치를 살피고 아내
> 가 하지 못하는 일, 아이들을 돌보거나 살림하는 일을 도맡아서 하
> 려고 했습니다.

따라 하기

[사진 6-3] 가족인형 부부 세우기

　치료자는 내담자에게 다음의 말을 따라서 고백하게 한다. (내담자가 아내에게 말한다.)

　"여보, 당신은 내 아내입니다. 나는 당신의 남편입니다. 나는 아이들의 아빠이고 당신은 아이들의 엄마입니다. 여보, 고마워, 나를 대신해서 가장 역할을 해 준 것 고마워. 당신이 하지 못하는 것을 내가 도와줄게."

　치료자: 어떤가요? 지금 선생님의 마음이 어떻게 작용하고 있나요?
　내담자: 아내에게 말을 하면서 순간 아내가 많이 외로웠을 것이라는 마음이
　　　　　강하게 올라왔어요. 아내는 그동안 자기 생활이 없었어요. 가족을
　　　　　위해서 아내는 자기 생활도, 여유도 없이 살았죠. 아내는 직장 일로
　　　　　많이 힘들었지만, 다만 힘들다고만 하소연하였지, 언제나 성실하
　　　　　게 일해 왔어요.

치료자: 부인은 이방인이었어요. 그러나 이 이방인은 가족의 모든 짐을 지고 끙끙 앓고 있었어요.

내담자: 아내 앞에 서면 자존감이 무너졌어요. 상처를 받으니까 아내에게 가까이 다가가기가 두려웠어요. 나보다 더 능력 있는 아내 앞에서 언제나 초라해졌죠. 그래서 그동안 나는 아내에게 받으려고만 했어요. 지쳐서 퇴근한 후로는 남편과 아이들을 위해 애를 쓰지 않는 아내를 원망했구요. 지쳐 있는 아내를 이해하기보다 원망했어요. 이제 아내를 원망하기보다 모든 것을 품어 주어야겠어요.

치료자: 선생님은 부인이 두려웠고, 그래서 부인을 있는 그대로 보지 못하고 품어 주지 못했군요.

따라 하기

치료자는 내담자에게 다음의 말을 따라서 고백하게 한다. (아내가 남편에게 말한다.)

"당신은 내 남자입니다. 내가 당신을 선택했어요. 내가 우리 가족을 책임지고 있는 것은 내가 선택한 거야. 여보, 나도 가끔은 힘들어요, 나 좀 봐 줘."

치료자: 이 말이 어떻게 다가오나요?

내담자: 아내가 많이 외로웠다는 것이 새삼 느껴져요. 나는 이런 아내를 보지 못하고 있었어요.

따라 하기

치료자는 내담자에게 다음의 말을 따라서 고백하게 한다. (아내가 남편에게 말한다.)

"당신은 내 남편이야, 내 남자입니다. 아이들의 아빠입니다. 우리 가족을 지켜 줘요. 당신은 내 남편이고 나는 당신의 아내입니다. 나는 우리 가족을 위해 최선을 다할 거야."

치료자: 부인의 말이 어떻게 다가오나요?

내담자: 고마워요. 나를 남편으로 인정해 주고 믿어 준 것이 고마워요. 아내는 나를 무시하지 않았어요. 힘들다고 호소하였지만 나를 인정해 주었어요.

치료자: 때로는 힘들다며 속상한 말을 하였지만 부인은 최선을 다하고 있었어요. 그러한 부인은 많이 외로웠어요.

내담자: 아내는 어린 시절에도 외롭게 자랐어요. 장인과 장모는 서로 갈등했고, 장인은 외도를 저질렀어요. 아내는 딸 네 명 중에서 막내딸로 있는지 없는지 모를 만큼 존재감 없이 자랐어요. 장인은 아들이 태어나길 바랐는데 아내가 딸이어서 차별을 했다고 합니다. 딸이 울면 "여자로 태어나서 재수 없게 운다."고 화를 냈다고 해요.

치료자: 부인은 어린 시절도 외로웠고 지금도 외로워요. 지금이 더 외롭다고 느낄 것 같네요. 부인이 외로움을 호소할 때마다 선생님은 자기에 대한 비난으로 들려서 동굴 속으로 숨었구요. 부인은 선생님의 위로가 필요한데 선생님의 태도에 절망감을 느꼈겠죠. 이제 선생님은 부인이 원하는 것은 남편이 멋진 가장 역할을 해 주는 것이 아니라 자신을 알아주고 공감해 주는 것임을 알았습니다.

내담자: 공감을 하려고 했지만 아내는 내가 공감하는 척만 해서 진심으로 와닿지 못한다고 했어요. 나는 아내에게 진심으로 공감을 하지 않았어요.

치료자: 부인이 외로움을 토로할 때마다 선생님이 비난으로 받아들이고 공감하지 못한 것은 자신감이 없기 때문이었습니다. 당당하지 못하기

[사진 6-4] 내담자의 자아상

때문에 아내가 외로움을 표현할 때 공감할 여유가 없었던 것이죠.

가족 안에서 남편을 상징하는 늑대 인형을 세우고 해석을 시도한다.

치료자: 늑대는 외롭게 동굴 속에 들어가서 자기만의 생활을 유지하지만 부인은 이런 선생님을 보기가 힘들었습니다. 그동안 부인은 동굴 밖에 있었어요. 서로 간격을 좁히지 못하고 각자 외로웠죠. 선생님은 부인의 비위를 맞춘다고 했지만 부인 역시 힘들게 서 있다는 것을 몰랐어요. 부인에게 이해받기를 원했지만 부인 역시 힘들었던 것입니다.

늑대 인형과 개미 인형이 서로를 보게 만든다.

[사진 6-5] 동물인형 부부 세우기

치료자: 부인이 선생님을 남편을 향해 하소연하고 비난했던 것은 자기의 외로움에 대한 호소였음을 이제 알게 됐습니다. 이제 부인을 보고 선생님 마음을 표현해 보세요(여기서 남편이 아내에게 자유롭게 표현하게 한다).

내담자: "여보, 미안해. 당신이 그렇게 힘들어할 줄 몰랐어. 당신이 직장 다니고 아이들 돌보는 것이 힘들어서 그런다고 생각했는데, 당신도 우리 가족 안에서 외롭고, 인정받고 싶어 할 줄 몰랐어. 이제 내 자신의 자존심만 내세우지 않고 당신을 볼게."

치료자: 선생님도 외로웠고, 힘들겠지만 둘 다 외로운 상황이었어요. 선생님과 부인이 서로 있는 곳이 달랐죠. 이제 선생님이 자신만의 동굴로부터 나와서 부인을 봐야 합니다. 이제 인형의 위치를 바꿔서 가족이 어떻게 변했으면 좋을지를 표현해 보세요.

내담자: 아이들이 아내 옆으로 가까이 하고, 나와 아내가 서로 마주 보았으면 좋겠어요.

따라 하기

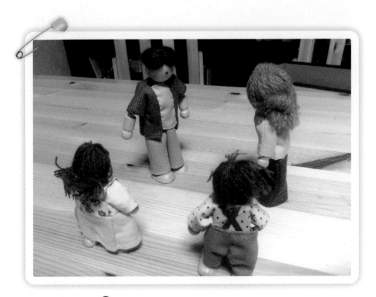

[사진 6-6] 종결을 위한 가족 세우기

치료자는 내담자에게 다음의 말을 따라서 고백하게 한다. (남편이 아내에게 말한다.)

"당신은 내 아내이고 내 여자입니다. 나는 당신의 남편으로서 당신 곁에 있을게, 고마워."

> 내담자: 우리 부부가 같은 공간 안에 살았지만 각자 다른 세계에서 살았어요. 이제는 알았어요. 아내가 비난한 것이 아니고 호소한 것을. 이제 나는 남편이고 아내는 아내의 자리에 있다는 것이 마음에 와닿아요.
>
> 치료자: 이제 부인의 하소연은 비난이 아니라 호소였다는 것을 알았어요. 이제 자신감을 갖고 부인에게 고맙다고 말하고 당당하게 용기를 내서 부인에게 다가가기 바랍니다.

내담자: (아내 인형을 보고) "당신 곁에 있어 줄게. 늘 애써 줘서 고마워."

내담자: 아내를 꼭 안아 주고 싶어요.

치료자: 지금 마음이 어떤가요?

내담자: 상담받기 전에는 몰랐던 것을 알게 되었어요. 아내가 다시 보이고
　　　　사랑스럽게 느껴집니다. 이제 아내에게 잘해 주고 싶어요.

치료자는 계속 공감하고 지지해 주고 반응해 주면서 내담자를 따라갔다. 부부가 서로 이해하게 해 주고 관점을 바꿔 주는 것이 인형치료의 핵심이다.

여기서 의미 전환은 중요한 관점의 변화를 일으켰다. 아내가 호소하는 것이 남편에 대한 비난이 아니라 외로움에 대한 호소였다는 것을 내담자로 하여금 깨닫게 해 주었다.

사례 2. 엄마처럼 될까 봐 두려워요

내담자는 37세 여성이며, 남편과 3세인 딸을 두고 있다. 내담자의 주요 호소 문제는 어머니가 어린 시절 심한 폭력과 폭언을 행사했다는 것이었다. 어머니는 정서적으로 불안하였으며 일관성 없이 폭력을 행사하였다고 한다. 어느 날은 아무런 이유도 없이 때리다가도 어떤 날은 아무런 이유 없이 잘해 주었다. 언제 또다시 어머니가 폭력적으로 행동할까 봐 늘 불안에 떨었다. 그런데 내담자 자신 또한 딸에게 아무 이유 없이 폭력과 폭언을 행사하는 것을 깨닫고 심한 죄책감과 수치심이 들어 상담을 요청하게 되었다.

치료자: 이 시간에 어떤 도움을 받고 싶나요?

내담자: 얼마 전 딸이 잘못해서 회초리를 들었는데 때리는 순간 알 수 없는
　　　　쾌감을 느꼈고, 그런 내 자신이 너무나 무서웠어요.

치료자: 그런 감정을 느꼈다는 것이 너무 두렵고 죄책감을 느꼈군요.

내담자: 엄마처럼 될까 봐 늘 조심하려고 했는데 그날 잘 참지 못했어요. 내
안에 괴물이 있는 것 같아서 너무나 괴로웠어요.

치료자: 쾌감을 느꼈다는 것이 너무 당황스러웠고 아이한테 미안했겠네요.

현가족 표현하기

[사진 6-7] 동물인형 현가족 세우기 1

치료자: 동물인형을 갖고 마음속에서 느껴지는 현실의 이미지를 선택하세
요. 가족의 모습을 표현해 보세요.

내담자는 현가족의 구성원 각각에 대해 다음과 같은 인형을 선택했다.

● 남편: 버팔로
● 내담자: 젖소

● 딸: 돌고래(딸을 상징하는 돌고래가 젖소에 기대고 서 있음)

[사진 6-8] 동물인형 현가족 세우기 2

치료자: 가족 안에서 누구를 보고 있나요?

내담자: 나는 딸을 보고 있어요. 아이도 나에게 기대고 있어요. 나는 딸을
보는 동시에 내 일을 보고 있어요.

치료자: 이 가족 안에서 남편은 어떨 것 같은가요?

내담자: 남편은 가장으로서 책임감을 많이 느껴서 우리를 따뜻하게 돌볼 여
유가 없어요. 남편은 자기 고집이 강하고 자기 틀을 바꾸려 하지 않
아요. 가족 안에서 외롭다는 말을 자주 하구요.

치료자: 아이는 엄마를 의지하고 있네요.

내담자: 처음에 아이가 무조건적으로 나를 사랑해 주니까 고마웠어요. 하지
만 어느새 내가 그런 그릇이 안 된다는 것을 알고 난 후부터는 너무
버거워요.

치료자: 어린 시절의 가족을 표현해 보겠습니다. 가족들이 어디를 보고 있
으며, 거리는 어떤지를 표현해 보세요.

원가족 표현하기

[사진 6-9] 원가족 세우기

- 내담자: 토끼
- 여동생: 하얀 쥐
- 아버지: 소
- 어머니: 티라노사우루스
- 친할머니: 오리

내담자: 아버지는 밖을 향해 있어요. 우리를 위했지만 먹고 살아야 했죠. 그래서 자녀들에게 친밀감을 갖고 사랑해 주시지는 못했어요.

치료자: 어머니는 자녀들 앞에 서서 자녀들을 노려보고 있는 것 같네요. 공룡이 마치 먹잇감을 앞에 놓고 있는 모습이네요.

내담자: 맞아요. 여기에 할머니도 있었어요. 할머니는 엄마 앞에서 언제나 기가 죽어 있던 오리였어요.

치료자: 이 자리에서 선생님은 어떤 느낌이 드나요?

내담자: 겁이 나요. 무섭구요. 나도 귀중한 생명인데 왜 그렇게 학대했는지 묻고 싶어요. 엄마와 아버지가 늘 하던 말이 있어요. 큰딸인 내가 혼전 임신으로 생겨났고, "너만 아니었으면 결혼하지 않았을 거야."라고 말했죠.

치료자: 선생님은 세상에 태어났을 때 환영받는 아이가 아니었네요.

내담자: 아버지는 엄마가 삼촌들에게 폭력적으로 행동하는 것을 보고 놀랐고, 할아버지나 할머니도 엄마에 대해서 느낌이 안 좋았다고 했어요. 임신을 해서 어쩔 수 없이 허락했다고 해요.

치료자: 이 가족 안에서 아버지는 열심히 사셨겠지만 어머니를 보고 있지 않아요.

내담자: 아버지는 책임감이 강한 분이었지만 엄마와 따로 떨어져 살 때가 많았어요. 폭력은 주로 아버지가 없을 때 이루어졌어요.

치료자: 어머니의 어린 시절은 어떠했나요?

내담자: 외할아버지와 외할머니가 교양이 있는 분은 아니었어요. 늘 술 먹고 싸우고 폭력을 저지르는 사람들이었고, 외가 쪽 사람들 모두 엄마처럼 폭력과 폭언을 아무렇지도 않게 저질렀어요.

치료자: 네, 그랬군요. 어머니의 가족들은 사납고 폭력과 폭언이 일상화되어 있던 사람들이었군요. 동물인형 중에 제일 공격적이고 무서운 것이 티라노사우루스입니다. 이것을 골랐다는 것은 선생님에게 어머니는 몹시 무섭고 공격적인 존재였다는 걸 의미합니다. 어머니 앞에서 선생님은 너무도 나약한 존재였죠.

가족인형 세우기

[사진 6-10] 치료적 개입을 위한 가족인형 세우기 1

치료자가 가족인형으로 어머니와 내담자를 마주 세운다. 이때 내담자는 어머니 앞에 자신을 엎드린 자세로 놓는다.

> 내담자: 나는 엄마 앞에서 이렇게 엎드려 있었어요. 감히 엄마를 쳐다볼 수
>   도 없었어요.

다시 치료자가 내담자를 세워서 마주 보게 한다.

> 치료자: 여기 있는 어머니는 과거의 모든 것을 잊고 있는 현재의 나이 든 할
>   머니가 아닌 무섭고 두려운 어린 시절의 어머니입니다.

따라 하기

😊 **[사진 6–11]** 치료적 개입을 위한 가족인형 세우기 2

치료자는 내담자에게 다음의 말을 따라서 고백하게 한다. (내담자가 어머니에게 말한다.)

"엄마, 나는 엄마의 딸입니다. 너무 무서웠어요. 두려웠어요." (내담자가 눈물을 보인다.) "언제나 엄마에게 맞을까 봐 두려웠어요. 엄마, 왜 저에게 그랬어요?" (눈물을 흘리며 더 이상 따라 하지 못한다.)

　치료자: 나에게 왜 그랬냐고 어머니에게 감히 물어보지도 못하네요. 어머니는 지금도 여전히 무서운 존재인 것 같습니다. 선생님을 따뜻하게 안아 주고 선생님의 약점을 눈감아 주는 어머니가 없네요. 언제나 평가하고 실수를 용납하지 못하는 그런 어머니였네요.

　내담자: 네, (눈물) 나에게 엄마는 늘 무섭고 두려운 분이었어요.

따라 하기

[사진 6-12] 치료적 개입을 위한 가족인형 세우기 3

치료자는 내담자에게 다음의 말을 따라서 고백하게 한다. (어머니가 딸에게 말한다.)

"숙희야, 너는 내 딸이다. 숙희야, 넌 내 딸이야, 미안하다." (눈물을 흘리며 더 이상 따라 하지 못한다.)

치료자: 그 말도 안 나오죠. 어머니는 그런 말을 할 사람이 아니니까.

치료자가 가족인형으로 아버지를 내담자 앞에 마주 세운다.

내담자: 아버지가 불쌍해요. 아버지는 한평생 가족을 위해 애썼어요. 가족에게 환영을 못 받으니까 밖으로 나돌았구요. 아버지에게 너무 미안해요.

치료자: 아버지에게 미안함을 갖고 있군요.

내담자: 집에 있는 것이 싫어서 아버지가 힘들어하는데도 도와드리지 못했어요. 아버지도 외로우셨어요.

치료자: 아버지는 외로운 분이었군요? 아버지뿐 아니라 어머니도 외로우셨겠네요.

내담자: 엄마는 자기 맘대로 다하니까 제일 행복할 줄 알았어요. 그런데 지금 생각해 보니 엄마도 외로웠을 것 같아요.

치료자: 어머니는 가족 안에서 마음대로 할 수 있지만 어머니를 따뜻하게 봐 주는 사람이 없었어요. 외로우셨을 겁니다. 아버지는 어머니를 피하려 하고 달아나려고 하고 늘 버거워하셨죠. 어머니도 여자로서 사랑받고 싶은데 그렇지 못했어요. 악만 남고 화만 나고, 그럴수록 사람들이 어머니를 피했죠.

내담자: 엄마도 사랑받았다면 좋았을 텐데.

치료자: 어머니의 주변에는 이런 사람만 있었어요.

[사진 6-13] 치료적 개입을 위한 동물인형 세우기

어머니 뒤에 폭력적인 가족 분위기를 가졌던 외가 쪽 사람들을 상징하는 공룡과 하이에나를 세운다.

치료자: 어머니에게 관대하게, 따뜻하게 해 줄 사람은 아무도 없었어요. 어머니가 폭력적으로 변한 것은 다른 방법을 몰랐기 때문이에요. 어떻게 사랑해야 될지 몰랐을 겁니다. 오직 입을 벌리고 할퀴는 것뿐 그 외에 아무것도 몰랐기 때문이에요.

내담자: 맞아요. 엄마는 어떻게 해야 될지 몰랐던 것 같아요. 엄마는 스물세 살의 어린 나이에 나를 낳았다. 엄마도 어린 시절 가족 안에서 따듯한 사랑을 받지 못했고 결혼해서 아버지에게도 사랑을 받지 못했어요.

치료자: 지금 어머니에게 선생님이 하고 싶은 말을 표현해 보세요.

내담자: "엄마, 너무 힘들었어. 너무 무서웠어. 왜 그렇게까지 했어? (눈물) 엄마가 그게 잘못됐다는 것을 몰랐으니까 내가 이해한다. 자기가 너무 힘드니까, 더 무서웠던 것은 엄마가 약을 발라 주고 울었던 거

[사진 6-14] 가족인형을 통한 엄마와의 직면

야, 그런데 또 때리고 또 약을 발라 주었지. 엄마, 난 여전히 엄마가 무서워, 나도 내 딸이 나를 무서워할까 봐 두려워. 엄마도 왜 그랬어? 날 때릴 때 그런 기분이었어? 날 때릴 때 그런 마음이었어? 난 두려워. 엄마처럼 될까 봐, 엄마처럼 살까 봐 난 두려워."

따라 하기

치료자는 내담자에게 다음의 말을 따라서 고백하게 한다. (어머니가 딸에게 말을 한다.)

"넌 내 딸이다. 난 너의 엄마다. 비록 너를 힘들게 했지만, 너에게 상처를 주었지만 난 엄마다. 너만은 엄마와 다르기를 바란다. 분노를 쌓아 놓다가 아이에게 터뜨리지 말고 건강하게 살기를 바란다. 엄마와 다른 인생을 살기를 바란다. 네 딸이 엄마를 사랑하게 되기를 바란다. 나와 다르기를 바란다. 행복하기를 바란다."

[사진 6-15] 동물인형을 통한 엄마와의 직면

치료자: 어머니의 이 말이 어떻게 다가오나요?

내담자: 갑자기 엄마가 나에게 예쁜 옷을 사서 입힌 것이 생각나요. 엄마만의 방식으로 나를 사랑했다는 것을 알았어요. 갑자기 생각이 나요. 엄마의 따뜻한 모습이 있었는데, 엄마가 나를 사랑했던 것은 맞아요. 엄마가 제대로 사랑할 줄 알았으면 좋았겠지만.

치료자: 네, 어머니가 선생님을 따뜻하게 대해 주었던 기억이 떠올랐군요.

내담자: 엄마가 얼마 전에 우리 세 식구를 보고 "너희 둘이(부부가) 서로 사랑하는구나? 아이를 좋아하는구나."라고 말했어요. 엄마가 이 말을 하면서 왠지 쓸쓸해했어요.

치료자: 맞네요. 모든 것이 여기서 시작되었네요. 어머니는 외로웠던 것이고 자기보다 행복해 보이고 서로 사랑하는 딸의 부부관계와 사랑받고 있는 손녀를 보고 그렇게 하지 못한 자기를 돌아보았던 것이네요.

내담자: 소 인형으로 나타낸 아버지는 가족을 위해 헌신하셨지만 엄마는 외로웠던 겁니다. 아버지는 소처럼 가족을 위해서 살았지만 엄마는 늘 외롭고 화가 나 있었죠.

치료자: 어머니는 아버지에게 받지 못하는 사랑에 대한 실망과 원망을 자식들에게 푼 것이에요.

내담자: 네, 그래요. 엄마가 우리에게 화를 내고 폭력적으로 대했던 것은 언제나 아버지가 없을 때였어요. 아버지와 싸운 후에는 언제나 우리에게 폭력을 휘두르고 폭언을 했었어요.

치료자: 여기서 선생님과 남편의 관계는 어떤가요?

내담자: 남편이 최선을 다하고 믿음직하지만 100점은 아니에요. 최선을 다하는 것을 아니까 어떻게 하지는 못하지만 만족은 안 되고 여전히 외로워요.

치료자: 유사한 패턴이네요. 어머니도 그랬어요. 그러나 어머니는 아버지에게 공격을 안 하고 자식에게 공격을 했죠. 선생님은 어떤가요?

내담자: 나도 남편에게 화가 났을 때 딸에게 심하게 행동했던 것 같아요. 인
　　　　정하고 싶지 않지만 나도 엄마처럼 딸에게 화를 풀었어요.

따라 하기

　치료자는 내담자에게 다음의 말을 따라서 고백하게 한다. (어머니가 딸에게
말한다.)

　"넌 내 딸이다. 너를 때리고 힘들게 한 것 너 때문이 아니야. 네 잘못이 아니
야. 엄마의 잘못이야. 너의 잘못이 아니야. 연아, 이제라도 네 자신을 놔줘라.
너를 용서해 줘, 네 문제가 아니야."

내담자: 이 말을 내 딸에게 해 주고 싶어요. "네가 잘못해서 화낸 것이 아니
　　　　란다. 내가 너무 힘들어서 그런 거란다." (울음)
치료자: 지금 딸에게 그 마음을 전해 주세요.

[사진 6-16] 종결을 위한 가족 세우기

(내담자가 딸을 꼭 껴안으며 말한다.) "지영아, 엄마가 너무 힘든데 엄마도 누군가 위로해 줄 사람이 없었어. 엄마가 어리고 힘들어서 네게 그런 거야. 네 잘못이 아니야, 미안해, 사랑해. 엄마처럼 그거 평생 갖고 가면 안 된다. 네가 잘못해서 그런 것 아냐. 엄마는 너를 사랑하고 너는 엄마에게 소중하고 가치 있는 존재야. 너 아니었으면 이 세상에서 살 수가 없었어. 너는 소중한 존재야."

치료자: 딸이 엄마의 말에 어떨 것 같은가요?

내담자: "엄마 사랑해."라고 말할 거예요. (울음)

치료자: 어린 시절 어머니는 자기의 부부문제로 자식에게 폭력적으로 대했어요. 선생님 역시 부부문제에서 발생한 감정을 딸에게 풀려고 했죠. 이제 부정적인 감정을 풀 대상은 남편이에요. 선생님과 어머니가 비슷한 점이 있어요. 부부관계에서 무력하였고, 직접 해결하려고 하지 않고 참으면서 반복하였죠. 참기보다 남편과의 해결이 필요해요. 그리고 아이와 정서적으로 분리될 필요가 있어요.

내담자: 나도 이제 그러고 싶어요.

치료자: 어머니도 두 딸을 사랑했는데 감정적인 분리를 못했어요. 자신의 감정을 분리하지 못한 거죠. 어머니에게는 딸들이 몸의 일부였어요. 분리가 필요합니다.

내담자: 너무 아파요. 맞아요. 아이가 살 수 있는 방법은 분리시키는 것 같아요. 남편도 변할 수 있어요. 남편에 대해 포기하지 말아야겠어요. 엄마와 내가 비슷하네요. 분리가 안 되어 있으니까. 딸이 많이 힘들었을 것 같아요. 딸이 나를 의지하는 것이 아니라 내가 딸에게 의지했어요.

따라 하기

치료자는 내담자에게 다음의 말을 따라서 고백하게 한다. (어머니가 딸에게 말한다.)

"지영아, 너는 내 딸이다. 엄마의 소중한 딸이다. 지영아, 너는 내 딸일 뿐이란다. 사랑하지만 내 딸이다. 엄마 몸의 일부가 아니다. 엄마 인격의 일부가 아니다. 너는 너야, 너의 삶이 있다. 너의 인생이 있다. 엄마는 조금씩 너를 인정할게. 너와 나는 다를 수 있다는 것을, 딸일 뿐이라는 것을, 조심스럽게 인정한단다."

치료자: 지금 마음이 어떤가요?

내담자: 생살을 떼어 가는 것처럼 가슴이 아파요. 아이의 인생을 위해서는 내가 마주 보게 해야 되겠어요. 아이가 나를 안아 주는 느낌이었어요. 아이가 많이 버거웠겠어요. 아이는 엄마를 투정하며 깨우지 않고 엄마를 기다려 줬어요. 내가 아이를 못 놓고 있었다는 것을 알게 되었어요.

치료자: 처음에는 딸을 때리면서 쾌감을 느낀 것을 두려워했죠? 어머니처럼 될까 봐 무서웠고요. 이제 딸과 분리를 못해서 딸을 때리게 되었다는 걸 알게 됐습니다. 만약 어머니도 아버지에게 사랑받는 아내였다면 입장이 달라졌을 거예요. 마찬가지로 만약 남편이 선생님을 이해하고 받아 주면 입장이 달라질 거예요. 현실은 그렇지 않죠. 남편에게 표현하고 소통하기 위해 노력하세요.

내담자: 상담하면서 너무 많은 것을 알게 되었어요. 나름 잘 이겨 내고 살았다고 생각했는데, 창피하기도 하지만 이제 알았어요. 딸을 조금씩 나에게서 분리시키고 남편과의 관계 개선을 위해 노력해야겠어요.

내담자는 자신이 어머니처럼 폭력적인 모습을 갖고 있는 것에 놀라서 강한 죄책감과 수치심을 호소하였다. 자신의 어린 딸에게 지난날의 어머니처럼 폭력적인 행동을 하고 있다는 것이 과거의 상처를 더욱 아프게 하였다. 치료 과정을 통해 어머니와 아버지를 새로운 관점으로 보게 되었다. 어머니를 보다 객관적으로 보게 되면서 어머니로부터 받은 상처를 분리하게 되었다. 무엇보다도 치료 과정을 통해 어린 딸과 자신이 공생관계를 형성하여 분리되지 못하고 있었으며, 그리하여 자신의 불안한 감정이 그대로 딸에게 전달되었다는 사실을 알게 되었다. 딸과의 문제는 어머니와 관계를 재현하는 것이 아니라 분리의 문제라는 사실을 깨닫게 되었다.

✦ 참고문헌

김광웅, 유미숙, 유재령(2004). 놀이치료학. 서울: 학지사.

나경수(2013). 12띠의 민속과 상징, 양띠. 서울: 국학자료원.

노충래(2003). 아동성학대의 치료. 서울: 학지사.

박영수(2005). 유물 속의 동물상징 이야기. 서울: 내일아침.

선우현, 최광현, 이진숙, 정미희(2015). 성학대 아동의 진단평가도구로서의 인형치료. 청소년시설환경, 13(2).

송성자(1998). 가족과 가족치료. 서울: 법문사.

유만찬, 김진경(2013). 갖고 싶은 세계의 인형. 서울: 바다출판사.

이부영(2000). 분석심리학: C.G. Jung의 인간심성론. 서울: 일조각.

이종환(1990). 띠. 서울: 신양사.

채규만(2003). 성피해 심리치료. 서울: 학지사.

최광현(2008a). 가족세우기 치료. 서울: 학지사.

최광현(2008b). 청소년 내담자에 대한 가족세우기 치료의 적용사례연구. 한국가족치료학회지, 16(2), 133-149.

최광현(2010a). 가족희생양 역할을 수행한 청소년 내담자에 대한 트라우마 가족치료. 한국청소년시설환경, 9(4), 13-21.

최광현(2010b). 부모상실의 트라우마에 대한 가족세우기치료 사례개념화. 한국가족치료학회지, 17(2), 23-41.

최광현(2012). 가족의 두 얼굴. 서울: 부키.

최광현(2013). 가정 내 성폭력(근친상간) 피해 청소년 내담자에 대한 인형치료 사례연구. 한국청소년시설환경학회, 11(4), 29-39.

최광현(2014a). 가족의 발견. 서울: 부키.

최광현(2014b). 청소년내담자를 위한 인형치료에서 '내면아이'의 중요성과 치료적 활용에 관한 사례연구. 한국청소년시설환경, 12(4).

최광현(2018). 부부가족인형치료. 서울: 한국인형치료연구회.

최광현(2021). '양 떼를 지켜라' 문제 해결 인형치료. 경기: 한국인형치료연구회.

최광현, 선우현(2020), 인형상징체계에 나타난 초보 놀이치료자의 가족체계유형에 대한 사례연구. 인형치료연구, 6(2), 17-40.

한국가정법률상담소(2002). 2001년 상담통계 분석 개요. 가정상담, 3, 5-7.

A.P.A. (2015). 정신질환의 진단 및 통계 편람(*Diagnostic and Statistical Manual of Mental Disorders*, 5th ed.). (권준수 외 공역). 서울: 학지사. (원저는 2013년에 출간).

Ammann, R. (2001). *Das Sandspiel*. Duesseldorf, Zuerich: Water.

Bateson, G. (1999). *Oekologie des Geistes*. Frankfurt am Main: Suhrkamp.

Bauer, J. (2006). 몸의 기억(*Das Gedächtnis des Körpers*). (이승은 역). 서울: 이지북. (원저는 2002년에 출간).

Bertalanffy, von L. (1968). *General System Theory*. New York: Braziller.

Binswanger, L. (1993). *Grundformen und Erkenntnis menschlichen Daseins*. Heidelberg: Roland Asanger Verlag.

Boss, M. (1954). *Einfühlung und die Psychosomatische Medizin*. Bern, Stuttgart.

Boszormenyi-Nagy, I. (1965). Intensive family therapy as process. In I. Boszormenyi-Nagy & J. L. Framo (Eds.), *Intensive Family Therapy* (pp. 87-142). New York: Harper & Row.

Boszormenyi-Nagy, I. (1966). From family therapy to a psychology of relationships. Fictions of the individual and fictions of the family. *Compr Psychiatry*, 7, 408-423.

Boszormenyi-Nagy, I., Grunebaum, J., & Ulich, D. (1991). Contextual therapy. In Alan S. Gruman & David P. Knisern (Eds.), *Handbook of Family Therapy: Vol II*. New York: Brunner & Mazel, Publishers.

Boszormenyi-Nagy, I., & Spark, G. M. (1973). *Invisible Loyalies: Reciprocity in Intergenerational Family Therapy*. New York: Harper & Row.

Botton, A. de & Armstrong, J. (2013). 알랭 드 보통의 영혼의 미술관(*Art as Therapy*).

(김한영 역). 서울: 문학동네. (원저는 2013년에 출간).

Bow, J. N. (1993). Overcoming resistance. In C. E. Schaefer (Ed.), *The Therapeutic Powers of Play*. Northwale, NJ: Jason Aronson.

Bowen, M. (1976). Theory in the practice of psychotherapy. In P. J. Guerin (Ed.), *Family Therapy*. New York: Gardner Press.

Bowen, M. (1978). *On the Differentiation of Self*. New York: Jason Aronson.

Bowen, M. (1990). *Family Therapy in Clinical Practice*. Northvale, London: Jason Aronson Inc.

Bowlby, J. (1984). *Bindung*. München: Fischer Taschenbuch Verlag.

Bradshaw, J. (2003). 수치심의 치유(*Healing the Shame That Binds You*). (김홍찬, 고영주 공역). 서울: 사단법인 한국기독교상담연구원. (원저는 1988년에 출간).

Buber, M. (2001). 나와 너(*Ich und du*). (표재명 역). 서울: 문예출판사. (원저는 1995년에 출간).

Carrell, S. (2005). 청소년 집단치료 기법(*Group Exercises for Adolescents: A Manual for Therapists*, 2nd ed.). (김통원 역). 서울: 신정. (원저는 2000년에 출간).

Cyrulnik, B. (2006). 불행의 놀라운 치유력(*Un merveilleux malheur*). (임희근 역). 서울: 북하우스. (원저는 1999년에 출간).

Cyrulnik, B. (2008). 유령의 속삭임: 내 마음속의 트라우마 치유하기(*Le Murmure des fantomes*). (권기돈 역). 서울: 새물결. (원저는 2003년에 출간).

Draaisma, D. (2006). 기억의 메타포(*Metaphors of Memory: A History of Ideas about the Mind*). (정준형 역). 서울: 에코리브르. (원저는 2001년에 출간).

Dunne, C. (2013). 카를 융 영혼의 치유자(*Carl Jung Wounded Healer of the Soul*). (공지민 역). 서울: 지와 사랑. (원저는 2012년에 출간).

Eliade, M. (2013). 이미지와 상징(*Images et Symboles*). (이재실 역). 서울: 까치. (원저는 1952년에 출간).

Erikson, E. H. (1940). *Problems of Infancy and Early Childhood*. Philadelphia, PA: F. A. Davis Company.

Fincher, S. (2013). 만다라 미술치료 워크북(*Mandala Workbook*). (오연주 역). 서울: 이음. (원저는 2009년에 출간).

Fontana, D. (2010). *The New Secret Language of Symbols*. London: Duncan Baird Publishers.

Frey, D. E. (1993). Learning by metaphor. In C. E. Schaefer (Ed.), *The Therapeutic Powers of Play*. Northwale, NJ: Jason Aronson.

Fromm, E, (2002). 정신분석과 듣기 예술(*Art of Listening*). (호연심리센터 역). 서울: 범우사. (원저는 1998년에 출간).

Gimbutas, M. (2016). 여신의 언어(*Language of the Goddess*). (고혜영 역). 서울: 한계레출판. (원저는 1989년에 출간).

Girard, R. (2007). 희생양(*The Scapegoat*). (김진식 역). 서울: 민음사. (원저는 1989년에 출간).

Goldenberg, I., & Goldenberg, H. (1997). 가족치료(*Family Therapy*). (장혁표, 제석봉, 김정택 공역). 서울: 중앙적성출판사. (원저는 1991년에 출간).

Gottman, J. (2000). *The Seven Principles for Making Marriage Work*. New York, NY: Three Rivers Press.

Haley, J. (1962). Family experiments. *Family Process, 1*, 265-293.

Haley, J. (1969). Die Interaktion von Schizophrenen. In: Bateson, Gregory (Hg.), *Schizophrenie und Familie*. Frankfurt a. M.: Suhrkamp.

Haley, J. (1977). *Direktive Familientherapie: Strategien für die Lösung von Problemen*. München: Pfeiffer.

Hellinger, B. (1994). *Ordnungen der Liebe*. Heidelberg: Carl-Auer Verlag GmbH.

Hellinger, B. (1995). *Familien-Stellen mit Kranken: Dokumentation eines Kurses für Kranke, begleitende Psychotherapeuten und Ärzte*. Heidelberg: Carl-Auer-Systeme-Verlag.

Hellinger, B. (1997). *Schicksalsbindungen bei Krebs: Ein Kurs für Betroffene, ihre Angehörigen und Therapeuten*. Heidelberg: Carl-Auer-Systeme.

Hellinger, B. (2002). *Der Austausch*. Heidelberg: Carl-Auer-Systeme Verlag.

Hovestadt, A. J., Anderson, W., Piercy, F. A., Cochran, S. W., & Fine, M. (1985). A family-of-origin scale. *Journal of Marital and Family Therapy, 11*(3), 287-297.

Humphreys, T. (2011). 가족의 심리학(*Leaving the Nest What Families Are All About*).

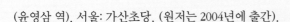

(윤영삼 역). 서울: 가산초당. (원저는 2004년에 출간).

Jackson, R. (1995). *Mütter, die ihre Kinder verlassen alles Rabenmütter?* (P. 296). Wien, München: Europaverlag.

Jung, C. G. (1971). *Carl Gustav: Definitionen.* 재인용 GW6, P. 896. Br.: Walter.

Jung, C. G. (1977). *Symbole und Traumdeutung.* GW 18/1, Br.: Walter.

Jung, C. G. (1979). *Aion* (2nd ed). Princeton, NJ: Princeton University Press.

Jung, C. G. (1996). 인간과 상징(*Man and His Symbols*). (이윤기 역). 서울: 열린책들. (원저는 1964년에 출간).

Jung, C. G. (2007). 기억, 꿈, 사상(*Erinnerungen, Traeume, Gedanken*). (조성기 역). 서울: 김영사. (원저는 1963년에 출간).

Kaiser, P. (2007). *Psychologie fuer den Alltag.* Heidelberg: mvg Verlag.

Kalff, D. M. (1986). *Sandplay.* Boston, MA: Sigo Press.

Kast, V, (2007). *Traeume.* Duesseldorf: Patmos Verlag.

Kellert, S. R. (2015). 잃어버린 본성을 찾아서(*Birthright*). (김형근 역). 서울: 글항아리. (원저는 2014년에 출간).

Köler, W. (1921). *Intelligenzpruefungen an Menschenaffen.* Berlin: Springer.

Konrad, S. (2013). *Das Bleibt in der Familie.* München: Piper Verlag.

Langer, N. (2006). *Psycholohie.* München: Compact Verlag.

Lawrence, E. (1993). The sacred bee, the filthy pig and bat out hell: Animal symbolism as cognitive biophilia. In S. Kellert & E. O. Wilson (Eds.), *The Biophilia Hypothesis.* Washington, DC: Island.

Lerner, H. G. (1985). *The Dance of Intimacy.* New York, NY: Harper & Row.

Lueck H. E., & Miller, R. (2005). 심리학: 사진과 함께하는 깊은 이야기를(*Illustrierte Geschichte der Psychologie*). (강대갑 역). 서울: 시그마프레스. (원저는 2002년에 출간).

Maaz, H. J. (2008). *Die Liebesfalle.* München: Verlag C. H. Beck.

Maslow, A. (2009). 동기와 성격(*Motivation and Personality*). (오혜경 역). 서울: 21세기북스. (원저는 1970년에 출간).

May, R. (2013). 권력과 순수(*Power and Innocence*). (신장근 역). 서울: 문예출판사.

(원서는 1998년에 출간).

May, R. (2015). 신화를 찾는 인간(*The Cry for Myth*). (신장근 역). 서울: 문예출판사. (원저는 1991년에 출간).

McCollum, E. (1998). Bert Hellinger is the man of the moment in European family therapy. *The Family Therapy Networker, 22*(6), 61-63.

Merleau-Ponty, M. (2006). 지각의 현상학(*Phenomenologie de la Perception*). (류의근 역). 서울: 문학과 지성사. (원저는 1975년에 출간).

Minuchin, S. (1979). *Families & Family Therapy*. Cambridge, MA: Harvard University Press.

Minuchin, S. (1987). *Familie und Familietherapie*. Freiburg: Vandenhoeck & Ruprecht.

Morgan, M. (2000). 성학대아동과 면접기술(*How to Interview Sexual Abuse Victims*). (허남순 역). 서울: 나눔의 집. (원저는 1994년에 출간).

Nasio, J. D. (2015). 위기의 청소년(*Comment agir avec un adolescent difficile*). (임말회 역). 서울: NUN. (원저는 2011년에 출간).

Parnell, L. (2008). EMDR 마음의 상처 치유하기(*EMDR in the Treatment of Adults Abused as Children*). (김준기 역). 서울: 메가트랜드. (원저는 1999년에 출간).

Pillari, V. (1986). *Pathways to Family Myths*. New York, NY: Brunner/Mazel.

Pillari, V. (2007). 가족희생양이 된 자녀의 심리와 상담(*Scapegoating in Families: Intergenerational Patterns of Physical and Emotional Abuse*). (임춘희, 김향은 공역). 서울: 학지사. (원저는 1991년에 출간).

Reich, W. (1969). *Die funkition des orgasmus*. Köln: Kiepenheuer & Witsch.

Richter, H. E. (1960). Die narzisstischen Projektionen der Eltern auf das Kind. *Jahr der Psychoanalyse, 1*, 62-81.

Satir, V. (1972). *Peoplemaking*. Palo Alto, CA: Science & Behavior Books.

Satir, V. (1975). *Selbstwert und Kommunikation*. Stuttgart: Krett-Cotta.

Schaefer, C. E., & Reid, S. E. (2010). 게임놀이와 아동심리치료(*Game Play: Therapeutic Use of Childhood Game*, 2nd ed.). (박성옥, 이정숙, 김윤희 공역). 서울: 창지사. (원서는 2001년에 출간).

Schaefer, C. E. (1993). What is play and why is therapeutic? In C. E. Schaefer (Ed.), *The Therapeutic Powers of Play*. Northwale, NJ: Jason Aronson.

Schäfer, T. (1997). *Was die Seele krank macht und was sie heilt*. München: Knaur Taschenbuch Verlag.

Schäfer, T. (2001). *Wenn Dornröschen nicht mehr aufwacht: Bekannte Märchen aus Sicht von Bert Hellingers Familienstellungen*. München: Droemer Knaur.

Schäfer, T. (2002). *Wenn Liebe allein den Kindern nicht hilft: Heilende Wege in Bert Hellingers Psychotherapie*. München: Knaur TB.

Schlippe, von A. (1995). *Familientherapie im Überblick*. Paderborn: Junfermann-Verl.

Schlippe, von A., & Schweitzer, J. (1999). *Lehrbuch der systemischen Therapie und Beratung*. Paderborn: Vandenhoeck & Ruprecht.

Schmeer, G. (2004). 그림 속의 나(*Das ich im Bild*). (정여주, 김정애 공역). 서울: 학지사. (원저는 1998년에 출간).

Schützenhöfer, L. (2004). *Aller Liebe wie Mütter ihre Kinder unglücklich machen*. Vienna Verlag: Carl Ueberreuter.

Selekman, M. D. (2003). 가족치료: 다루기 어려운 청소년을 위한 해결지향 모델(*Pathways to Change: Brief Therapy Solutions with Difficult Adolescents*). (김유순 역). 서울: 박학사. (원서는 1993년에 출간).

Spiegelberg, H. (1982). *The Phenomenological Movement*. Berlin: Springer.

Stierlin, H. (1982). *Delegation und Familie: Beiträge zum Heidelberger familiendynamischen Konzept*. Frankfurt am Main: Suhrkamp Verlag.

Stierlin, H. (1992). *Nietzsche, Hölderlin und das Verrückte*. Heidelberg: Carl-Auer-Systeme-Verlag.

Tisseron, S. (2006). 가족의 비밀(*Nos secrets de famille*). (임호경 역). 서울: 궁리. (원저는 2003년에 출간).

Tresidder, J. (2007). 상징 이야기(*Symbols and their Meanings*). (김병화 역). 서울: 도솔. (원저는 1998년에 출간).

Ulsamer, B. (2001). *Das Handwerk des Familien-Stellens*. München: Wilhelm Goldman Verlag.

Walker, S. (2012). 융의 분석심리학과 신화(*Jung and the Jungians on Myth*). (장미경, 이미애, 이상희 공역). 서울: 시그마프레스. (원저는 2001년에 출간).

Watzlawick, P. (2002). *Die Möglichkeit des Andersseins: Zur Technik der therapeutischen Kommunikation*. Bern, Huber: Hogrefe AG.

White, M. (1991). Deconstruction and therapy. *Dulwich Centre Newsletter, 3*, 21-40.

Wilson, E. (2016). 우리는 지금도 야생을 산다(*In Search of Nature*). (최재천, 김길원 공역). 서울: 사이언스북스. (원저는 1996년에 출간).

Wolmerath, M. (2000). *Mobbing im Betrieb: Rechtsanspraeche und deren Durchsetzbarkeit*. Baden-Baden: Nomos.

Worden, M. (2007). 가족치료: 단계별 접근(*Family Therapy Basics*). (신혜종, 정수경 공역). 서울: 시그마프레스. (원저는 2002년에 출간).

Zinner, J., & Shapiro, R. L. (1972). Projective identification as a mode of perception and behaviour in families of adolescents. *International Journal of Psycho-Analysis, 53*.

찾아보기

저자 소개

최광현(Kwang-hyun, Choi)
독일 Bonn 대학교 가족상담전공 박사
현 한세대학교 심리상담대학원 교수
　(사)한국인형치료학회 회장

〈저서〉
가족세우기 치료(학지사, 2008)
가족의 두 얼굴(부키, 2012; 2012년 부산시 올해의 책 선정, 2013년 세종도서 선정)
가족의 발견(부키, 2014; 2015년 인천시 미추홀북 선정, 용인시 올해의 책 선정)
사람이 힘겨운 당신을 위한 관계의 심리학(21세기북스, 2020; 2021년 세종도서 선정)
가족 공부(EBS Books, 2022; 2022년 12월 국립중앙도서관 사서추천 도서 선정)
아들은 아버지의 등을 보고 자란다(유노라이프, 2023)

선우현(Hyun, Sunwoo)
독일 Köln 대학교 아동가족심리전공 박사
현 명지대학교 통합치료대학원 아동심리치료학과 주임교수
　(사)한국인형치료학회 이사장

〈저서 및 역서〉
발달심리학의 이해(공저, 동문사, 2012)
학습부진아 치료교육 프로그램(공저, 동문사, 2014)
아동과 청소년 정신분석(공역, 시그마프레스, 2006)
퍼펫놀이치료의 이론과 실제(공역, 학지사, 2022)

인형치료 3판
−상징체계의 활용과 적용모델−

Figure Therapy (3rd ed.)
−The Model Application and Use of a Symbol System−

2013년 9월 10일 1판 1쇄 발행
2015년 5월 15일 1판 2쇄 발행
2016년 9월 1일 2판 1쇄 발행
2018년 1월 25일 2판 2쇄 발행
2023년 9월 15일 3판 1쇄 발행

지은이 • 최광현 · 선우현
펴낸이 • 김진환
펴낸곳 • ㈜ 학지사

04031 서울특별시 마포구 양화로 15길 20 마인드월드빌딩
대표전화 • 02-330-5114   팩스 • 02-324-2345
등록번호 • 제313-2006-000265호

홈페이지 • http://www.hakjisa.co.kr
인스타그램 • https://www.instagram.com/hakjisabook

ISBN 978-89-997-2960-7 93180

정가 21,000원

출판미디어기업 학지사

간호보건의학출판 **학지사메디컬** www.hakjisamd.co.kr
심리검사연구소 **인싸이트** www.inpsyt.co.kr
학술논문서비스 **뉴논문** www.newnonmun.com
교육연수원 **카운피아** www.counpia.com